保　育　原　理

〔五訂版〕

日本女子大学名誉教授　村　山　貞　雄
明星大学名誉教授
聖徳大学大学院教授　岡　田　正　章　編著

学　文　社

まえがき

　第2次大戦後，幼児保育の大切なことが認識されて，幼稚園や保育所で保育を受ける子どもが多くなってきた。それと同時に，保育の現場にその基礎知識や理論を追求する声が高まり，保育理論の本がたくさん出版された。本書もまた，このような要請に応えようとして出版されたものである。

　この本が初めて世に出たのは昭和45年のことであった。その後，版を重ね，昭和51年には改訂本が発行され，さらに版を重ねてきた。しかし改訂本の発行後，幼児保育は理論面でも実際面でも，いろいろ向上してきたので，このたび，最初の刊行の主旨とその特色を受け継ぎながら，内容を全面的に書きあらためて，本書を刊行することにした。

　ここで本書の特色を要約すると，つぎのようである。

(1)　各章の構成を教育学の理論から体系的に配列し，全体として高度な教育学書になることを目ざした。

(2)　問題を設定することによって，読者のかたが，問題意識をもって通読できるようにした。すなわち問題解決学習（プロブレム・メソッド）の長所が活用されている。

(3)　理論的な面と同時に，現実の諸問題を扱うことによって，現場の保育者はもとより，これから保育の現場に立とうとする学生諸君に役だつように配慮し，教職課程のテキストや参考書として使えるように工夫した。

(4)　前条の目的を果たすためにも，実際の現場の姿をよく知った保育学者のかたがたに執筆を依頼した。

　本書の出版に当たり，以上の主旨を酌んで快く執筆してくださった先生が

たにあつく感謝する。とりわけ，本書の編集に当たられた学文社の酒井君子氏に紙面を借りて心から謝意を表するものである。

この本の編集と執筆には万全を期されたが，なお欠点も多いことと思われる。読者のかたのご叱正を得て，さらに充実を期したい。

本書が初版本や改訂本と同様に広く活用されることを願ってやまない。

昭和 59 年 1 月 15 日

五訂にあたって

昭和59年に本書の新訂版が発行されて以来，毎年，版を重ね，多くのひとたちに活用されてきた。保育に関する基本的なことがらが，理論的であるとともに，実際的なことがらに即して論述されていることが，読者の求められる期待にこたえることができることによるものと思う。

こうした特性をさらに継続させるよう，今回，版を新たにした。これは，平成12年度から文部省による「幼稚園教育要領」が改められ，施行されるようになったこと，また厚生省による「保育所保育方針」も改訂されたことから，これらのなかにとり入れられていることがらについて，保育に関する基本的なことがらを本書の内容とし，役立つものとした。

本書が，従来からの新訂版と同様に広く活用されることを願ってやまない。

平成 12 年 10 月 1 日

村山　貞雄
岡田　正章

目　次

第1章　保育作用の意義

1. 保育ということばについて説明せよ……………………………………… *1*
2. 保育の基本原理について論ぜよ…………………………………………… *6*
3. 保育における環境で注意しなければならないことについて述べよ…… *12*
4. 幼児期と園（施設保育）の関係について歴史的な動向と現在の問題点を述べよ……………………………………………………………… *17*

第2章　保育の場──1．家庭

5. 家庭での保育はどんな役割を果たすか…………………………………… *21*
6. わが国の家庭教育はどのように変わってきたか………………………… *26*
7. 乳幼児の保育にとってどんな家庭が望ましいか………………………… *30*
8. 家庭保育と集団保育はどんな関係があるか……………………………… *34*

第3章　保育の場──2．幼稚園

9. 幼稚園とはどんなところか………………………………………………… *37*
10. 世界の幼稚園はどのように変わってきたか……………………………… *42*
11. わが国の幼稚園はどのように変わってきたか…………………………… *48*
12. わが国の幼稚園の最近の姿を説明せよ…………………………………… *53*

第4章　保育の場──3．保育所

13. 保育所とはどんなところか………………………………………………… *57*
14. 世界の保育所はどのように変わってきたか……………………………… *62*
15. わが国における保育所の発達と社会的背景について考察せよ………… *66*

16. わが国の保育所の最近の姿を説明せよ……………………………… *70*

第5章　保育者

17. 保育者の仕事の特徴について述べよ…………………………………… *76*
18. 理想の保育者の資質について考えよ…………………………………… *80*
19. 保育者の養成と研修の現状と課題について考察せよ………………… *83*
20. 女性が保育者に多いことによる長所短所について述べよ…………… *86*

第6章　乳幼児

21. 乳幼児の発達について考察せよ………………………………………… *89*
22. 第一反抗期とは何か……………………………………………………… *92*
23. 乳幼児の個性の意味とその伸ばし方について考えよ………………… *95*
24. 幼児における模倣と創造の教育的意味を論ぜよ……………………… *98*
25. 幼児の興味の特徴について述べよ……………………………………… *101*
26. 乳幼児の発達から早期教育を論ぜよ…………………………………… *104*

第7章　保育の制度

27. 幼稚園と保育所の違いについて説明せよ……………………………… *107*
28. 欧米諸国とわが国の幼児教育制度を比較せよ………………………… *111*
29. 幼児期における教育の機会均等について論ぜよ……………………… *115*
30. 幼稚園・保育所の施設設備の基準について述べよ…………………… *118*
31. 幼保一元化について述べよ……………………………………………… *123*
32. 幼稚園・保育所と小学校の関連について述べよ……………………… *126*

第8章　保育の目的

33. 望ましい幼児像について考察せよ……………………………………… *130*

34. わが国の幼児保育の目的はどのように変わってきたか……… *133*
35. 現在の幼児保育の目的について述べよ……………………… *138*

第9章　保育の内容

36. わが国の幼児教育の内容はどのように変わってきたか……… *141*
37. 保育の内容を考える視点を考察せよ………………………… *148*
38. 幼稚園教育要領および保育所保育指針が示す内容について説明せよ……………………………………………………… *152*
39. 保育内容の各領域のねらいについて説明せよ……………… *155*

第10章　保育の方法

40. 保育方法の基本原理にはどのようなものがあるか………… *159*
41. 保育方法を規定する要因について考察せよ………………… *163*
42. 保育の方法としての遊びの意味について述べよ…………… *167*
43. 「総合的指導」とはどのようなことか………………………… *170*
44. 集団生活における社会性の発達とその指導について述べよ……… *174*
45. クラス編成と保育形態について述べよ……………………… *180*
46. 障害児教育における統合保育について述べよ……………… *184*

第11章　保育の課程

47. 保育課程について述べよ……………………………………… *188*
48. 保育課程と指導計画の関連について述べよ………………… *191*
49. 指導計画の種類と役割を述べよ……………………………… *195*
50. 指導計画を作成する場合の留意事項を示せ………………… *198*
51. 「単元」と「主題」について説明せよ………………………… *201*
52. 指導計画の評価の方法について考察せよ…………………… *204*

第12章 保育の教材

53. 保育の教材について留意すべき点を論ぜよ……………………… *207*
54. 遊具の種類と特性について述べよ………………………………… *209*
55. 視聴覚教材について述べよ………………………………………… *212*
56. フレーベルの恩物について説明せよ……………………………… *215*
57. モンテッソーリの教具について説明せよ………………………… *219*

第13章 保育の評価

58. 評価の意義について述べよ………………………………………… *221*
59. 評価の手順について述べよ………………………………………… *226*
60. 評価資料収集の方法について述べよ……………………………… *229*
61. 評価結果の記録について述べよ…………………………………… *234*

第14章 保育のニーズ

62. 乳児保育の社会的課題について述べよ…………………………… *237*
63. 長時間保育の是非について論ぜよ………………………………… *242*
64. 障害児保育について述べよ………………………………………… *245*

第15章 保育学の課題

65. 保育学の課題について述べよ……………………………………… *250*

　　幼稚園教育要領……………………………………………………… *255*
　　保育所保育指針(抄)………………………………………………… *261*
　　都道府県別幼稚園の現状…………………………………………… *272*
　　保育所の都道府県別・年齢別入所児童数………………………… *274*

第1章　保育作用の意義

1．保育ということばについて説明せよ

保育という字の意味

　保育の「保」は元来養うという意味である。すなわち保はもと俍と書いたが，禾は采を略したものである。采は孚の古文（隷書以前の文字）で鳥が卵を孵化することを意味した。したがって保は養うという意味であったが，転じて保つとか守るという意味に使われるようになった。

　保育の「育」は，育てるという意味である。上の部分の𠫓は子をさかさまにしたものである。さかさまにした理由は不善の子をあらわすためであり，不善の子をよい子にするという教育的な意味をもっているとされる。しかし一説には，そのような教育的意味はなく，子どもは一般に頭から先に生まれるから，さかさまにしただけであって，子どもの生まれる姿をあらわしているという。育の下の月(にく)(肉)は，音(おん)の「いく」をあらわす。一説に子を養って肉をつけそだてる意味をあらわすともいう。

　以上の2つの字の意味からわかるように，保育とは「保護しながら教育する」意味に用いられる。この意味では英語のナース（nurse）や，ドイツ語のプレーゲ（Pflege）に当たることばである。

保育ということばの変遷

　しかし現在，保育という場合は，もっと意図的な教育の意味で使われることが多い。これは明治時代からの伝統によるものである。つぎに保育ということばが使われたいくつかの伝統について述べよう。

　(1)　東京女子師範学校附属幼稚園では，1877年（明治10）に選定した幼稚園

規則のなかで,「小児保育」とか「保育料」ということばを使っている。東京女子師範学校附属幼稚園の影響は非常に大きく,それ以後,わが国の幼稚園や託児所で保育ということばがしばしば使われるようになった。

(2) 保育ということばが政府の公文書で使われた最初は,1879年(明治12)文部省から出された「公立幼稚園・保育法認可及開申方（かいじんかた ふたつ）という布達であるが,これ以後,幼稚園関係の法令や通達には保育ということばが一般に使用されてきた。しかし1964年(昭和39)「幼稚園教育要領」が告示されてから,文部省では幼稚園保育について保育ということばを使わなくなり,もっぱら保育所関係の法令や通達にだけ使われるようになった。

(3) 保育ということばは,うえに述べたように明治時代から幼稚園で保護プラス教育の意味に使われてきたものである。したがってこの意味からは必ずしも幼児だけに使われるとは限らない。たとえば1965年(昭和40)ごろから「学童保育」ということばが使われるようになった。学童保育とは,放課後家庭に帰っても母親が家にいないような鍵っ子を預かって保護プラス教育をすることであり,この場合は小学生を対象に保育ということばを使っている。

(4) 戦前,託児所で幼児を保育するという場合は,保護と教育のうち保護の占める比重が大きかった。すなわち幼児を預かり養育する（育児する）というような意味で保育ということばを使っていた。この感じは今でも残っており,教育する時間の少ない教育,本式でない教育,児童福祉の見地から制限を受ける教育として保育ということばを考える人が少なくない。たとえば昭和40年ごろから文部省で,保育ということばを神経質に嫌い幼児教育ということばを使おうとするようになったのは,このような先入観を防ごうとするものであろう。

(5) これとは逆に,幼児の教育は,その必要な要素として保護的観点を忘れてはならないと考えて,積極的に幼児教育の特色をあらわす意味でも保育ということばが使われてきた。すなわち保育とは,乳児や幼児の教育のこと

であるが，乳幼児という独特の対象から，教育の方法に一定の制限が生じ，訓練的であってはならないとか，主知的であってはならないというような特色があることを考えて，このことばが使われることも少なくなかった。このような使用方法は，もっとも広く肯定されてきた。

たとえば明治前期には小学校に幼児が多数入学していたが，これらの幼児に主知的で訓練的な小学校式教育方法を行なうと弊害が起こることを恐れて文部省は「幼稚園ノ方法ニ因リ保育候様取計フヘシ」といっている。

(6) この意味で使われる場合は，保護を忘れず無理をしない教育というほどの意味で，幼児教育や就学前教育ということばと，まったく同じ意味である。戦後はとくに保育ということばが，このような意味で使われることが多くなってきた。

その結果，保育ということばが現在，実際に使われる場合は，「幼児教育」の意味に使われることが多い。たとえば幼児教育学という代わりに，保育学ということがある。

(7) 以上，保育は保護プラス教育の意味をもつとして，保護に重点をおく場合と教育に重点をおく場合があることを述べたが，この両者を行なう作用として考えられることもある。すなわち江戸時代からある「教養する」という意味で使われることがある。たとえば家庭保育という場合，家庭で行なわれる「育児」と「教育」の2つの作用を，一言で呼んでいることが多い。高等学校の教科書『保育原理』（文部省　1966）に「保育とは，……幼児に対する養護と教育の二つをさす」とあるのは，この意味で使われた例である。

(8) なお保育ということばは，従来，幼稚園や託児所（保育所）で使われることが多かった。そのため保育ということばで施設保育または施設教育を意味することがある。たとえば「この子は3年保育だった」といえば「3年間幼稚園教育をうけた」という意味である。また「0歳児保育」ということばが近ごろ使われるようになったが，これは保育所で行なう乳児保育をさす。

この意味から、さらに幼稚園教育だけでなく、幼稚園と保育所の作用をひっくるめていおうとする場合、保育ということばが使われることがある。たとえば幼稚園と保育所を一括していうとき「園」ということばが使われることが多いが、これと同様に幼児のための施設である両者の教育的活動という意味で保育ということがある。たとえば日本保育学会の著作である『日本幼児保育史』（フレーベル館）の場合、この題名の保育ということばは、幼稚園と保育所における教育を意味している。

これは、もともと保育ということばが、明治にはいって幼稚園が創られるやその教育的営みをあらわす専用語として採用され、以後、もっぱら幼稚園や保育所で使用されていたのが、そのうち幼児教育全般にも使われるようになった経緯を考えると、当然のことであろう。

本書は以上のうち、(6)と(8)の意味で、保育ということばを使っている。

保育ということばの将来

今後、保育というようなことばをいつまでも使っていてよいものであろうか。保育ということばが用いられるのに、いろいろな理由があることは、前述の通りであるが、以上のほか、幼児教育とか就学前教育というと、ことばとして長くなるが、保育といえば一言で済むことも、このことばがよく使われ、その概念のあいまいさから非難されながらも現在なお生き残っている1つの理由である。このように、いろいろな長所があるが、このことばは欠点もあわせもっている。

たとえば伝統をもつこの保育ということばは、幼児を無理な注入教育の弊害から守ってきたという長所は確かに認められるが、一方、他の教育分野から独立しすぎ幼児教育の鎖国化により、この分野の発達が遅滞するのに力を貸す結果になった。たとえば保育というよりも就学前教育というほうが、小学校の教育との関連のうえに立って幼児教育を考えることを助けてくれる。

その結果、教育学の発達した理論をドシドシとりいれるためには、保育と

いうことばを避けて教育ということばを使ったほうがよいのではないかと考える人が多くなりつつある。幼児教育学は他の教育学よりも進んだ面もあるが，確かに遅れた面もあるので，このような特殊なことばを使わないほうがよいという考えも一応の根拠をもっている。とくに「学校教育法」(昭和22)の公布によって幼稚園がまがりなりにも学校体系の1つにはいってきて以来この主張が強まってきた。そして現在，幼稚園に関する法令では，保育ということばを使わないで教育ということばを使っている。

　また保育ということばに甘えて，保育が含む教育的な面に対する努力を怠るようなことがなかったろうか，ということも反省される。これがたとえば幼稚園教育といえば，自分のやっている教育の効果があがっていないのではないかという責任感から，もっと真剣に教育にとりくむところを，保育ということばに逃避して，小学校の先生のように教育面を真剣に考えないというような弊害もみのがすことができないと考えられる。

2．保育の基本原理について論ぜよ

保育と教育の違い

　保育と教育のあいだには，その基本原理に決定的な相違があるだろうか。たとえば保育では，①自発性の原理，②興味性の原理，③遊びの原理，④環境の原理，などが強調されるが，これらの内容は，保育でとくに強調されるとはいえ，教育全般についてもいえることである。

　それでは両者のあいだに大きな違いがないかというと，そうでもない。保育と教育の大きな違いは，その字からもわかるように，保育のなかに保護を含んでいることである。

　保育にケアー（care）が必要なのは，教育の対象が幼児期であることによる。すなわち幼児は心身ともに幼稚で未熟な状態にあり，すべてにわたって，もろいという特徴をもっている。そこで，このような幼児に対して，いわゆる本式の教育をすると，かえって幼児を傷つけてしまうことになるから，児童期以後の教育と一線を画す必要がある。

　とくにわが国では従来，本式の教育は厳格でなければならないとされた。すなわち，なまぬるい，いい加減な教育では，一流の人間を養成できないのみか，一文安い人間をつくるとされたが，もしこのような本式の教育を児童に行なえば，幼児の脆弱性から逆効果を生じることが考えられる。たとえば江戸時代の本に，幼い子どもは苗木のように柔軟性があるからといって，無理に曲げたわめ親の心のままにしようとすると，枯れたりいたんだりして，年月を経てもいじけぬいて役に立たないものになってしまうという例をあげ，幼い子に無理な教育をすることを戒めているものがある。

　保育という名前で呼ばれる幼児教育の原理のなかには，このような弊害におちいらないで，幼児にとくに適する正しい教育を行なおうとする意欲がみ

られるが，このような意欲をもった保育の原理をあげると，①幼児の安定感の重視，②幼児の能力，とくにレディネス（readiness）の重視，③幼児の興味の重視，④幼児の生活の重視，の4つの内容がある。

安定感の重視

幼児の情動は不安定である。幼児はまだ意志の力が弱いので，その発達を助長するためには，心の安定に留意し，情緒が混乱しないように気をくばらなければならない。

とくに叱りすぎると，幼児は萎縮してしまう。たとえば，よく叱られている幼児は，ちょっとしたことにもビクビクするようになり，問題の解決に当たって逃避的な態度をとるようになる。

また幼児の欲求をおさえすぎると，欲求不満（フラストレーション frustration）を起こし，性格や行動が歪曲される。たとえば「泣き虫」になったり「癇癪もち」になったりする。退行現象を起こすこともある。

また，小さなことまで注意しすぎたり，完全癖のような態度をもって教育したりすると，幼児は神経質になる。たとえば清潔のしつけをしようとして「手をよく洗わないと，ばい菌がついて病気になるよ」というようなことをいいすぎると，しょっちゅう手を洗わないと気がすまない子をつくってしまう。

以上のことからわかるように，幼児が順調に発達するために大切なことは心の安定ということである。それにもかかわらず，もし児童期以後にむく厳格な教育を強行すれば，児童の安定感を失わせる危険がある。幼児に対しては，あくまでも安定感を重視した保育的教育が重視されるのである。

能力の重視

人生のもっとも初期である乳幼児期は，知能や意志その他の学習機能が低い。学習能力の低い幼児に対して，教育効果をあげようとする場合，ややもすると能力以上のことを要求する危険がある。その例を，いくつかあげてみ

よう。

(1) 明治時代の幼稚園は恩物をさかんに教えたが，その教育方法は，いわゆる「恩物机」のうえに引かれた縦横の線に号令で恩物を並べさせるようなことをしている。また，近ごろ，幼稚園の一部でみられる字や数の知育をみると，一部の幼児にはその子の知能以上のものを要求していることがある。

(2) 過去の幼稚園のしつけのなかには，能力的に無理なものが多かった。現在でも一部の幼稚園でされている座禅や礼拝中のしつけなどのなかには，幼児の能力からみて過度の要求ではないかと思われるものがある。たとえば30分も礼拝をさせ，その間に幼児が横を向いたら，これをたたく園長や教師がいる。

(3) 家庭においても，幼いときの「しつけ」が大切であると考え，「三つ子の魂百まで」というようなことをいって，早期に望ましい習慣をつけようとする場合，幼児の能力を高くみすぎる傾向がある。

たとえば，一度注意したことは，徹底的にこれに従わせようとしたり，ある種の生活習慣を幼児と約束して幼児がこの約束を守らないといって強く叱ったりすると，幼児の反抗を招くことがある。実際，家庭で幼児に跡しまつの習慣を完全にしつけようとすれば，親子が一日中けんかをしていなくてはならなくなることがある。

(4) 「早教育」をすることによって才能の高い人をつくりあげようとする考えかたも，また幼児に無理な内容を要求しやすい。たとえばピアノやバイオリンなどの音楽の「おけいこ」のなかには，幼児の能力以上のものを要するため，かえって器楽の嫌いな子をつくることがある。

以上あげた幼児教育の例は，いずれも幼児の能力を疎外(そがい)した考えかたの望ましくない保育であると考えられる。

すなわち幼児保育では，文字や計算を早く教えようとしてあせらないようにしたり，教育の方法に遊びを利用したり，しつけの内容を減らして自然に

行なったりする努力が必要である。たとえば「さあ，おかあさんが手伝ってあげるから，一緒に片づけしましょうね」とか「明日からは片づけなさいね」というように，教育目標を幼児の能力と妥協させて親の要求度をさげることを忘れてはならない。

このことはいいかえると，幼児の成長のテンポを重視し，幼児の自然の成長に合わせて，気長に時期を待ちながら教育することになる。

以上，保育の原理のなかには，要求水準を高くしすぎないことによって，幼児の順調な心身の発達を保護し，教育効果を確実にあげてゆくという考えかたが含まれることが必要である。

興味の重視

幼児はその精神発達の未熟さから，まだ意志の統一が弱く感情に左右されやすい。その結果，目的意識が薄弱である。そこで動作が衝動的になり，興味のないことにまで無理に注意を集中する有意注意がほとんど働かない。

このような特質をもつ幼児に対して，いわゆる本式の教育であると従来考えられたような系統的な教育のやり方をすると，教育効果があがりにくいだけでなく，逆効果を生じる危険がある。

いわゆる本式の教育ではしばしば「勉強」ということがいわれるが，勉強とは苦しみ学ぶことであり，ほとんどの場合，有意注意の存在がその前提となる。そこで，このような教育方法は，幼児期には不向きであるといえる。たとえば小学校で発達したような，机を一列にならべて前方の教師と黒板への絶えまない注意を要求する一斉教育を，幼児に行なうことは適当でない。

以上の結果，幼児の教育にあたっては，幼児が現在もっている興味を重視し，興味の波に乗って教育することが必要である。教育といわないで保育ということばをわざわざ使う気持ちのなかには，勉強を強制しないで興味を主とし，興味にしたがって教育をすすめる意味が含まれている。

興味を重視し興味にしたがって教育を行なえば，それはとりも直さず遊び

を通すことになる。ここに幼児の教育における「遊び」の重要性が生じる。

わが国の明治時代の幼稚園では，恩物の時間がしだいに減り，遊戯の内容も一斉遊戯（共同遊戯）とならんで「自由遊び」が多くなってきた。

自由遊びは，明治時代は随意遊嬉，随意遊び，自由遊などといわれ，大正から昭和30年ごろまでは倉橋惣三（1882～1956）やその他の人びとの提唱もあって，自由遊びが園でさかんに行なわれた。これは，昭和30年ごろから自由保育といわれるように，さらにその後，自由教育ともいわれるようになったが，これを一貫して推進してきたものは，幼児の興味を中心にし，それを重んじた教育が効果をあげるということを，実際に幼児を保育した経験から学びとった実証的な知恵であったといえる。

生活の重視

教育に比べて保育という場合は，幼児の生活を重視する気持ちが強い。すなわち，むきになって教育効果をあげようとはかる純粋な教育に比べると，保育の場合は，生活そのものを幼児の大切な向上作用として扱い，幼児がもつ生活のなかに適当に遠慮ぶかく教育作用を組みいれてゆこうとする気持ちが強くみられる。そして，このような教育方法が幼児期にあっては，もっとも効果をあげる適切な教育方法であると考えるところに，生活の重視が保育の一原理となるのである。

生活の重視は，たとえば園で保育案を立てる場合も，生活カリキュラム（経験カリキュラム）となる。またすべてが遊びの形式で行なわれることになる。また両親に対しても，幼児を園やおけいこごとに行かせる場合，子どもらしい自然の生活から切り離していわゆる勉強をさせに行かせるのだという考えをいだくことを危険だとする。

学校はもともと，生活を離れて学習するという二元的な原理を肯定することによって発達してきた。しかし幼児保育をする幼稚園や保育所は，この点で，歴史的にも小学校以上の学校と若干の違いがみられる。その結果，園で

は「家庭連絡」をはじめ,「園外保育」や「生活指導」など,小学校以上の学校では軽視されやすい教育活動が重視されてきており,現在もまた園保育の特徴になっている。また幼稚園そのものの存在についても,大正時代の終わりごろまで,幼児が家庭環境の面からみて恵まれた生活を送ることのできない場合にのみ認められることが多かった原因が,ここにあると考えられる。

> 3．保育における環境で注意しなければならないことについて述べよ

フレーベルの環境重視

キンダーガルテンを創ったフレーベルは幼児教育についてとくに環境を重視した。すなわち，園丁が植物を育てる場合，太陽・水・肥料などが重要であるのと同様に，幼児を育てる場合に環境に気を配ることを主張している。これは彼がかつて植物園の助手をしており，草木に対する自然環境の影響の大きさを実感していたためである。実際，幼児を育てれば育てるほど，幼児を取りまく環境の影響の強いことにおどろかされる。

家庭環境

幼児を取りまく環境として，①家庭環境，②地域環境，③教育環境（園環境）があげられる。これらのうち家庭環境は最初に子どもを取りまくものであり，この意味で幼児にもっとも影響の大きいものであるといえる。

母親は乳児の環境のすべてであるといっても過言でないほど，その影響が大きい。乳児は母親の母乳を飲み「口唇依存期」を通して成長する。そのうち母親がたとえば排泄のしつけをしようとすると自分以外の存在を知るようになる。これを「肛門位相」という。そして上手に排泄すれば母親のよろこぶことを知り，これに合わせようとして努力し，ここに人間環境への適応が始まる。さらに母親以外の存在，たとえば父親との関係を知り，複雑な環境を理解するようになる。たとえば，その過程で父親を憎み母親の愛を得ようとするエディプス・コンプレックス（oedipus complex）が起こることがある。

そこで，乳幼児教育が効果をあげるためには，まず，家庭環境を整備することが大切である。一般には，両親の一方または両方がいない家庭を「欠損家庭」と呼び，幼児を育てる環境としては好ましくないように考えられてい

る。また母親のいない家庭，母親がいても働きに出かけるなどして幼児の面倒をみることの困難な家庭，このような家庭環境にある幼児は「保育に欠ける子」として，幼児の健全な成長が望まれないと考えられる。これらの乳幼児のために保育所が発達した。とくに社会主義国の保育所のなかには，幼児を昼夜預かり家庭に代わって保育するところが多い。中国の「全託幼稚（児）園」や北朝鮮の「週託児所」などはその例である。

　このような欠損家庭や保育に欠ける家庭でなくても，保育環境として問題になるものに「貧困」ということがあげられる。幼児のための望ましい家庭環境として，貧困からの解放も無視できないことである。たとえば，ブーゼマン（Busemann, A.）は貧困を客観的に考えられる悪い環境としている。またその逆に最近は「豊かさ」による弊害も取りあげられている。

　わが国の家庭環境として近ごろとくに重視される現象は「核家族」が多くなったことと「テレビの普及」である。核家族化は，母親の育児態度の極端化や育児ノイローゼなどの現象を起こしている。またテレビの普及は「長時間視聴児」を生じて子どもの態度を受身的にしている。しかし，この点についてもヒンメルワイト（Himmelweit, H. T.）のように，必ずしも受身的にならないという説もあり，家庭における映像文化の利害は今後の研究に俟つところが大きい。

地域環境

　幼児を取りまく環境として，つぎに地域環境があげられる。子どもの成長と主な環境との関係は，生育環境（出発環境）→教育環境（学校環境）→活動環境（目的環境）というように考えることもできるが，幼い子どもの場合は，家庭環境→地域環境→教育環境というように考えていくこともできる。この場合の地域環境は近隣環境となる。

　わが国の地域環境で近ごろ問題になっているのは「遊び場」の喪失と，「遊び友だち」の少なくなったことである。また都市の幼児は，自然環境に恵ま

れなくなったことと，車による災害が，大きな問題となっている。

このうち，遊び場のなくなったことは，自然に恵まれなくなったことや交通禍とも関連をもっている。幼児は遊びを通してスクスクと成長をしてゆくものであり，幼児のために遊び場を十分に獲得することは，おとなの義務であるとさえいえる。大都市では諸所に小規模な遊び場（遊園地）を作ることが望ましい。幼稚園や保育所はその初期にあっては，幼児が危険な街頭で遊んでいるのを見かねて作られたものが少なくなかったが，現在でも，園のもつこの種の役割を軽視できない。

近ごろの幼児の環境の変化として，遊び友だちが少なくなったことも見逃すことができないことである。最近はとくに出産数の減少などが遊び友だちの人数を減らしており，その結果，わが子を幼稚園や保育所に入れる親が多くなったが，入園児が多くなったため，ますます近隣の遊び友だちが減っている。このようにして幼児の友だちは，以前に比べると，「近所の友だち」から「学校の友だち」に大幅に変わってきつつある。

なお幼児の地域環境として，交通安全ということも大切な内容である。幼児を輪禍から救うため，いろいろな方策が講じられなければならないが，幼児自身に対しても「飛び出し」をしないように教育することが考えられ，現在，その効果もあがってきている。

教育環境

幼児の教育環境として，幼稚園と保育所があげられる。また，おけいこごとの場も多くなってきた。おけいこごとの場は，従来あった音楽関係や描画関係のほかに，スイミングクラブなど体育関係が増えてきた。

昔は幼児期とは教育できない時期である，いわゆる教育ブランクの時代であると考えられていたが，この時期についてもしだいに教育的意図がもたれるようになり，わが子を幼稚園や保育所に入れたり，おけいこごとをさせる親が多くなってきた。このように幼児が教育面からみて無意図的環境から意

図的環境へ大幅に移動してきたことは，大きな特色であるといえる。しかし現在はまだ，このような意図の強い利益社会として発展した「幼稚園」に幼児を入れることがおとなの義務であるとまで考える人は少ない。

　園の環境として大切なものに「人的環境」と「物的環境」がある。

　人的環境はこの環境の指導的立場にある幼稚園教諭と保育所保育士の資質の向上が重視される。しかし幼児保育の場合は同列的立場にある園児による影響が大きい。このような仲間（グループ）の環境として，従来は斉一環境（似た者同士が集まった環境）がよいとされ，同じ年齢の子どもたちと遊ばせることが主張された。なかには年間でもなお幅が広いとして半年ごとにグループを作ったり，年長グループと隔離するために柵を設けるような園もあったが，最近は他の年齢の子も入れるほうがよいという考えも生じており，異年齢の幼児で集団を構成して保育を行なうところが出てきた。これを「縦割り保育」と呼んでいる。さらに広い友だち環境で育てようとして「解体保育」をする園も生じている。

　園の物的環境の1つとして，園庭の広さが注目される。ヨーロッパなどには園庭の狭いところもあるが，あまり狭い園庭では幼児の運動量が少なくなり体力の発達に好ましくないだけでなく，幼児同士が衝突するなどの危険があり，また騒音が高くなる。行政面でも隣接地を園の敷地に買うための便宜をはかるなど，園庭を広げやすいようにすることが望まれる。また園庭を小学校よりも木を多く植えるなどして，砂漠化から庭園化（ガーデン化）する努力が必要である。

　現在，園の環境で問題となっていることに，大規模園の問題がある。経営面を考えると園の規模が大きくなりやすいが，教育面を考えると園の規模があまり大きくなると，管理が行き届かず，幼児に落ちつきがなくなり，内気な子は適応が困難になるなど，大規模園には好ましくない面が多い。またクラス編成についても，1人の担任に対する幼児の人数が多くなりすぎないよ

うに注意することが肝要である。

環境の視点

幼児保育にあたって,「社会化」ということがよくいわれるが,その場合幼児を現実の環境に合わせることに汲々とするのではなく,理想と思われる環境を考え,幼児が将来,そのような環境を作り出す能力を幼児期につけるという意図をもって教育することが大切である。

そのためには,早くから無理に知識や技術を教えこむ早教育の考え方よりも,幼児を思いきり遊ばせながら「能力面」を伸ばしてゆこうとする進歩主義的な考え方のほうが望ましい。

> 4．幼児期と園（施設保育）の関係について歴史的な動向と現在の問題点を述べよ

近ごろの施設保育の動向

　第2次大戦前は，幼児保育は家庭で両親がするのがよいという主張が強かった。たとえば谷本富（とめり）は，「幼稚園と云ふものは家庭が善良であつて，而して其母たる人が相当の素養のある人か，左なくとも母に代るべき相当の素養のある子供を世話する人がある場合に於ては，必ずしも必要なからうとおもふのであります」（『京阪神聯合保育会雑誌』第19号　1907年7月）といい，多くの人が，ふつうの家庭では幼稚園は必要でないと考えていた。この種の考え方はそれ以後も長く伝わり，第2次大戦後もしばらくのあいだは根強く残っていた。

　このように幼児期は家庭で両親が教育するほうがよいという考えかたの根拠として，

(1)　そのほうが自然である。

(2)　幼児は母親の愛情と長時間接触することが必要である。

(3)　現在の幼稚園は必ずしも効果をあげていない。

(4)　保姆が園児を甘やかすので弊害がある。

(5)　少数の卒園児がまじることによって，小学校の先生が授業する場合にかえって困る。

などがあげられてきた。

　しかし1950年（昭和25）ごろから，就学前の1年間は幼稚園に入れていわゆる学校教育をするほうがよいという考えかたが強くなり，5歳児の保育が盛んになった。これは，幼稚園が「学校教育法」のなかで規定されたことも1つの原因であった。

しかし4歳以下の子どもについては，つぎのような理由で，園に入れなくてもよいと考える人が多かった。

(1) 長い期間保育すると，終わりのごろには園に飽きてしまう。
(2) 幼いうちから集団のなかで意図的な教育をすると，おませになるなど悪い意味の早熟をする。
(3) まだ学校のようなところに入れて教育する必要がない。
(4) 年齢的にまだ集団教育に適さない。

1960年（昭和35）ごろからは，就学前の2年間ぐらいは幼稚園に入れるほうがよいという考えかたが強くなりはじめた。これは，幼稚園に少なくとも1年だけはぜひ入れたいと思っても，2年保育でないと入れてくれない園が多くなってきたことも，その1つの原因であった。

さらに1968年（昭和43）ごろからは，就学前の3年間，幼稚園に入れるほうがよいという考えかたが強まり，3歳児についてさえ幼稚園に入れて専門の教育者によって集団教育をするほうがよいという考えかたが大都市では一般的な考えかたとなった。1983年現在，全国的に3年保育を否定する人は非常に少なくなっている。1899年（明治32）に「幼稚園保育及設備規程」で規定された3歳以上の子どもを幼稚園に入れるという考えかたは，それから80年ほどたった昭和50年ごろから一般的に認められるようになったといえる。

このように，3歳児に対しては家庭以外に幼稚園という場で保育することが肯定されるようになった大きな原因は，

(1) 幼稚園保育のカリキュラムが発達したこと。
(2) 3歳ごろの教育が大切であると思われるようになったこと。
(3) 両親が子どもの教育に熱心になったこと。
(4) 早教育の風潮が生じたこと。
(5) 社会性が重視されるようになったこと。
(6) いっしょに遊べるきょうだいや近所の子どもが少なくなったこと。

などによる。しかし2歳以下の乳幼児については，現在もなお施設による保育を否定する考えかたが強い。

1968年ごろから東京都その他の大都市では0歳児保育（乳児保育）の施設が多くなってきた。しかしこの場合も，乳児保育の効果が認められてのことではなく，社会福祉的な目的と生産向上の意図が主としてこれを推進したといえる。

施設保育の問題点

以上の施設保育について，現在，問題となる点を考察しよう。

保育とは乳幼児に対して行なう教育作用であるが，人生の初期に行なう教育は果たしてどのような効果をもつものであろうか。現在はこの重要な点が確実でない。保育の効果は，きわめて大きいという人もあるし，逆に少ないと考える人もあるのが実状であり，施設保育の前提となる保育そのものの効果の解明がまだ十分であるとはいえない。

さらに幼児期に幼稚園や保育所のような施設で，よその子どもたちといっしょに集団的な教育をうけるほうがよいかどうかということも，問題の多い点である。

集団保育は確かにその長所として，集団の刺激によって幼児の精神（とくに社会性）や運動神経の発達が促進されることがあげられる。しかし集団の実態をみると，まだ欠点が多い。たとえば園は，家庭に比べて非常に騒がしい。また家庭に比べると保育者の眼がとどきにくい。

幼児期に集団的な教育をするほうがよいかどうかという問題については，5歳よりも4歳，4歳よりも3歳というふうに，年齢が小さくなるにしたがって，幼児の精神状態から，施設による保育の賛成者が減り，家庭保育の賛成者が増えるが，0歳児保育はとりわけ多くの問題を含んでいるとして，これに賛成する人が少ない。とくに近ごろ，母親の愛情（attachment）ということが重視されるようになり，その点からも0歳児保育を否定する考えが

強くなった。

　また０歳児保育のような年少幼児の保育施設を増設することは，母親に対して子どもを育てる義務意識を低下させるといって非難する保育士もあらわれている。実際，０歳児保育の施設は作れば作るほど，そこに入れたい母親が増えているが，この風潮は母親の育児観を変革する可能性を含んでいる。

　一方，５歳ごろになると，施設保育が非常に有効であると考える人が多くなっているが，幼稚園は義務教育でないので，幼児を入園させたくてもできない場合が起っている。その結果，幼稚園の義務化の問題があらわれてきた。このうちには，５歳児を小学校に入れることによって一挙に義務化をはかろうとする考えも少なくなく，現在，就学年齢低下の問題が，少数意見ではあるが存在する。

　なお外国の制度でよくみられるように，年少幼児を保育所に，教育効果が明らかにあらわれている年長幼児を幼稚園に入れるようにすればよいという考えや，就学までの保育施設は保育所をもって一本化すればよいという考えなどがある。幼稚園と保育所の関係について第７章で詳しく述べられている。

第2章 保育の場——1．家庭

> 5．家庭での保育はどんな役割を果たすか

　家庭とは，夫婦を中心としてつくられた生活共同体であり，社会生活の一単位である。そのため，家庭には，世間のいろいろな問題が集約され，包み込まれている。

　生活の中心がこの家庭である乳幼児にとっては，この家庭そのものが直接，乳幼児の発達・成長を方向づける場となっているのである。つまり，家族が，意図をもって教育的にはたらきかけようとしないでも，家庭の場そのものが自然に子どもの人格をつくりあげる作用をしているのである。

　さらに家庭では，この自然な形成作用を基盤として，もっと積極的な意図をもったはたらきかけ（意図的形成）をして，子どもの人格形成を型つけようともする。

　家庭には，このように2つの側面からの作用，はたらきかけがあり，それぞれが十分にかつ相互に機能して，つぎのような役割を果たしている。

心身の保護

(1)　生命に対する保護

　他の多くの動物が，生命を維持するのに必要な最低限の本能をもって生まれてくるのに対して，とくに人間の新生児は，乳房を口に入れてもらわなければ吸乳することができないなど無力である。そのため放っておかれたら，生命を維持することができない。

　そこでまず家庭では，母親の乳幼児の生命を守る面での保護が，大きな役割となってくる。乳幼児が生活していかれる家，発達・成長に合わせた食事，

季節に応じた衣服，といった基本的な衣食住を用意することによって，生きていかれるだけの最低限の物質的条件を満たさねばならない。しかし，これだけでは乳幼児は十分な生命維持と，順調な成長を成しとげることは不可能である。

人間は，もともと心身は不離一体のものであるが，おとなよりなお一層未分化の状態である乳幼児にとっては，その度合いはより強いものである。そのため，心の安定が得られるような母親の細かな愛情に満ちた世話が求められるのである。

食事をするにしても，家族のなごやかなふんい気のなかで食べる場合と，小言を言われたり，家族間がとげとげしい状態のなかで不愉快な気持ちで食べるのとでは，同じものを食べても栄養になる度合いが違ってしまう。それゆえ，生命を守るための世話をするにしても，愛情のある心の交流を大切にした保護が必要なのである。

家庭をなんらかの理由で長時間離れて，乳児院や養護施設，あるいは病院で保育を受ける子どもたちのなかには，発達の遅退やゆがみをもっている場合がある。これを「ホスピタリズム」(hospitalism) とよんでいるが，保護が事務的になると，このような危険がある。

しかし一方では，四六時中親の行き届きすぎた世話を受けていると，それにすっかり慣れきってしまい，体力的にたいへん抵抗力のない子どもに育ってしまったり，自分から進んで何かをする気持ちが生まれず，わがままで，消極的で，自分の感情のコントロールをする力が育ちにくくなる場合もある。

このようなことから子どものそのときそのときに応じた細やかな保護は重要なことであるが，一方で愛情過多，過保護にならないよう十分な注意も必要である。

(2) 社会に対する保護

家庭のなかから一歩外へ出れば，さまざまな刺激が子どものうえに与えられる。周囲の人びとからつねにあたたかい扱いばかり受けるとは限らない。

子どもの世界とはいえ，物質的にも，人間関係においても，社会一般と同じようにいろいろな荒い波にもまれるものである。そこで，家族の者同士があたたかく包み込み，心の安らぎを与えてくれる役割を家庭が果たすことが必要になる。子どもが経験してきたことに十分な注意を払い，話をよく聞きながら喜びや悲しみをわかちあう思いやりが大切である。

子どもにとって家庭やそれを構成している家族が，命の泉であり，心身のエネルギー源なのである。家族間のあたたかい愛情の交流を基にして衣食住を十分に満たし，生命の保護をすること，社会の荒波から心の安定を守ること，それが子どもの心と体を健やかに成長させるのである。

人格の形成

やりたいという意欲をもち，さまざまなことをつくり出す力をもつ子ども，自分をきちんと主張することができ，他人に頼らず自分で考え，判断できる子ども，周囲の者と調和を保ちながら生活していく子ども，このように，将来社会のなかで自立して「一人前」の人間として育っていくためには，自主性・社会性が育っていかなければならない。その人格形成の基礎づくりが，家庭保育の大きな役割にもなっている。

昔からわが国では「三つ子の魂百までも」という諺がある。またフレーベル（Fröbel, F., 1782〜1852）は「子どもは5歳になるまでに，その生涯に学ぶべきことを学び終わる」と言っている。事実，乳幼児は見聞きすることすべてを肌で感じとり，心にとどめ，頭にきざみ込まれて自分の血や肉となって，生活感覚や人間性を育てていくのである。

祖父母・両親などから受け継ぐ遺伝的な面も見逃すことはできないが，それ以上に無意識のうちにつくられている家庭のふんい気は，乳幼児をはじめとする子どもに重大な影響を与える。したがって，両親が中心となって構成されている家族が，子どもにどんな態度でのぞみ，どのような気持ちで接しているか，あるいは何を望んでいるかというような，意識的に曖昧になりや

すい側面が，その子どもの人格形成に深い関係をもっている。そのために，まず，母親が母親であることを自覚して，子どもの保育は重大なつとめであることをしっかり認識すること。乳幼児をはじめとするどんな小さな子どもでもひとりの人間として認めること。日々発達・成長していく子どもの変化に深い関心をもち，子どもの気持ちにそった接し方を学び続け，真剣に育てる態度をもつことが必要である。さらに，家族全員が将来に希望をもっていきいきとした生活態度で日々の生活を過ごしていることが望ましい。

基本的生活習慣の習得

基本的生活習慣とは，日常生活を送るうえにもっとも基本的な生活の習慣をさすが，これは家庭での日々の生活の積み重ねのなかから形成される身辺処理能力であり，基本的生活能力である。

これは，家庭保育のなかでもっともはっきりとした意図的なはたらきかけによって習得していくものである。

これらは，①社会と文化が要求する型に合うように，②子どもが健康で円満に順調な発達がとげられるように，という2つの観点をもっている。その具体的内容として，食事・睡眠・排便・着脱衣・清潔があげられる。これらの習得には根気と努力がいる意図的なはたらきかけが要求され，「型つけ」「反復」「練習」「動機づけ」といった一連の流れがあるといわれている。しかし，大半は日常生活のなかで反復することによって身についていく。この場合もっとも重要なことは，習慣づけの時期と，子どもの気持ちである。そのため第1の担当者である母親は，習慣づけようとするはたらきかけが子どものなかで十分に成熟しつつある時期かどうかを見きわめていなければならない。早ければ早いほどよいといった考え方をもち，無理に習慣づけようとすると失敗するだけではなく，その子どもの人格形成にも影響を与えるということも考慮する必要がある。あるはたらきが子どものなかで成熟しつつある時は，子どもはそのはたらきを使うことにたいへん興味と関心をもち，喜び，

進んでやる気持ちになり，夢中になって反復・練習し上達していくのである。
　はじめは，周囲の者が手本を示し，手をとって教えてやることも必要であるが，子どもが興味をもちはじめた時はその気持ちを大切にし，時には下手でもできたらほめ，将来に対する期待をもたせ，つねに積極的にやっていかれるようなふんい気をつくることが望まれる。

6. わが国の家庭教育はどのように変わってきたか

　生理的にも社会的にもまったくひ弱な未熟な状態で生まれてくる子どもを，いつの時代でもなんとか「一人前」の人間として育てあげるために，実にさまざまな子育ての手続きと知恵が蓄積され伝承されてきた。

古代・王朝時代の家庭教育

　古代の人びとの生活は，生産と神を祭ることと部族間の闘争とが，大きな軸となって展開していた。これらの営みをとどこおりなく行ない，戦いぬくことが大切な任務であった。おとなたちは，自分たちのこの仕事を子どもたちにしこみ，つぎの世代への発展を願っていた。火のおこし方，それを絶やさぬように守る方法，農耕や狩猟のしかた，武具の使いかた，神を祭る方法など，すべて子どもをその場にともなって，手をとり口添えしながら直接見習わさせて体得させる方法をとっていた。このような見習わせながらの訓練を通じて，子どもに生きる方法，生活の仕組み，物の見かたや考え方を経験的に体得させていたのである。

　大陸文化が伝来し，律令制による王朝時代になると，貴族・上級官吏など一部の人びとのあいだには，生活訓練とは別に家庭における教育が営まれるようになった。彼らのあいだには，生活の余裕をもって子弟に知的教養の開発や，上級社会にふさわしい生活上のしつけを与えることが計画的に行なわれるようになった。子どもが満３歳から満６歳ぐらいまでのあいだには「文初（ふみはじめ）」という儀式が行なわれ，知的教養の基本としての「読み」「書き」の手ほどきを受けた。

　また，貴族たちは，儀式の際に古来からの習慣，作法を身につけていなければならなかったので，それぞれの場にあった，正しく格にはまった態度，振舞が要求された。型にかない，美しく，節度があり，しかも流れるようにで

きるために，幼少より家庭において訓練やしつけを受けていた。

　しかし一方，一般庶民のあいだでは古代と同じように，子どもたちは親のもとで，ともに働きながら生活の知恵を見習い身につけていたのである。

中世の家庭教育

　王朝時代の貴族にかわって，武家が政権をとるようになったこの時代では，すぐれた武人として子どもを育てることが目的であった。

　家庭における基本的生活習慣もつねに戦場にあるのと同じ心構えをもって，子どもをしつけることに重点がおかれた。たとえば，手間をかけておいしく調理した料理をゆったりと賞味するようなことに慣れていたのでは，合戦に遅れるので，幼少のころから粗食に慣れ，しかも早く食べられる習慣を身につけ，また排便も時と所を選ばずにできるようにといった具合であった。この時代のもう1つの大きな特色は，子どものしつけ，教育などに父親がその責任と実践の点で最高の権威をもっていたということである。父親の一族子弟に対する訓戒のことばは，強く重んじられ，その定めた「家訓」が子孫に伝えられ，人間形成に大きな役割を果たしていた。

　このことは，「家」というものが人間教育のうえに重みを加え，「家」のしきたりや伝統に従った「家風」にかなった人間を育てることが重視された。つまり，人間としての行為，ものの考え方，見かたといった徳育，しつけの面が家庭教育の中心であり，重要な役目となっていたことになる。

近世の家庭教育

　士農工商の階級制度のなかで，「家」の重みはいずれの階層においても封建的家族制度と結びついて固定化され，ますます強まった。

　武士としての家庭教育は「家風」を伝統とするしつけ，心構えに重点がおかれ，支配層としての人間性の鍛錬，人格の陶冶に力が注がれた。読み書き，武技の指導も行なわれていたが，それらを深く極める根性とか，それらについて積極的な姿勢を養うことに力が注がれた。

このような武士階級と並んで,富裕な商人,神官,僧侶,医師などのあいだでは,家庭で幼児に対して儀式や教育がなされた。たとえば,かぞえ年3歳では髪置が行なわれ,この時期は教育をできるだけ早く始めるという意味で重要であり,混沌としたこの時期の心性が後にまで続くという意味でも,しつけが大切であるとされた。かぞえ年5歳で髪剪や着袴が行なわれ,しつけの面では,ひがごとや心の悪習を防ぎ,親を敬うことや,女児においてはおとなしいことが重視された。庶民のあいだでは,寺子屋教育が広まり,基本的な生活技術の修得を寺子屋師匠に託すようになった。しかし家庭においては,町人は町人としての気風を「家風」のなかで育てようとし,「家訓」「家憲」「店則」というものが生み出されるようになった。これによって,伝統的な町人の「家」としてのしつけや心構えが養われていった。

一方,農民のあいだでは,しつけや教育に十分な手がまわらずにいたが,四季を通じて行われるさまざまな村落共同体の行事(正月・7月の盆・秋祭り)などが,彼らの家庭における人間形成に大きな役割をもっていた。子どもたちを「一人前」の人間に育てあげるために,共同体の生活慣行にみあって,あたりまえのことを学びとらせることに力点がおかれた。

現代の家庭教育とその問題点

現代にいたっては,新憲法による人間尊重の精神に基礎づけられた,子どもの立場とその個性を重視しようとする児童観が成立した。

これまでの家長としての戸主中心の家庭から夫婦中心の小家庭へと変化し,女性の法律的・社会的地位もいちじるしく向上した。また,いわゆる重化学工業社会を迎え,機械文明の進歩が生活文化のうえにも大きな変化をもたらし,日々の生活様式も変わってきた。そのために,子どもを取り囲む社会・自然・文化・家庭環境のすべての面を含めて,つぎのような問題点もでてきている。

(1) 都市化,公害,土地開発などによって,自然環境が破壊されているため,自然に接する機会と場が少なくなり,子どもの安全な遊び場となる

公園・広場が不足してきている。
(2) 住宅の狭・高層化にともなって，屋内外での遊びが制限されている。
(3) 核家族化にともなって，経験的知恵の伝承が得られず，育児に自信を喪失している親が増加している。
(4) 母親の就労の増加によって親子のふれあいが希薄化し，衣服や食事に手をかけられない親が増えてきている。
(5) その反対に，子どもの数の減少や家庭生活の電化により，子どもに手をかけすぎ過保護・過干渉にしてしまう傾向もある。
(6) 子どもの数の減少や年齢差の増加により近隣に同じような年齢の子どもが少なく，遊び相手が減り，子どもたちが相互に影響し合いながら育っていく機会が減少している。
(7) そのために複雑な人間関係のなかで人とのかかわり方に関する豊かな感受性や思いやりなどがますます身につきにくくなっている。
(8) 基本的な生活習慣の形成よりも，知的な詰め込みや，音楽・絵などの技術習得，才能の先取りなどに力を入れる親が増加している。
(9) 親自身の勝手な思い込みによって，「早期教育」に駆り立て，思い通りにならないと，暴力によりわが子を支配しようとする傾向がみられる。
(10) 価値観の多様化にともない，親自身がはっきりとした価値基準をもてぬまま，その場しのぎの対応に追われがちである。
(11) 社会全体のスピード化にともない，子どもの心の発達・成長をゆとりをもって見守り育てることがむずかしくなっている。
(12) しつけがたくさんの情報に左右され，愛情をともなわない技術論に走りがちである。
(13) 育児よりも，自分たちの楽しみを優先させ，思い通りにならないと子どもを虐待したり，育児を放棄したりする。いわゆる未成熟な親が増加している。

7. 乳幼児の保育にとってどんな家庭が望ましいか

　家庭は社会生活の一単位であるために，世間のいろいろな問題が集約され，つつみこまれている。それゆえに，その家庭がどんなものであるかによって，子どもが将来，社会に対応し，適応し，参加していく姿，あるいは反抗し，反逆していく姿の基礎をつくりあげていくのである。そこで，人間形成にとってもっとも大切な乳幼児期の子どもにとって，どのような家庭が望ましいのか考えてみよう。

愛と信頼のある家庭

　外界をまったく知らない乳児は，母親から与えられる愛撫と授乳を通して肌に感じるもの，そして耳から入ってくるもの，目に写るものすべてから物事を吸収し，無条件に取り入れて外界や人間を知っていく。子を抱く親の愛情と子の快感の表情，それが母子間に満足感をもたらし，さらにお互いの愛情は深められていく。愛は快を呼び，快感は愛情を深め高め広めていくのである。

　この愛情に満ちたあたたかい接触を受けた乳幼児は真の安らぎと甘えを体験し，母親（人間）を，外界をこよなく素晴らしいものとして認識するようになる。そして，いずれ自分に対しても他人に対しても安心感と深い信頼感をいだくようになり，他人の甘えを受け入れたり，自分の甘えを押さえたりすることが可能な成熟したおとなへと成長するための基礎をつくるのである。そのためには，まず家庭を構成している両親があたたかい愛情で結ばれていること，そして，その両親と子どもたち，祖父母たちとの間にも，またあたたかい愛情がみなぎっていることである。お互いがあたたかく深い愛情で結ばれているということは，必ず信頼関係も成り立つのである。愛するがゆえに信頼できるし，信頼できるからこそ一層深い愛が生まれるのである。

乳幼児の心が安定し，健全な成長をなしとげるためには，このように家族全員が深い愛情と心からの信頼関係で結ばれている家庭こそもっとも望ましい姿なのである。

人間関係を大切にする家庭

前述したような深い愛情と信頼によって結ばれている家庭では，つねにあたたかい明るいふんい気がある。そして父親は育児そのものを直接手伝うというよりも，母親を精神的に支えるもっとも身近な人としての役割を果たすのである。そのために母親は，精神的に安定し，余裕をもって育児に取り組むことができている。このように母親が精神的に安定し，余裕ある態度で乳幼児に接している場合には，母と子の間には好ましい関係が生まれる。乳幼児は，この好ましい母子関係を土台として，さらに父親とのふれあい，きょうだい，祖父母，周囲のおとなたち，友だちとの接触へと人間関係を広め，深めていくことができるのである。

子どもは，ある人が自分にとって良い人か悪い人かを母親とその人との人間関係を通して判断している場合が多い。つまり母親をフィルターとして，そのフィルターを通過する人だけを良い人として選択するのである。このようなことから，まず，母親がかたよった人間関係をもたずに，近所の人や，親戚，友だちをたくさんもつこと。そしてお客様がどんどん来訪する，また招待される，そんな人間関係を大切にする家庭づくりに力を注ぐことが望まれる。家庭に出入りする両親の社交関係の人びとを通じて，子どもは対人関係の基本的マナーを学び，広く社会を知ることになる。そして友だちの大切さをも学びとっていくのである。

豊かな生活経験ができる家庭

このように乳幼児は，あたたかく明るいふんい気のある，人間関係を大切に生活している家庭で順調な成長をとげていくことができる。その順調な成長をより促進させていくためには，乳幼児のさまざまな興味・関心に応じて

いける文化的ふんい気，生活経験が豊かに実感できるふんい気が家庭に必要である。

乳幼児は，おとながおどろくほどの速さで心身が発達・成長をしていくが，その時その時の欲求にちょうど合った周囲からの適切な刺激が，その乳幼児の成長をより早めるのである。

生後3週目ごろから目が見え，耳が聞こえはじめる。しだいに光や明るいほうをジッと見つめたり，動いているものを目で追いかけ，音がすると聞こうとする態度が生まれてくる。このように視力や聴力が発達してくると，積極的に外界に興味をもちはじめ，やがて1歳前後になれば知的興味や関心が盛んに働くようになってくる。

この時期に家庭では，幼児が模倣しておぼえていくうえでの手本となる家族の適切な態度，親子の豊富な会話，玩具など，積極的にいろいろな文化的刺激を与え，経験させていくことが必要である。

この適切な文化的な刺激が与えられなかったもっとも極端な例として，狼に育てられた人間の子ども，アマラとカマラの貴重な成長記がある。人間の子どもとして生まれながら，狼の生活環境のなかで育てられたため，狼の行動様式のみが身につき成長したのである。このことは，動物のなかで育てられればそれらしく育ち，人間としての成長さえもほとんど期待できなくなるという，環境がおよぼす影響の大きさをものがたっている。

これほど極端なことはまずないが，たびたび遭遇することは，機能的・能力的には周囲の刺激を受け入れ，表現できるだけのものがあるにもかかわらず，現実的には表情が堅く，語彙がはなはだ乏しく，年齢相応のことが習得できていない幼児がいるということである。このような子どもは，一見，精神薄弱児と思われがちであるが，決してそうではなく，家庭で家族からの適切な刺激を与えられずに，日々を過ごしているため，順調な成長ができないでいるということなのである。家庭や家族にとって大切なことは，その時そ

の時に幼児が，興味・関心をもっていることをどんどん受け入れ，積極的に行動に移せるよう，可能な範囲で玩具や絵本をそろえたり，遊びや運動がしやすい状況を整えることに心がけることである。

　また，幼児のことばの発達の基礎づくりとなる積極的な語りかけや，正しい豊かなことばを使った会話を家族間でかわし，思考力を促進させる。親子がいっしょに遊びながら創意，工夫，忍耐力を養うこと，友だちを見つけて家族ぐるみで交際すること。さらに，いろいろなところへ連れて行き，視野を広めるようにすることがよい。このように，文化的環境を整えながら，子どもが豊かな生活経験を通して，さまざまな体験を味わうことができる家庭こそ望ましい家庭なのである。

8. 家庭保育と集団保育はどんな関係があるか

　第7問で家庭での保育の役割および，望ましい家庭の条件について考察してきたが，乳幼児の成長にとって，家庭での保育とならんでもう1つ大切な保育の場として集団の場がある。そこで，まずそれぞれの特質を考えたうえで，両者の関係を考察してみる。

家庭保育の特質

(1) 家庭は家族の生活の本拠地であるから，衣食住を中心とする人間のあらゆる生活がそこで営まれている。そのために，無意識のうちに，子どもはその家庭のふんい気のなかから人間観，人生観，道徳観，価値観などを身につけていく。教育的にはたらきかけようとしないでも，この生活そのものが子どもの人格形成を方向づける力をもっている。つまり，家族のだれかが何かを教えようとして，子どもがそれなりに身につけていくのではなく，親，きょうだい，祖父母たちの日ごろの行動，言葉，態度のなかから，なにげなくすべてを吸収していく。したがって，家庭では，親子，きょうだい，祖父母といった自然な人間関係を通して，人間の愛情をはじめとしてさまざまなその子どもの人格形成の基礎がつくられていく。

(2) さらに，この自然な形での作用を土台として，しつけ，生活習慣など意図をもったはたらきかけにより，子どもの人格形成を型つけていく二重作用をもっている。

(3) 家庭では，保育する者との間が血縁関係で深く強い愛情と信頼で結ばれている。そのために，ややもすると「盲目の愛」におちいりやすく，おとなが手を貸しすぎたり，過度の干渉や保護をしてしまう傾向がある。そのために，依頼心が強く，独立・自主性の欠如，わがままに育ってしまうことがみられる。

(4) 家族は年齢差の多い少数の集まりであるため，社会性が養われにくい。家族の一員として，子どもは家庭内で生活することを通して間接的に社会と結びつき，社会化の第一歩を歩みはじめているが，一部の限られた人間関係しか経験することができないために，その家庭の型にはまり，視野の狭い社会性の乏しい成長をしてしまう危険がある。

(5) 日常の生活に追われ，子どもの保育に無関心であったり，関心はあっても，時間や労力をさく余裕がなくなる場合がある。

(6) はっきりとした目的をもって，計画的に保育することが困難である。

(7) 住宅・家具などが保育のために設けられたものではないので，必ずしも乳幼児の発達・成長に合っていない場合がある。そのために，子どもが自分でしたいと思っても，また，することが可能なほど発達していても，自分でする習慣や自発的にする気持ちを養う機会を失ってしまう場合がある。

集団保育の特質

(1) 集団保育が行なわれる保育所・幼稚園その他の施設は，保育のための機関であるために建物，遊具，教具などが幼児教育の目的に沿って整備されている。

(2) かつ，保育を担当する者は，専門の知識・指導の技術を身につけ訓練されている。

(3) 保育者との関係が他人であるために，過度な愛情や保護を注ぐことがない。

(4) 保育内容が計画的かつ合理的であり，きわめて意図的に進められる。

(5) そのため，子どもへの愛情や信頼関係の確保よりも理論が先行しやすい。

(6) 家庭の貧富，文化程度に関係なく，平等に同じ経験をさせることができる。

(7) 同年齢の多数の子ども集団であるため，摩擦も多いが，その結果，社

会性が養われやすい。

(8) 保育が画一的になり，ひとりひとりの子どもの個性を発見し，それを伸ばしていこうとするその実践においては，大きな制約と限界が生じやすい。

(9) 子どもの健康管理の面では，ときには見落とされたりする場合がある。とくに多くの子どもたちがいっしょにいるために，いろいろな病気に感染しやすい。

家庭保育と集団保育の関係

以上のように家庭保育，集団保育には，長所も短所もある。しかし，乳幼児教育にとってはどちらも大きな役割を担っている。

子どもは本来，2歳から3歳ごろになると，同年齢の子どもたちと遊びたい欲求が顕著にあらわれてくる。そこで，その子どもの欲求を十分に受け入れ，応えていくうえに，幼稚園・保育所などの集団保育の場が必要になってくる。このように子どもの自然的欲求による集団保育場面への参加が一番望ましい形ではあるが，両親が不在がちで十分な保護・保育ができない，つねにおとなたちばかりに囲まれている，遊ぶ機会や場所に恵まれないなどの理由で，早くから集団保育の場へ参加する場合もある。そこで，集団保育には，家庭教育の欠けた部分を補う補助的な役割や，家庭にかわって乳幼児の保育をする代替的役割も必要になってくる。しかし，一番大切なことは，両者が互いに足りない部分を補足しあいながら，保育効果を高めていく相互補完ということである。

乳幼児教育にとって，家庭保育と集団保育は車の両輪として，それぞれの場で果たすべきお互いの役割を確認し合い，教育方針や計画を理解し合い，緊密な連絡を取り合う必要がある。相互の教育方針がばらばらであったり，一貫性に欠けていては，保育の十分な効果はあがらないのである。

第3章　保育の場──2．幼稚園

9．幼稚園とはどんなところか

幼稚園は人間の土壌を培うところ

　人間は他の動物と異なり，乳を吸う以外はほとんど何の能力ももたずに生まれてくる。幼児というのは，植物に例えればまさに「種子」のような存在である。人間はポルトマン（Portmann, A., 1897～）も指摘するように，「生理的早産」状況，つまり，ほとんど何の能力ももたずに生まれる。彼の能力は生後，親を含む周りのあらゆる環境を吸収し，獲得されたものである。「種子」の成長は，蒔かれた土壌に大きく左右される。子どもたちはそれぞれの家庭に生まれ，初めて集団の場としての幼稚園へとやってくる。親とは異なる友達や教師との人生初めての関係が，そこで形成されることになるのである。自我が未だできあがっていない彼らは，自由に「遊び」をするなかで，「他者」の存在を直感的に意識することになる。「発達」を意識するあまり，急いではならない。親や教師という大人が，「発達」の遅れに不安感をもったり，自身の焦燥を「暴力」的な言動で表現してはならない。「発達」の速度や形状には個人差がある。単なる「遅れ」としか思えなかったことがらが，後になって一人の人間としての重要な個性になることも大いにあり得るのである。

　幼児期の人間に関わる大人たちには，大人としての彼ら自身が試されている。不安と闘いながら，じっと忍耐することができるのか。個性，つまり自分にしかできないことをどれだけ大切に思っているか。個性を口にする大人は多い。しかし，個性の真の重要性を実感している大人は残念ながら数少ないのではなかろうか。幼児を相手にいろいろなことを教え込もうとする大人

たちは，いつの時代にも絶えることがない。個性は子どもたちが自分で発見し，磨き上げるしかない。それが人に生きることの実感を感じさせるものである。

　幼児期の人間に関わる人は，目に見える即効性を望んではいけない。彼のこれから始まる長い人生に，立派な苗が育つ土壌をしっかりと作り上げる。目には見えないこの作業をおろそかにせず，忍耐と誠実さをもってたずさわろう，そう決意することのできる意志の強い大人たちによって，幼児期の子どもたちは初めて育まれる。幼稚園は大人たちが子どもを見つめる姿勢をも教えるところとならねばならない。

幼稚園は子どもの庭

　1840年，フレーベル（Fröbel, F.W., 1782～1852）がブランケンブルクの夕景を見ているうちに，ふと思いつき，大いに喜んでつけたと伝えられている子どもの園（Kindergarten）という名称は，その後，英語などにもそのまま受けつがれ，多くの国で子どもの庭という考え方が認められてきた。

　わが国でも，この考え方を受けいれて，けっきょく「幼稚園」という名称を定着させるにいたった。現在，わが国では幼稚園を明らかに学校の一種として取り扱っているが，いまでもなお幼稚"園"ということばをそのまま継続して使っており，「校長および園長」というような，その面倒さにもかかわらず「園」ということばを棄てていない。

　フレーベルは，幼児を植物に見たて，保育者を植物を育てる園丁と考えた。すなわち幼稚園とは，園丁（保育者）が植物（子ども）を育てる素晴らしい園であり，自然の気候や雨露が園内の植物を育てるように，天然自然の法則にしたがって，楽しい遊びのうちに幼児の心身の発達をうながすところであると考えたのであった。

　このことについて，1893年（明治26），中村五六はその著『幼稚園摘葉』のなかで，つぎのように述べている。

幼稚園ハ，フレベル氏ノ思想ヨリ発出セシコト前述ノ如シ。然リ而シテ氏ハ自己ノ理論ニ従ヒテ，新ニ設ケシ幼児保育ノ名称ヲ求ムルコト久シカリシモ，曽テ基本意ヲ尽スモノアラザリシナリ。蓋シ氏謂ラク，幼児ガ保育場ニアリテ天然自然ノ法則ニ従ヒ嬉戯遊楽ヲ為ス間ニ未ダ発達セザル心意及ビ身体ノ諸能力ヲ発育シ，且ツ之ヲ強壮ニスルコト，恰モ園内ノ植物ガ自然ノ気候雨露ノ助ケヲ得，又人為ノ培養ヲ待チテ生長シ遂ニ美シキ花ヲ開キ香シキ果ヲ結ブニ至ルニ等シケレバ，其保育場ハ幼児ヲ培養スルノ園囲タルニ過ギザル可シト。遂ニ其意ヲ採リテ幼稚園（Kindergarten）ノ名ヲ附セシト云ヘリ。是ニ由リテ之ヲ観レバ，幼稚園ト称スルハ幼稚ノ所有スル園ニアラズシテ，幼稚ノ発育スル園ヲ云フニ外ナラズ。更ニ之ヲ詳言スレバ薔薇園牡丹園等と称スルト同一ノ意ニシテ，薔薇若クハ牡丹ノ園中ニ在リテ成育スルガ如ク，幼児ハ幼稚園ニ在リテ心身ノ発達ヲ遂グルノ謂ナリ。

幼稚園は適当な環境

幼稚園は，幼児に対して楽しい場を与えるものであるが，たんに楽園としてだけの意味をもつものでなく，肥沃な土壌や豊富な日光が草木を育てるように，幼児に適当な環境を与えることによって，心身を健やかに伸ばすことが，その大切な目的である。

1947年（昭和22）に公布された「学校教育法」に，幼稚園の教育目的として「幼稚園は，幼児を保育し，適当な環境を与えて，その心身の発達を助長することを目的とする」（第77条）といっているのは，このような幼稚園の効果をめざすものである。

幼稚園は遊びの場

幼児にとって適当な生活環境とは，どのようなものであろうか。幼児の生活は，そのほとんどが遊びである。したがって幼児に適当な生活環境を与えるということは，十分に遊べる場を与えることであるといってよい。

教育方法からみても，幼児の場合は遊ばせるということが必要な条件となる。すなわち幼児はまだ有意注意（直接に興味のないことにでも集中・維持できる注意力）があまり発達していないため，その幼児にとって興味のないことは，学習に役だつ有意義な刺激になりにくい。ところで作用そのものの

なかに興味がある動作を「遊び」といい，作用の外に興味がある動作を「仕事」というので，多くの幼児は，「遊び」を通して教育効果をあげることになるのである。

また教育内容からみても，幼児の場合はだいたい遊ばせれば十分であるといえる。すなわち幼児期のあいだに文字や計算を教えなければ時機を失するとは考えられないし，言語，音感，体力，器用さ，社会性などは幼児期に大いに発達するが，これらの内容は，勉強を通さなくても，遊びを通して伸ばすことができるものである。

以上の結果，幼稚園は遊びの場であるといいかえてもよいであろう。最近幼稚園のなかには勉強させるところもあるが，ほとんどの幼稚園では，あくまでも遊びを通して幼児を保育しており，幼稚園は遊びの場として一般に認められているといえる。

小学校と違う幼稚園

幼稚園は，昔は学校でないと考える人が多く，今でも学校でないと主張する人がいる。それは，小学校以上の学校と異なる特徴がいろいろみられるからである。

これらの差のなかでも，とくに注目されるのは，小学校が勉強を主な学習方法としているのに対して，幼稚園は前述のように遊びを主な学習方法としていることである。このことが，小学校の「教育」ということばに対して，幼稚園では「保育」ということばが長いあいだ使われてきたゆえんである。

小学校は，文化財をある程度，系統的に教えることが多く，いわゆる教科主義の教育は行なわれやすい。これに反して，幼稚園は，あくまでも生活を通して教育が行なわれる。戦前の「保育5項目」や昭和31年から使われはじめた「領域」ということばは教科主義の感じがしないでもないが，大すじはやはり生活主義の教育（保育）をめざすものであるといえる。

また，このような教育の内容と方法から，幼稚園では目に見えた累積効果

が少なく，このことが，両親が小学校に比べて幼稚園を軽視する原因や，幼稚園がまだ義務教育にならない一因ともなっている。

なお義務教育になっていないことも，幼稚園と小学校の大きな差であるといえる。

保育所と違う幼稚園

保育所が保育に欠ける乳幼児を預かって長時間保育をするのに対して，幼稚園は3歳以上の幼児を入れて1日約4時間教育をする。このように，現在，幼稚園は保育所とかなり違った性質をもっているが，ともに幼児を保育する施設であり，その沿革をみると保育所的な性質を加味した幼稚園も少なくなかった。

すなわち日本の最初の幼稚園といえる柳池遊嬉場（明治8年設立）は，その設立の目的として「群児ノ街頭ニ飄遊シ鄙野ノ悪弊ヲ被ル」ことを防ごうとすると同時に「所謂遊嬉中ニ於テ英才ヲ養ヒ庶幾クハ他日勉学ノ基」（『柳池校七十年史』）にしようとしたもので，現在の保育所と幼稚園の両方を兼ねようとしたものであった。

それ以後も，1884年（明治17）の文部省による簡易幼稚園の奨励や，1926年（大正15）の「幼稚園令」の公布に際しての訓令や，1948（昭和23）の「保育要領」の作成などをみても，幼稚園は制度的にも保育所的な役割も果たそうとする傾向があった。

しかし30年ほど前から，幼稚園はいちずに教育するところとして考えられるようになり，「保育に欠ける子ども」を入れようとする保育所とは明らかに違う道を歩むようになった。この傾向については，反対する意見も少なくなく，「幼保一元化」ということがいわれ，現在に及んでいる。現在みられる幼稚園と保育所の詳しい差については，第27問を参照されたい。

10. 世界の幼稚園はどのように変わってきたか

キンダーガルテンの思想と意義

わが国の「幼稚園」という施設名は，ドイツ語の「キンダーガルテン」(Kindergarten) の訳語である。1839年，ドイツのブランケンブルクに，保育者養成と幼児保育施設をつくり，1840年，この施設を幼稚園と命名したのはフレーベルである。フレーベルは，これにさきだって，遊具 (Gabe，わが国では「恩物」と訳された) と作業具を考案，販売し，この普及と幼児保育啓蒙の目的をもった施設として，これを創設したのであった。「幼稚園」という名称が象徴的に示すように，フレーベルの教育思想が込められている。以下簡単にふれてみよう。

「幼稚園」は，文字通り「幼児の園」を標榜している。幼児の楽園を世話する「園丁」としての母親や女性は，幼な子が花園の植物が大切に譲り育てられるように，それぞれの個性の芽を育くみ，同時に他人の個性をも重んずるなかで，成長を遂げるよう世話してやらねばならない。このような意味で幼児の教育を，母親に理解させようという任務も幼稚園はもっていたのである。フレーベルの教育思想を知る上で見のがせないものに，彼の主著『人間の教育』(*Menschenerziehung*) がある。このなかでとくに強調されているのは，子どもの個性・興味を尊重し，教育の出発点をそこにおかねばならないという点である。フレーベルは，この著書で述べているように「万物の中に一つの永遠の法則があり，作用かつ支配している」という万有在神論を基礎にもっており，万物の本質は神的なものであり，したがって，人間の本質も神的なものであるとする。神的なもの，すなわちそれは崇高で善いものである。また，よい状態は，幼い子どもほど理想的な姿をとどめている (児童神性論)。この内在する本質から外に向かって表現される「内的生命」を発展させる場と

しての遊びを重視し，そこで使用されるものとしての遊具，あるいは作業具をつくったのであった。フレーベルにとって，人間の教育とは，このように内在する本質を自覚的に表現し，理解し，発達させることを助成することである。人間の成長力をあくまで尊重し，他からの暴力的干渉から守ろうとする教育の原理は，人間の成長を見守るという意味で，植物の栽培に等しいと考える。栽培活動そのものを象徴的に把えるフレーベルは，それは子どもへの教育内容としても重要なものとして位置づけ，この活動を保証する場として庭を考えている。このような思想を具現するものとして，彼は幼稚園を創り，Kinder-Garten＝子どもたちの庭という名称をつけたのであった。

　幼稚園教育思想の基底にあった，子どもに最大限の活動の自由を与え，そのなかでの成長・発達を見守ろうという自由主義的な姿勢は，批判・検討を加えられながらもその後，とくに世界のいろいろな国でめざましい発展を遂げた。

　さて，フレーベルの「幼稚園」以前にも，名称は異なるが幼児の施設保育は始まっていた。たとえばフランスでは，1769年，プロテスタント派の牧師オーベルラン（Oberlin, J. F., 1740～1826）の開いた「幼児学校」があり，一方，イギリスのスコットランド・ニューラナークには，1816年，オーエン（Owen, R., 1771～1858）がみずからの工場内に「性格形成学院」を開いている。とりわけオーエンは「工場法の父」あるいは「イギリス社会運動の父」とも呼ばれ，当時発展しつつあった資本主義経済体制のもとで，疲弊していく家庭には期待をもたず，社会主義の立場から生産労働と結合した，社会改革の手段としての教育を重視した。このようなオーエンの思想と実践は広まりつつあったし，幼稚園のもつブルジョア的傾向と異なり，オーエンの試みが労働者階級を明確に意識している点については，その後，マルクス（Marx, K., 1818～1883）やクルプスカヤなどにも高く評価され，受け継がれていった。

　フレーベルとオーエンは，どちらもが，スイスにあって「近代教育の父」と

も言われるペスタロッチ（Pestalozzi, J. H., 1746～1827）の思想や実践に強い影響を受けている点にも注目しなければならない。フレーベルがあくまで家庭での教育を期待し，子どもを育てる母親の教育に力を注いだのに対して，オーエンは資本主義の発展と平行したように進行しつつあった家庭崩壊という状況を受けとめ，できるだけ早い時期からの子どもの公教育を実現していこうとしたのである。家庭機能そのものの弱体化が指摘されている今日，彼らにおける相違がわれわれに示唆しているものは大きい。

フレーベル主義幼稚園の発展

1850年代以降，ドイツ産業革命の時代，フレーベル主義幼稚園は運動としてその組織づくりが進行した。しかし，1851年に反動的なプロイセン政府の文教政策によって，フレーベル幼稚園「禁令」が出された。これは，幼稚園が児童を無神論と社会主義的原理へ近づけるものであるとみなされたためである。しかし，「ベルリン・フレーベル主義幼稚園促進婦人協会」の中心的人物，マーレンホルツ・ビューロー夫人（Büllow, B. M., 1810～1893）やフレーベル支持者たちは，1852年のフレーベル没後もこの弾圧の不当性を主張しつづけ，自由主義的内閣成立（1858）後の1860年，幼稚園は解禁となる。ドイツにおけるこのような状勢の間，フレーベルの幼稚園と恩物はむしろイギリスやアメリカにおいてめざましい発展を遂げた。

またイギリスにおいては，ドイツからの亡命政治家，ヨハネス・ロンゲ（Ronge, J.）とその夫人ベルタによって1851年，ロンドンにドイツ語幼稚園がはじめられた。その後，1854年，教育博覧会の開かれた時，マーレンホルツ・ビューロー夫人もイギリスを訪れて講演をし，反響を呼んだ。また，ロンゲ夫妻も各地に幼稚園や保母養成施設をつくったり，『英語キンダーガルテンの手引』(1855)を出版している。このようななかで，フレーベルの，子どもの自発性を重んじ，自由な遊びを通じての教育がイギリスで受けいれられていくのである。この導入時期，イギリスではウィルダースピンの「幼児学校」

(infant school)がすでに存在したが、その教育観はフレーベルの幼稚園とは異なり、さきに述べたオーエンと同様、資本主義社会における労働者の子どもを対象としている。それは、貧困階級の生活環境の劣悪化が進行するなかで、すさみ、非行化していく子どもを保護していこうとするものであり、また、子どもをかかえた婦人労働者に対して、託児機能を果たそうという社会的役割を担うものであった。

つぎにアメリカでは幼稚園設立の動きは1855年、ウィスコンシン州、ウォータタウンにカール・シュルツ夫人（Mrs. Schurz, K.）によって、ドイツ系移民の幼児のためのドイツ語幼稚園が創られたのが最初である。また翌1856年には『アメリカ教育雑誌』(*American Journal of Education*)誌上に、当時のアメリカ連邦政府教育長官、ヘンリ・バーナード（Bernard, H.）がロンドンの教育博覧会（1854）ではじめて知った幼稚園を紹介する文を書いている。これを読んで影響を受け、アメリカ幼稚園運動の中心的人物となるのがエリザベス・ピーボディ（Peobody, E. P.）である。彼女は、ホーレス・マン夫人（Mann, H.）の姉であったが、マンの教育運動の感化も受け、1860年、ボストンに英語での最初の幼稚園と教員養成所を開設している。彼女は、以後、多くの著作や講演を通じてフレーベル主義の普及に務め、重要な役割を果たした。この後、幼稚園はキリスト教会の宗教教育あるいは布教・伝道活動の一環として、また他方では低所得層の人びとのための社会救済事業として発展を遂げた。

1873年には、セントルイスに最初の公立幼稚園がつくられ、ここに招かれたスーザン・ブローは、幼稚園の公教育性を強調したという意味において、公立学校における「幼稚園の母」と呼ばれるにいたっている。1880年代から1900年にかけて大学や師範学校が附属幼稚園をもつようになった。そしてこのころから、幼児教育研究も活発になり、フレーベル主義に対して根本的な批判・再検討がなされた。すなわちそれは、「フレーベル正統派」とみずから称する

スーザン・ブローらが、フレーベルの恩物や神秘的な象徴主義の理論に固執しようとしたのに対して、いわゆる進歩主義（Progressivism）新教育の児童中心主義（child-centered education）の立場から、スタンレー・ホールらが鋭く批判し、さらに経験主義の立場に立つデューイ（Dewey, J., 1859～1952）やキルパトリック（Kilpatrick, W. H., 1871～1965）らにこの保守派への批判が受け継がれた。彼らの批判は、フレーベルの恩物や象徴主義に形式的にとらわれることに対してであり、根本にあった自発活動重視の姿勢は高く評価するものであった。それはフレーベル教育思想の原点に帰ることへの主張であった。このようにアメリカでは1910年から1925年までの間に幼児教育において旧来の保守主義から進歩主義への転換がなされている。

　また、1930年代の不況や第2次世界大戦時に婦人労働力確保のため、大幅に進出する「保育学校」も含め、幼児教育は社会的機能と教育的性格を強めていった。アメリカにおいては、日本やドイツのように幼稚園が独立した存在ではなく、デューイの影響もあって、小学校入学直前の5歳児に対する「前初等学校階梯」（Pre-Primary Grade）として、また保育学校は「前幼稚園階梯」として入園前の3歳および4歳児を対象としている。1965年ごろからは幼児教育の機会均等の運動がすすめられ、なかでもアメリカ全国の貧困で文化的環境に恵まれない子どもたちを対象にヘッド・スタート・プロジェクト（Head Start Project）が進められ就学時のレベルをそろえようとの試みがなされた。

ソビエトの幼稚園の発達

　ソビエトでは、革命政府が誕生して以後、教育人民委員部、就学前教育局がつくられ、1917年に発した「就学前教育の布告」のなかで、学校教育制度全体の一構成要素として位置づけられた誕生直後からの公教育の必要を強調している。これにさきだって、クルプスカヤ（Krupskaya, N. K., 1869～1939）は、マルクス主義的教育思想を受け継ぎ、育児と家事の重圧から女性を解放し、婦人労働を保障しなければならないとし、その意味で乳幼児保育を社会

化する必要を主張している。1919年に開かれた共産党大会では綱領のなかで，「保育所，幼稚園および収容ホーム」を「集団教育の改善と婦人の解放のために創設する」ことを定め，3～8歳児（当時就学年齢は8歳）を対象とする通園また終日の幼稚園が新設されている。これには労働者，兵士および農民の子女を優先的に入園させ，無料での保育が始まった。当時，ヨーロッパで一般的であったフレーベルやモンテッソーリ思想は，ソ連的でないとして否定され，クルプスカヤやマカレンコ（Makarenko, 1888～1939）らが中心になって，独自の集団主義教育が構築されていった。

　第2次世界大戦後，1959年からは保育所も文部省の所管となり，保育所と幼稚園を統合した「統合幼稚園」（保育幼稚園）も新設され，幼児教育の研究の進歩とともに，教員養成も充実し，3～7歳児を「幼稚園」で，また1カ月～3歳児を保育所で保育している。1962年には，就学前教育の総合的統一プログラムができあがり，「労働」の領域が復活するなど，教育内容や方法についての研究開発も進められている。

11. わが国の幼稚園はどのように変わってきたか

幼稚園創設期以来の変遷の姿を次のように年代区分して，概観することとする。

第1期　明治初年から1899年（明治32）まで
第2期　明治後期から大正時代を経て1945年（昭和20）の第2次世界大戦終結まで
第3期　戦後から1964年（昭和39）ごろまで

これ以降現在までの状況は，第12問であらためてみることとする。

第1期（明治32年まで）

日本での最初の幼稚園の設置は，1876年（明治9）「東京女子師範学校附属幼稚園」である。しかし，それ以前にも，横浜に亜米利加婦人教授所（明治4）が開かれ，京都にも上京区第30区柳池小学校附属幼稚遊嬉場がつくられた。制度的には，1872年（明治5）8月に頒布された「学制」のなかの「幼稚小学」が幼児教育施設として規定されたが，実現はしていない。これは，政府の政策上，小学校の普及やその教員養成に手いっぱいで，幼稚小学の増設までできなかったためであろう。この最初の官立幼稚園は創設当初からフレーベルの幼稚園教育について，専門的に学んだ保母を得，保育の実際についての模範を示した。さらに，校則内規等を整えて範とするなどして，その後，日本の幼稚園教育に与えた影響はきわめて大きいものであった。

この幼稚園の保育の目的は「学齢未満ノ幼児ヲシテ天賦ノ知覚ヲ開達シ固有ノ心思ヲ啓発シ身体ノ健全ヲ滋補シ交際ノ情誼ヲ暁知シ善良ノ言行ニ慣熟セシムル」，すなわち心身の発達を助長し，社会人としての素養を身につけさせるのだとしている。1日の保育時間は午前10時から午後2時の4時間とされ，保育の流れはつぎのようである。

登園（午前10時）―整列―遊嬉室（唱歌）―開誘室（修身,庶物話）―戸外遊び―開誘室（恩物）―遊嬉室（体操）―昼食―戸外遊嬉―開誘室（恩物）―帰宅（午後2時）

　保育内容としては，フレーベルの恩物の取り扱いが中心であったが，このような傾向は明治12年に開設された鹿児島女子師範学校附属幼稚園や，大阪模範幼稚園等でも受け継がれている。フレーベルの思想は置き去りにされ，恩物を形式的に操作するだけの保育実践が，この後，明治末年までつづけられることになる。また，当時刊行された幼稚園保育参考書には，桑田親五訳『幼稚園』(明治9)，関信三訳『幼稚園記』(明治9)，関信三著『幼稚園法二十遊嬉』(明治12)などがあるが，いずれもフレーベルの恩物を図解したものである。

　開園当時，3科目，25子目あった保育科目（第36問参照）は，その後，20子目に整理されているがこの改正のなかで注目できるのは，「説話」が「修身の話」となり，さらに「修身課」とされるなど，保育のなかでも重んじられ，当時の社会的要請が反映している。つまり，天皇制のもとで，「忠君愛国の志気」を育成する役割を担っていくのである。

　一方，文部省は，1882年（明治15）「簡易ノ編成」による「貧民力役者等ノ児童」のための幼稚園設立を各府県に通達したが，民費が極度に乏しいなかでは実現せず，ただ1つ1892年に「東京女子師範学校附属幼稚園分室」が開設されたのみであった。このころ，学齢未満児の小学校入学が行なわれ，地方費削減の一環として，1884年これらの幼児は，小学校を退学させられた。そしてこの子どもたちは，幼稚園の方法で指導するようにとの文部省の指示で，この後，大阪・京都・岡山などでは公立小学校に幼稚園が附設され，公立の園数が増加しはじめる。一方，1886年（明治22），アメリカ婦人宣教師によって北陸女学校附属幼稚園がはじめて設置され，1889年（明治19）には，フレーベリアンとして，後に翻訳，著作などを通して活躍するハウ(Howe, A. L., 1852～

1943) が神戸に頌栄幼稚園と保姆養成所を開設し，その後，これらが天皇制国家主義的保育の公立幼稚園とは異なる独自のキリスト教主義保育を進めていく姿には注目しなければならない。

また，保育に関する研究団体も結成され始め，小学校令中の簡単な規定だけでなく，幼稚園単独のまとまった規定制定への要求も高まって来た。1899年（明治32）文部省令で「幼稚園保育及設備規程」（省令第32号）が公布された。これによると，幼稚園は満3歳から小学校就学までの幼児を対象に保育するところで，保育時間は1日5時間以内，保母1人の保育する幼児数は40人以内で1個100人以内とされている。また保育の「要旨」としては，「心身ヲシテ健全ナル発達ヲ遂ゲ善良ナル習性ヲ得シメ以テ家庭教育ヲ補ハンコトヲ要ス」とあり，保育項目は「遊嬉，唱歌，談話，手技」とされ，それぞれにねらいが示されている。なお，設備に関し，所要の諸室，遊園の広さ，恩物，黒板等の器具を備えることが基準として掲げられてあった。

第2期（昭和20年まで）

国家総力戦の相を呈した1904年（明治37）に勃発した日露戦争による財政緊縮のあおりと，就学無償の原則をうたった1900年（明治33）の「小学校令」の影響で，公立幼稚園数は日露戦争後まで横ばい状態を続ける。さらに，1907年（明治40）には小学校教育が6年制に延長され，地方の教育負担が大きくなる関係上，1904～1905年ころから私立幼稚園数の増加が著しくなり，1909年（明治42）にはついに公立園数を追い越すことになる。もっとも，幼児数においては公立園児数を追い越すのは1926年（大正15）のことである。

この後，大正期にいたっていわゆる大正デモクラシーの時代となり，児童中心主義的な自由教育として，デューイやモンテッソーリ（Montessori, M., 1870～1952）の思想がそれまでのルソー，ペスタロッチ，フレーベルに加えて論じられるようになる。このようななかで，それまでフレーベルの恩物の取り扱いにこだわっていた旧来の保育から脱却し，倉橋惣三（1882～1955）が

提唱した幼児の自発活動，とくに屋外での活動的な自由遊びを重視する保育は反響を呼び，実践のなかに取り入れられていく。他方，弾圧を受けながらも根づいていく社会主義思想とその教育論も紹介される。資本主義社会の発展にともない，貧困層や婦人労働者のかかえる問題は，社会運動の高まりとともになんらかの政策の必要を痛感させるようになった。

とくに婦人労働者のかかえる子女のための託児所増設が幼稚園関係者からも要望され，1926年（大正15）4月の幼稚園単独の「幼稚園令」公布に際して託児への配慮もはじめて登場することになった。この新令の特徴は，保育項目のなかに，明治末年ごろからはじまった科学的教育とくに理科の重視があったが，この影響で「観察」が加えられ，自然および社会事象への科学的思考力を養おうとしたことである。そしてもう1つは幼稚園にいわゆる託児所的性格をもたせ，社会事業的施設としての機能を果たさせようとした点である。文部省資料によれば幼稚園の託児所化は内務省との合意事項であり，3歳以上は文部省が，3歳未満の保育施設は内務省が所管するという形において，幼保一元化の含みももっていた。しかし，幼稚園は依然として都会的，中産階層的な性格を変えずに進展した。低額の保育料で長時間保育を行なう託児所的幼稚園を実現するという文部省の企図に財政的裏付けがなかったためである。この後も昭和初期，幼保一元化論は盛りあがりながらついに実現には至らなかった。その背景には，国民大衆の生活破壊が緊急を要する現実的問題となったこの時期に，託児所政策が幼稚園より先行したことがあげられる。1926年（大正15），全国に65であった公立託児所は，1933年（昭和8）には167と急増し，しかもそれは防貧・治安対策としての役割を担っていた。

昭和10年代はまさしく戦争の時代であった。1931年（昭和6）の満州事変にはじまり，1937年（昭和12）の日中戦争，1941年（昭和16）の第2次世界大戦へとつづくこの時代は戦時色一色に包まれたと言っても過言ではない。1937年12月の教育審議会は「皇国ノ道ニ則ル国民ノ錬成」を強調し，「教育

の戦時体制」づくりをその後も推進する。翌1938年に出された同審議会の答申により発足した国民学校にともない,幼稚園界でも「国民保育」の発想となり,保育内容,方法も軍国調を呈した。このころ,社会科学的方法やリアリズム運動を保育において展開しようとする園は当局の取り締まりを受けた。やがて,戦争の激化とともに幼児は疎開せざるを得ない状況になり,幼稚園,託児所,戦時託児所などの幼児教育施設はほとんど閉鎖されるにいたった。そして,それらの施設は軍や軍需関係の施設に接収されている。ことに大都市の施設は大きな被害を受け,敗戦を迎えることになった。

第3期(昭和40年ごろまで)

戦後わが国は,民主主義の理念に立って根本的改革が実施されることになった。保育においても,すべての幼児に広く保育の機会を開放することが基本的課題となり,5歳時の保育義務制論まで論議された。

1947年(昭和22)3月には学校教育法が制定され,これをもとにいわゆる「六・三制」が発足し,幼稚園は学校教育体系のなかに組み入れられ再出発した。この法律により「保姆」は小学校と同じく「教諭」という名称に変わった。新しい民主主義的教育と,戦前の生活中心,児童中心主義的保育の遠くないことを知った保育界は活気づき,1948年に出された『保育要領——幼児教育の手びき』をもとに「楽しい幼児の経験」や「生活を通しての保育」が模索されることになった。このようななかで就園率は急上昇をし,1950年(昭和25)8.9％だったのが,1955年(昭和30)には20.1％,1960年(昭和35)には28.7％となった。昭和39年度からは7カ年計画で就園率60％以上をめざす幼稚園教育振興計画が実施された。昭和30年ごろからは入園希望者が募集人数を上まわり,2年保育や,3年保育への要望も高まった。

1956年(昭和31)2月,保育要領は改訂されて,「幼稚園教育要領」が出され,1964(昭和39)年に再改訂(文部省告示第69号)がなされ,幼稚園教育要領は教育課程に関する国家的な基準となった。

12. わが国の幼稚園の最近の姿を説明せよ

幼稚園の現況

1996年（平成8）度版「学校基本調査報告書」によると，全国の幼稚園数は14,790園，（国立49園，公立6,140園，私立8,601園）である。設置者別構成比にすると，国立0.3%，公立41.5%，私立58.2%となる。また，園児数では1,798,051人である。在園児数を設置者別にみると，国立6,827人，公立360,168人，私立1,431,056人である。これを全幼稚園児数に対する構成比でみると，国立0.4%，公立20.0%，私立79.6%である。園数に比べて園児数では約8割の子どもが私立園に在籍しており，依存度の高さを指摘できる。

園児数を年齢別にみると，3歳児346,675人（19.3%），4歳児693,668人（38.6%），5歳児757,708人（42.1%）である。3歳児の保育要求が高まるなか，今後この問題に対する取り組みが期待される。

施設の規模と学級編成

「幼稚園設置基準」が改定され，1学級の幼児数「40人以下を原則」としていたものから，「35人以下」となった。この改定の意義については，「幼児ひとりひとりの発達の特性に応じ，より行き届いた教育を推進するため」と解説されている。しかし，国際教育会議の勧告（1960年）によると，4歳以上児については，25人を超えないことが望ましいとの提言がされている。この勧告にしたがって，イギリス13人，フランス15人，ドイツ アメリカ20〜25人という基準をつくっている。しかし，1899年（明治32）以来，変わらなかった幼児数がようやく減らされたとはいえ，国際的な基準からはまだかけはなれている。

1学級あたりの幼児数減が容易に実現しないのは，この条件整備に要する費用のほとんどを保育料値上げによってまかなわねばならず，経営面での問

題をさらに増大させるからである。さらに，上でみたように幼稚園教育の多くを私立に依存している現状では，園の存続を左右する深刻な側面を否めない。国や地方自治体の公的助成なしに改善が望めないが，幼児の教育の根幹にかかわる重要な問題であり，幼児数の減っているいまこそ学級定数を引き下げる好機である。

公立幼稚園問題

近年，特に問題になっているのが公立幼稚園の学級減，および統廃合の問題である。これについて，『1992保育白書』（草土文化）でもとりあげられ，「幼児減を口実に，公立幼稚園の休廃園，学級減が加速度的に進んでいる。公立幼稚園はいま，全国的に存亡の危機に直面しているといっても過言ではない」との指摘がなされた。公立幼稚園の統廃合問題は1982年（昭和57）ころから，特に人口減少の著しい都市中心部などではじまった。しかし，それ以外の地域でも，私立に比べて保育料が安価であるにもかかわらず，公立幼稚園の在籍児数が減るのは，3歳児保育が実施されていないことが一因である。公立園での3年保育が実施しないのは，私立幼稚園経営者側から，経営面での困難さが一層増すという理由での反対が強いためである，との指摘がなされている。

預かり保育

近年，共働き家庭の一般化と核家族化の進展に伴い，保育時間の延長が求められるようになっており，幼稚園でも私立を中心にこのニーズに答えるべく，保育所的役割を果たそうとの取り組みをしているところが拡大している。1999年（平成11）に改訂された幼稚園教育要領でも，預かり保育を積極的に推進するよう奨励している。これはいわゆる保育所の「待機児」増加傾向に一定の役割を果たそうとするものであるということができる。

しかし，幼稚園での預かり保育実施について，施設・設備の問題など早期に解決されるべき問題も残されている。例えば給食設備がなく，パンと牛乳

だけや市販の弁当で済ませている場合も少なくない。また預かり保育にあたる人手は，保育者の労働時間増であてられることが多く労働超過が保育に及ぼす影響も無視することができない。

さらに核家族化などによる子育て支援について，保育所同様，幼稚園への期待も大きい。地域の幼児教育センター的役割を果たすなど，保育所との連携を図り，園児の保護者のみならず，地域社会の人々との新たなる子育てについての協力体制を模索しつつ，創造していかねばならない。

私立幼稚園依存傾向

1975年（昭和50）以降，幼稚園の就園率（小学校第1学年児童数にしめる幼稚園修了者の割合）は，64％で横ばいになっている。戦後第1次ベビーブーム世代が就園した1955年（昭和30）に20.1％であったことと比べると，20年の間に就園率において3倍以上の飛躍的な伸びを示し，幼稚園教育は社会的に重要な意義をもつようになったわけである。しかし，先にもみたように園児数では約8割の幼児が私立園に在籍しており，特に3歳児に関していえば，その95％が私立園児であることからも，私立園の抱える問題は社会的に認識するのでなければ幼稚園教育の数的伸展を質的な面で支えることができない。

近年の幼児数の減少は，これら私立園に少なからず経営的不安を与え，父母の要求を可能な限り，保育に受け入れる努力をうながした。そして，バス通園，給食，長時間保育が私立幼稚園経営の基本条件とまでいわれるようになった。そのうえ，「特色ある保育」をうちだし，英語，鼓笛隊，コンピューター指導などさまざまな保育内容をとりいれ，「施設設備の充実」の名のもと設備投資もはかられた。その結果，経営的には園の大規模化を余儀なくされた。また一方では，保育においてひとりひとりの成長を静かに見守る「形にならない」保育は軽視され，子どもが主体的に活動し，その幼児期を豊かな思い出として，自らの内なる世界を充実させていく場としての幼稚園の意義は軽視される傾向にある。

また，このような経営的問題は，幼稚園教諭の待遇，勤務状況の点で公・私の格差を著しいものにし，幼稚園教諭の勤続年数の差となったものであろう。表の経験年数5年未満の項を比較して明らかなように，公立で19.2％にすぎないのが，私立では69.5％となっている。勤続年数の差がそのまま保育の質を決定づけるものではない，との意見も出てくる昨今，幼稚園教員の資質の向上，研修，さらには養成制度の問題をも含みつつ，深刻である。

　父母をはじめ子どもをとりまく大人たちが，子どもをどのように育てたいのか，あるいはその理想実現のためにどれほど努力できるのか，それぞれの保育・教育観が問われている。

幼稚園教諭の勤続年数　　　　　　　　　　　　　　　　　　　　　　　　（％）

区分	計	5年未満	5年以上10年未満	10年以上15年未満	15年以上20年未満	20年以上25年未満	25年以上30年未満	30年以上35年未満	35年以上40年未満	40年以上	無回答不明	平均勤続年数（年）
公立	100.0	19.2	11.5	18.6	27.3	15.4	5.7	1.7	0.6	0.0	0.0	14.2
私立	100.0	69.5	16.8	5.7	4.0	2.3	1.1	0.3	0.1	0.1	0.0	5.1

資料：文部省・学校教員統計調査報告1992年度より

第4章 保育の場——3．保育所

13. 保育所とはどんなところか

法的位置づけとその対象

　1947年（昭和22）制定された児童福祉法にもとづいて，保育所は児童福祉施設の1つとして，社会的に位置づけられた。

　児童福祉法第1条に「①すべて国民は，児童が心身ともに健やかに生まれ，且つ育成されるよう努めなければならない。②すべて児童は，ひとしくその生活を保障され，愛護されなければならない」と児童福祉の理念が述べられているが，その理念を実現する場として，保育所はその社会的責任を課せられている。

　児童福祉法第39条に「①保育所は，日々保護者の委託を受けて，保育に欠けるその乳児又は幼児を保育することを目的とする施設とする。②保育所は，前項の規定にかかわらず，特に必要があるときは，日々保護者の委託を受けて，保育に欠けるその他の児童を保育することができる」と規定している。

　ここでいう乳児は，「満1歳に満たない者」をいい，幼児は「満1歳から，小学校就学の始期に達するまでの者」（児童福祉法第4条）のことである。したがって，保育所は，保育に欠ける0歳児から小学校就学前の乳幼児を対象としているが，とくに必要があれば，保育に欠けるその他の児童も入所させることができる児童福祉施設である。

　保育所へ保育に欠ける乳児・幼児が入所することについて，児童福祉法第24条は，次のように規定している。「市町村は，保護者の労働又は疾病その他の政令で定める基準に従い条例で定める事由により，その監護すべき乳児，

幼児又は第39条第2項に規定する児童の保育の欠けるところがある場合において、保護者から申込みがあったときは、それらの児童を保育所において保育しなければならない。ただし、付近に保育所がない等やむを得ない理由があるときは、その他の適切な保護をしなければならない。」

これによって、保育に欠ける状況がある場合、保護者はその乳児・幼児を保育所において保育するよう市町村に申込む。申込みにあたっては、入所を希望する保育所名、その希望の理由、保育を必要とする理由など厚生省令が定める事項を記した申込み書を市町村に提出しなければならない。市町村が保育に欠ける状況と判断する基準として、厚生省が政令（児童福祉法施行令）において示しているものは、「児童の保護者のいずれもが次の各号のいずれかに該当することにより当該児童を保育することができないと認められる場合であって、かつ、同居の親族その他の者が当該児童を保育することができないと認められる場合」とし、次の6事項を示している。

(1) 昼間労働することを常態としていること。
(2) 妊娠中であるか又は出産後間がないこと。
(3) 疾病にかかり、若しくは負傷し、又は精神若しくは身体に障害を有していること。
(4) 同居の親族を常時介護していること。
(5) 震災、風水害、火災その他の災害の復旧に当たっていること。
(6) 前各号に類する状態にあること。

保育所に関する情報の提供

保護者がその乳児・幼児を入所させることを希望する保育所を選択することを適切なものとするよう、児童福祉法は、市町村と各保育所に保育所についての情報を提供することを定めている。市町村はその市町村に所在する全保育所の名称、位置、設置者のこと、施設・設備の状況、入所定員、入所状況、職員の状況、開所している時間、保育の方針、保育料、保育所への入所

手続に関することなどを情報提供しなければならない。

　各保育所では，一日の過ごし方，年間行事予定，保育方針，職員の状況，保育の内容などを情報提供することが望まれている。

　これらの情報をもとにして，各保護者は，勤務時間と通勤時間とに適合する保育時間であるか，障害をもつ児童を保育できるか，生後何か月からの乳児を保育できるか，職員と保護者との連けいは緊密であるかなど，それぞれの望む保育を実施している保育所を選ぶことができる。多様化する保育ニーズに対応するという観点と，保育の基本的な課題の達成という観点とを適切に統合し，保護者が乳児・幼児の望ましい発達が期待できる保育所を選んで保育所への入所を申込むよう，保育所の真摯な努力が重要である。

地域の保育センター

　保育所は保育に欠ける乳児・幼児を保育することを基本的な役割とするものであるが，保育に欠けない乳児・幼児の保育について，保護者の相談に応じ，また，助言を行なうよう努めることが役割とされている。児童福祉法第48条の2は，このことを「保育所は，当該保育所が主として利用される地域の住民に対してその行う保育に関し情報の提供を行い，並びにその行う保育に支障がない限りにおいて，乳児，幼児等の保育に関する相談に応じ，及び助言を行うよう努めなければならない。」

　これは，家庭の多くが核家族となり，子育てについて祖父母からの伝承が弱くなり，また，都市化によって各家庭が孤立し勝ちとなり，近隣の人たちの間での子育ての情報の交流がなく，その上，マスコミなどによる子育ての情報が氾濫し，育児不安に陥っている保護者が少なくない。育児ノイローゼ，幼児虐待に苦しむ保護者が増してきている。こうした状況を解消し，子育てを喜びと楽しみとなるよう，保育所が子育てについてもっているノウハウを広く地域の子育ての家庭に提供し，地域子育てのセンターとしてその役割を演ずることが望まれている。

子どもの発達と保育所の機能

「人間は生理的早産児として生まれる」と，人間を規定したのはポルトマン (Portman, A.) であるが，このポルトマンの言葉の1つの側面は，人間の子どもはおとなの援助がなければ，一人では生命の維持さえ難しい存在であることをあらわしている。人間は誕生してから一人歩きするまで，約1年間を必要とし，言葉を覚えて人間らしい生活をするには，さらに長い時間を要する。その間，人間が低年齢であればあるほど，未発達な状態にあればあるほど，おとなの養護がより必要である。子どもみずからの力で衣食住を獲得することはできない。自活の能力はまだない。生活生存権を主張することもできない。したがって，乳幼児は養護される存在である。この乳幼児の生活を保障し，養護するのは親であり，社会の役割である。

しかし，乳幼児はたんに生活を保障され，養護されるだけの存在でもない。前述したポルトマンの言葉のもつもう1つの側面を見逃してはならない。すなわち，生理的早産児であることは，育つ可能性を内在させていることを示している。乳幼児は成長発達の力を内在しているといえる。ところが，乳幼児はただ放っておかれるだけではその力は顕在化し得ない。そこには成長発達の契機が必要である。その成長発達の契機はよりよい環境とのかかわりである。よりよい環境（人的・物的環境）とのかかわりのなかで，乳幼児は人間としての成長発達が促されるわけである。

これは，ポルトマンの言葉のもつもう1つの側面である。教育される，育つ，育てられる存在としての子どもの姿である。その意味で，乳幼児は教育を保障される権利を基本的人権として，保有しているわけであり，その権利を保障することが大切である。

1990年改訂「保育所保育指針」によると，保育所保育の基本は，「保育所は乳幼児が生涯にわたる人間形成の基礎を培う極めて重要な時期に，その生活時間の大半を過すところである。保育所における保育の基本は，家族や地域

社会と連携を密にして家庭教育の補完を行い，子どもが健康，安全で情緒の安定した生活ができる環境を用意し，自己を十分に発揮しながら活動できるようにすることにより，健全な心身の発達を図るところにある。そのために養護と教育が一体となって，豊かな人間性をもった子どもを育成するところに保育所における保育の特性がある」としている。このように，新しい保育所保育指針にも示されているように，心身の発達が未分化，未発達な状態にある乳幼児は，一方で，養護され，生活生存権（福祉）が保障され，他方，教育を受ける権利（教育）が保障されなければならない。保育所は，この福祉的側面と教育的側面とが統一的に一体となって機能し，児童福祉施設の1つとして存在し，児童福祉の理念の実現といった役割を担っているのである。

　この養護性と教育性の一体化に保育所の機能の特徴があり，その結果として，保育を通して婦人労働を保障するといった社会が保育所に期待している役割をも遂行しているのである。その他，3歳未満児が入所していること，1日の保育時間が長いこと，入所の時期が4月に限られるものではないことなど，幼稚園とは違った特徴をもっているところが保育所である。

14. 世界の保育所はどのように変わってきたか

オーベルランの保育施設とフランス

　封建社会から近代社会へと時代の転換期に成立したルソー（Rousseau, J. J., 1712～1778）の幼児教育思想を受けついだのは，「近代教育学の父」といわれ，また，教育の実践家であり，思想家でもあったペスタロッチである。彼は，1774年，ノイホーフに貧児・孤児を集めて，教育事業に着手した。これが救貧学校であるが，経済的に経営が行き詰まり，1780年，閉鎖した。

　近代的意味をもった最初の保育施設は，1779年，ドイツの新教の牧師であったオーベルラン（Oberlin, J. F., 1740～1826）によって，当時，戦禍と荒廃の地であったドイツ国境に近い，フランス領アルザスの地で開設された。

　オーベルランは，この施設で，養女シェプラを保母として，3歳～7歳児の保育を開始した。「編物学校」と呼ばれたこの施設は，幼児を保護するばかりでなく，唱歌，遊戯，手技なども教授し，今日でいう託児所的性格をもった幼児保育施設であった。

　フランスでは，その後，パリに幼児保護所が設立され（1828年），後に，この施設は，1886年憲法，1887年の憲法条項によって，「母親学校」と呼ばれた。さらに，1921年と1927年の法律で，「母親学校」の規模，施設，設備が定められ，ピアジェ（Piaget, J.）などの児童中心主義運動の影響によって，それまでの主知主義，訓練主義に反省が加えられた。

　現在は，2歳～6歳児を対象として，身体的・道徳的・知的発達に必要な教育を施すことを目的としている。この施設は，学校に附設されている「幼児学級」とともに，一種の就学前教育施設であるが，地域の実情によって，働く婦人のために長時間保育も実施され，ある意味での「幼保一元化」の保育施設であるといえよう。

オーエンの性格形成学院とイギリス

　18世紀後半から始まったイギリスの産業革命は，水力から火力へとエネルギー源の転換がなされ，都市には大工場が建てられ，賃金労働者が出現した。人口の都市集中がおこり，貧民街が生じた。機械の発明は労働を単純化し，婦人労働，児童労働を生じさせた。都市では，非行・犯罪が高まり，下層労働者の子どもは巷に投げ出され，子どもの成長発達は損なわれていた。

　このような時代的背景のなかにあって，産業革命がもたらした社会の混乱，家庭教育の限界を感じたオーエン (Owen, R., 1771～1858) は，自身の所有である工場内に，人格の改良と環境の改善を通じての理想社会を建設しようとした。その理想社会実現の手段として，1816年，性格形成学院 (Institution for the formation of the infant and child character) を設立した。その幼児段階のものを幼児学校 (infant school) と名づけ，歩き始めから6歳までの幼児を対象とし，悪い社会的環境，家庭的環境から子どもを守り，よりよい環境のなかで，学習や遊びを通じて，子どもの健全な成長発達を促そうとした。その教育の根本方針は，①環境改善の教育，②子ども自身の教育，③愛と幸福の教育，④賞罰の廃止，⑤直観教授，⑥生産・労働と結びついた教育，⑦自然と結びついた教育，と要約することができる。

　ニュー・ラナークに設立されたこの幼児学校は，年とともに各地に普及したが，その後悪い意味での学校化（形式的訓練，主知主義教育）していき，批判されるようになり，オーエンの理想は失われていった。

　1914年，マクミラン姉妹 (Rachel and Margaret Mcmillan) によって，2歳～5歳児を対象とし，労働者の幼少児，貧児を保育する目的で，保育学校が設立され，普及発達していった。

　現在の保育学校は2歳～5歳児を対象とし，その教育目的に，①幼児に対する必要な医療的保護，②よい習慣の養成と正しい行為の訓練，③年齢相応な学習のための用意，をあげ，保育料は無料。また，労働婦人の希望により

12時間保育をするところもある。保健省の管轄となっている。

ともあれ、この保育学校の先駆をなすのが、「保育の父」と呼ばれるオーエンの幼児学校である。当時の産業革命下におけるイギリス社会のなかにあって、子どもの成長発達の保障と婦人労働の保障という、近代産業社会における保育施設の機能をもつものであった。

アメリカ，ソビエトにおける発展

アメリカにおいては、1854年、フランスの影響で、最初の保育所（day nurseries）がニューヨークに創設された。1894年には、保育所協会が結成され、連邦政府の児童局が管轄する施設として発展しているが、その経営の多くは慈善団体である。

ソビエトにおいては、1917年革命後、公共保健人民委員部に母子保護部が設けられ、1919年の第8回共産党大会で定められた党の綱領で「保育所、幼稚園および収容ホームの網を集団教育の改善と婦人の解放のため創設する」と規定し、それを受けて、生後6週間〜3歳の乳幼児の保育所を管轄した。

保育所は、家庭を基礎にして、幼稚園（3歳〜8歳児を対象）の基礎的段階に位置づけられ、乳幼児を保育した。その後、国民教育省管轄（1959年から）として、3歳〜7歳児を対象とする幼稚園と、生後1カ月〜3歳児を対象とする保育所となり、いずれも国営の公共施設である。

1960年には、この両施設は単一就学前施設に統合されて、「保育―幼稚園」となった。

幼児保育施設（保育所）の特徴

(1) フランスにおけるオーベルランの施設とその発展、イギリスにおけるオーエンの性格形成学院の創設と保育学校への発展を中心として、その概略をのべてきた。

各国の保育所の創設は、それぞれの国の異なる伝統、歴史、その時代的背景によって、相違がある。しかし、共通するところは社会的要因（労働、貧

困，病弱などの理由により，日常保育に欠けるものを保育しようとする社会事業的・福祉的性格——生活の保障）と教育的要因（より適切な環境のなかでの教育によって子どもの成長発達を促す——教育の保障）が混然，未分化な形で創設された点であろう。

(2) 近世の幼児教育思想は家庭教育を重視したが，社会，文化，産業などの発達とともに，伝統的な家庭教育の機能が弱まり，その機能を社会に移行させていく傾向は，今日のわが国の状況にもつながる共通した現象である。そのような社会の推移とともに，幼児保育施設の必要性が，年とともに高まってくる。それは産業革命に始まる産業社会の発展と近代社会の展開と軌を一にしての歩みといえよう。

(3) とくに，保育所的機能は，産業社会の発展と近代社会の展開にともない必然的に生じてくる人口の都市集中，下層社会の形成，賃金労働者と婦人労働者の出現などの社会状況と無縁ではない。そして，そのような社会状況によっておきてくる乳幼児の保育問題に対して，近代産業社会の対応として，保育所が社会事業的性格・福祉的性格をもちながら発展してきた姿をそこにみることができる。

15. わが国における保育所の発達と社会的背景について考察せよ

就学強制と子守学校

　江戸時代は幕府の鎖国政策により，諸外国の事情は入ってこなかった。保育事情についても例外ではなく，明治維新を迎えるまで，保育施設はみるべきものがなかった。わずかに佐藤信淵（1769～1850）により，養育館と呼ばれる教育，福祉を含んだ保育施設の構想があったに過ぎない。

　1868年に誕生した明治維新政府は，先進諸外国に追いつくために，日本の資本主義の確立と近代化をめざし，急激な諸改革，諸政策（富国強兵，殖産興業）を実施しなければならなかった。その1つとして，新しい教育制度の導入があった。

　1872年（明治5），「必ず邑に不学の戸なく，家に不学の人をなからしめん事を期す」という根本方針にもとづいて学制が制定された。そして，なんら財政的措置を講ずることなく，急速に5,300余の小学校を全国に創設しようとした。しかし，貧困にあえぐ，当時人口の大半を占める農民は，大量の不就学の事態を引きおこした（1870年代の就学率はわずか3割）。

　農民は貧困ゆえに働かなければならなかったし，子どももまた，貴重な労働力として期待されていた当時の実態（極貧につき家事手伝い，貧困による他家奉公，製糸場糸引工，貧困のうえ病身，農繁期の家の手助け等々）のなかで，就学率を高める（就学強制）ために，「子守学校」（幼児を背負って通学しなければならない子守児が授業を受けている間，別室を設けて保育する）の設立の動きが出てきた。

静修学校と二葉幼稚園

　直接的に親の保育問題を解消する託児施設として，最初のものは，1890年

(明治23) に設立された私塾静修学校附設保育部 (新潟) であるといわれる。

また，1890年前後の経済恐慌は，農村の窮民と都市貧民をもたらし，さらに，都市における工場制の発展とともに，賃労働者を生み出させ，下層社会 (スラム街) が発生した。そのような時代のなかにあって，都市スラムの保育問題に対処して，下層の子どもを保育する幼稚園として，1900年 (明治33) 二葉幼稚園 (東京) が野口幽香，森島峰によって開園した。この施設は後に，1916年二葉保育園と改称し，今日に至っている。

産業の発達と託児所

封建社会から近代国家への脱皮をめざす日本の社会は，紡績業を中心とする産業の発達とともに，貧富の格差が一層ひろげられ，さらに，大正期の米騒動 (1918年) で象徴されるように，社会不安を顕在化させつつあった。政府は，一方で弾圧を加えながらも，他方，社会不安を緩和するために，「感化救済事業」を重視して，託児所的性格をもつ施設に対して，助成をする方策をとることとなり，1912年 (明治45) に15施設を数えた託児所は，1923年 (大正12) には117施設を数え，8倍近くも増加する (工場附設託児所，農繁期託児所は除く)。

大正期の託児所は大部分が都市に集中しており，民間託児所であるが，米騒動の翌1919年に，はじめて公立の託児所が設置されたことも，この時代の特徴としてあげなければならない。

工場附設託児所

日本の資本主義は紡績業を中心とする軽工業によって確立していった。その役割を担ったのは，婦人労働者であったが，当時の婦人労働者は若年性と出稼ぎ的性格にその特徴があった。したがって，当初は婦人労働にともなう保育問題はそれほど顕在化しなかったが，日清戦争 (1894年)，日露戦争 (1904年) とそれに次ぐ第1次世界大戦 (1914年) によって，産業の中心が軽工業から重工業に移行するにともない，労働力の不足が生じ，幅広い婦人層の労働

力をも必要とした。そのころの労働条件は劣悪で，工場労働の残酷さが社会問題になるなかで，労働者の抵抗運動が激化していった。そのような社会的背景のなかから，工場附設託児所が設けられるようになってきた。それは，労使関係の不安定化への対応であり，労働者への資本の温情，工場内福利施策の一環としてのものである（婦人労働者に対する雇傭対策）。

昭和前期の託児所

託児所は昭和期に入って急速に増加した。1938年（昭和13）には1,495カ所を数えるにいたる。

昭和前期の託児所の性格について，宍戸健夫は，その背景に「恐慌不況による全般的な生活不安があったことはみのがせない」としながら，第1回児童保護事業会議において，内務省社会局社会部長が述べた言葉を引用して，大正期から昭和期にかけての託児所の傾向を紹介している。

その第1に，予防施設としての託児所，第2に，託児所から市民館へと改称（1930年）した東京市の例をとりあげながら，保育を通して，家庭の生活改善を図る保育センター的性格，第3に，私営よりも公営に移行したと述べている（日本保育学会『日本幼児保育史第4巻』フレーベル館　1971）。

戦時体制下における託児所

やがて時代は，満州事変（1931年），日中全面戦争（1937年），そして，三国同盟（1940年）の成立をへて，その翌年，第2次世界大戦（1941年）が勃発し，戦時下体制（軍国主義）へとつき進んでいった。

託児所もこのような時代的背景と無縁なものとして存在することはできず，国家総動員体制のもとで，戦争遂行のための道具として利用されていった。すなわち，軍人動員により，労働力の不足が生じ，その不足を補うために婦人や年少者が勤労動員にかり出された。そのような社会的背景のなかで，働く婦人のための託児所の必要性が高まり，季節託児所を含めて，簡易施設が各地域で多数つくられた。また，一部の幼稚園も託児所的傾向をもつように

なった。

　1944年（昭和19），B29による大空襲の危険が迫って，学童集団疎開が実施され，幼児の疎開保育が始まるのもこのころのことである。そして，1945年（昭和20）8月15日，日本の国土のみならず，人心をも荒廃させて，終戦を迎えた。この第2次世界大戦の終結は，民主主義を基礎とした新しい日本の出発でもあった。

　日本国憲法をはじめとして，教育基本法，学校教育法と民主教育の法整備がなされた。一方，1947年（昭和22）には児童福祉法が制定され，従来，託児所と称されていた幼児保育施設が保育所と改称され，児童福祉施設として，その社会的位置づけを与えられた。次いで，児童福祉施設最低基準や保育所運営要領なども公にされ，法整備されるとともに保育所数は急増していった。

　以上，保育所の発生からその発展の概要を述べてきた。子守学校から託児所，そして，保育所への変遷は，富国強兵，殖産興業政策と就学強制，日清，日露戦争と不況，産業の発展と貧困，都市スラムの発生，米騒動，昭和初期の経済恐慌，戦時体制下における国家総動員体制等，その時々の経済，社会体制の変動に応じておきてくる社会的背景や構造と関係をもっている。そして，そのことは必然的に婦人労働問題とも密接に関係しているといえる。

　わが国の保育所の発達は，その婦人問題と不可分の関係にある保育問題に対する1つの社会的対応の歴史であるととらえることができよう。

16. わが国の保育所の最近の姿を説明せよ

保育所の実態

1995年（平成7）4月現在，保育所総数は22,493カ所である。これを公私立別でみると，1954年（昭和29）までは私立施設数が公共施設数を上まわっていたが，その後は，公立施設数が私立施設数を上まわり，1995年（平成7）4月現在，公立施設が13,198カ所で私立施設が9,295カ所である。（幼稚園の公私立別では，公立，6,195カ所に対して，私立は8,657カ所──1994年現在──で私立幼稚園数が公立幼稚園数を上まわっている。）

保育所の数は年々増加し，1947年（昭和22）度1,500カ所であったものが40余年後には，15倍余にも増設された。しかし，その間の推移をみると，1950年代前半の増加がいちじるしく，また，1960年代の社会状況（経済の高度成長，女性の社会進出，保育運動の高まり）を反映して，年度相当数の増加傾向がみられた。ところが，近年の乳幼児人口の減少にともない，1984年（昭和59）22,904カ所の施設数をピークとして以後，年々わずかながら減少している。

入所児童数も，1951年（昭和26）366,434人であったものが，以後年々増加していったが，1980年（昭和55）1,996,082人をピークとして，以後年々減少し，1998年（平成10）10月現在では，1,648,739人となっている。

このように，今日，保育所数，入所児童数は，近年の乳幼児人口減少にともない，減少化傾向にあるが，後述するように，今日の社会状況を反映して，新たな保育需要が発生し，新たな保育所のあり方が求められている。

保育需要の背景的要因

第2次世界大戦後，児童福祉法によって，社会的な位置づけを与えられた保育所は，急激な発展をみた。そして，今日，保育の場として，幼稚園とともに施設保育の役割を担っているが，保育所の発展は社会の変動と無縁では

あり得ない。

　戦後の日本経済の成長とともに社会状況，生活のあり方が大きく変化し，保育機能を家庭から社会施設（保育所，幼稚園）へと移行させ，保育の社会化傾向を現出させている（5歳児総数のうち，保育所，幼稚園のいずれかに在籍している割合は90％をこえている）。なかでも，最近は保育所への需要が高い。

　保育所に対する保育需要の背景となっている要因としては，①生活環境，地域環境の悪化，②家庭と地域社会の教育機能の減少，③女性の自覚と社会進出，④高学歴社会と早期教育への要望，などをあげることができる。つぎにそれらの要因について簡単に述べてみる。

(1) 生活環境，地域環境の悪化

　第2次世界大戦後の経済復興，とくに1960年代の高度経済成長政策は，人口と産業の都市集中化をもたらし，その結果として，生活環境の悪化をもたらした。具体的には，住宅環境の悪化，生活施設の不備，地域環境の破壊をまねき，そのことは必然的に乳幼児の生活の基盤をゆるがすこととなる。高層アパート群にみられる生活環境の密室性と遊び場の不足は乳幼児の成長，発達にかかわる環境条件の変化を意味し，保育問題は低所得層の限定された問題から，広く一般市民の問題として，とらえなければならない現象が顕在化した。

(2) 家庭と地域社会の教育機能の減少

　かつての時代においては，乳幼児の教育は家庭，あるいは地域社会がもつ教育的機能に負うところが大きかった。しかし，社会の進歩，近代化の歩みは家庭と地域社会の教育的機能を減少させ，その機能を社会施設の教育機能に移行させている。それは核家族化（核家族世帯76％—1985年国勢調査）と小家族世帯（一世帯当たりの人員3.12—1985年国勢調査）の増加といった現代家庭のもつ変容の特徴と地縁関係が希薄になったこと，さらに，地域社会に自

然な形で形成されていた子ども集団の崩壊と無縁ではないであろう。

(3) 女性の自覚と社会進出

近年，女性の社会的諸活動への参加はめざましいものがあり，就労女性の増大は年々高まっている。なかでも，有配偶女子の就業が増大し，女子有業者の半数を超えている。（女子有業者の51.3％は有配偶者―1987年）

有配偶女子の就業を促している要因としては，①女性の権利意識の萌芽，②自立意識と就労機会の増大，③専門職の定着，④高度経済社会がもたらした消費生活の変化によって生活困窮感が増大し，その結果として，夫婦共働きが増加したこと，⑤出生率の低下（合計特殊出生率1.39　1997年）とともに，女性の平均寿命も83.8歳（平成9年10月）と延び，人生80年時代を迎え，女性のライフサイクルに大きな変化をもたらせていること，などをあげることができる。それは，かつての母子家庭，あるいは貧困家庭を背景としてのやむをえないものとしての女性の就労とは違った形で，つまり，今日の女性の就労が生きがいを求め，主体的な生活展開を求めての就労であり，社会進出である。

(4) 高学歴社会と早期教育への要望

能力さえあれば，だれもが大学まで行けることの可能性と高学歴社会の出現は，親に教育への過度な期待をもたらせた。一方，ブルーナ（Bruner, J.S.）の「どの教科でも，知的性格をそのままに保って，発達のどの段階のどの子どもにも，効果的に教えることができる」といった彼の教育論『教育の過程』（*The Process of Education*）の導入にみられるように，早期からの知的教育の可能性は，親に幼児からの教育の重要さを意識化させ，教育的要求を高めることになる。これらの保育需要の背景となっている要因は，必ずしも限られた，特別な条件下にある乳幼児のみを対象とした要因ではなく，すべての乳幼児に対する保育需要につながる背景的要因を理解することができる。そして，そのことは1960年代から1970年代前半にかけての保育所の量的拡大をもたらせた要因ともなっている。

ところが，1970年代後半に入り，経済の高度成長期は終焉し，社会的状況にも変化がみられ，それにともない，保育需要は複雑化，多様化している。

保育需要の多様化

前述したように，生活環境の悪化，家庭構造の変容，親の育児観の変化，地域社会の児童育成に関する連帯感の弱化，女性の就労機会の増大などを背景として保育所保育の需要が高まってきた。しかし，近年，乳幼児の人口の減少とともに，その需要の量的拡大は解消した。一方，男女雇用機会均等法の施行，その他社会状況の変化によって就労形態が多様化し，また，住宅環境の悪化により遠距離通勤が一般化し，通勤時間の延長といったことによっても，保育需要が多様化してきている。それはまた，保育所が量から質への転換の時期を迎えていることを示しているといえよう。

1980年から1981年にかけて，新聞，テレビ等のマスコミにとりあげられ，大きな社会問題となった「ベビーホテル」の問題がある。そのことが契機となって，保育制度にかかわる問題として，延長保育，夜間保育の問題が論議され，1981年より実施されている。このことは対象児童の内容にかかわる問題としての，1969年より実施されている乳児保育の問題とも密接な関係をもっている。また，1974年より実施され，年々その実践が高まりつつある障害児保育がある。それは，ノーマリゼーション（normalization）思想の高まりを背景としての統合教育（integration）の実践である。

さらに，兄弟姉妹の少ない家庭環境，そして，仲間集団がないことから人間関係が希薄化し，人間性を喪失（無関心，無気力，無感動）させている地域環境のなかにある子どもたちにとって，保育所での人間関係，仲間関係がかけがえのないものとなっている。そのような認識から，縦割り保育，横割り保育といった保育方法にかかわる問題が実践研究されている。

今後の保育所のあり方

今日，保育所は若干減少傾向にあるものの，前述したように，1997年（平成

9）4月現在, 22,493施設を数える。その数は郵便局の数に匹敵するといわれている。しかも, 97％の保育所は市町村, もしくは社会福祉法人とその他の法人が経営主体となっており, 保育所が地域社会, 地域住民より近いところに存在していること, その存在することの意義をあらわしている。そのことは, 他の福祉施設と比較して, 保育所のいちじるしい特徴となっている。いわゆる地域住民密着型の福祉施設の性格をあらわしているといえる。量的な面からみれば, 地域に存在する社会福祉資源として貴重なものである。

ところが, 従来の保育所は, 措置された乳幼児の保育に留まっていた傾向があり, 地域社会に開かれた福祉施設として機能していなかった傾向を否定することができない。1990年6月, 福祉関係8法の一部改正にみられるように今後の福祉のあり方が在宅福祉, 地域福祉の方向にすすんでいる今日, 今後の保育所のあるべき姿として, 入所している子どもの保育を通して, 子どもの育つ基盤である家庭, 地域社会の保育機能を高める努力が求められている。

とくに, 子どもとの日常的なかかわりによって, 育てられるものである母性が, 保育の社会化によって喪失するような危惧があるとすれば, 発達初期の重要な課題である人に対する信頼感を失わせる結果をまねくことにもなりかねない。親の子どもにたいする限りないかかわりの責任を負いつづける自覚を, 子どもの保育を通して, 育てていかなければならない。その意味で, 保育所は子どものみならず, 親をも育てる場として機能し, 家庭の養護機能を支援していくことが期待されている。

さらに, 保育所が地域社会に向かって, 開かれた施設として機能していくことも今後求められる。厚生省はその一環として, 保育所地域活動事業を推進している。それによると, ①老人福祉施設訪問等世代間交流事業, ②地域における異年齢児交流事業, ③保護者等への育児講座, ④郷土文化伝承活動, ⑤保育所退所児童との交流, ⑥地域の特性に応じた保育需要への対応, がとりあげられている。その他, さまざまな形で保育所が地域社会に向けて機能

した時，保育所が地域社会のなかの「保育センター」として位置づけられることにもなる。

　新しく示された「保育所保育方針」においても，家庭や地域社会との連携を強調している。保育所が子どもの保育のみならず，そのことを通して，親との連携，地域社会との連携をより一層強めることによって，家庭・地域社会の保育機能を高める場となった時，質的に一段と高まった保育の場ともなる。

　しかし，一方，現在の子どもをとりまく社会状況をふまえ，今後のあるべき姿としての保育所を考えるにあたって，解決しなければならない問題も多々ある。すなわち，社会状況を背景として生じてくる最近の多様な保育需要のなかで，現行の保育行政の枠内での保育需要以外の新しい保育需要に対して，保育所がどこまで対処すべきか。対処するとすれば，保育所の再構成，再構築をどのようにするのか。現行の措置方式をどう是正するのか。保育所と幼稚園や児童館，健全育成事業との調整をどのようにするか。そして，その連携協力をどのように強化するか，保育所行政全般にわたり検討しなければならない問題が山積している。

　しかし，それは保育行政，保育所の問題だけではなく，「婦人の働く権利，乳幼児の家庭保育への権利，育児休業制度，労働時間と育児時間の調整，婦人の家事や育児の労働の評価」等についてどのように整理し，解決策を打ち出すか，広範な問題とも密接な関係をもっている事柄でもある。

　今後，高齢化社会に向かって，次代を担う乳幼児の保育問題はより一層厳しいものとなり，保育の場としての保育所は新たな機能と役割が期待されている。

第5章　保　育　者

> 17.　保育者の仕事の特徴について述べよ

保育者の仕事の特徴

「保育」という言葉は，幼児を育てるための本質，内容，機能，そして方法を同時にいいあらわすことができる。最近では，幼児教育とか就学前教育ともいわれているが，一般に考えられている「教育」の概念は，その本質が歪曲されて，教育がたんに知識の教授といったことにせばめられやすい。とくに，幼児を対象とする場合に，あえて「保育」という語を用いるところに，保育者の仕事の特徴がある。それは，小学校以上の学校教育における教師の仕事と本質を異にして，幼児を対象とする教育の独自性を示すものとして注目しなければならないからである。

幼稚園や保育所では，知識や技能の教授が主となるのではなく，とくに生活指導が中心となるのである。生活指導とは，子どもの正しい生活習慣や態度を育成することであるが，同時に，将来伸びる芽をつちかうことでもある。そのためには，保育者は，子どもの存在，その価値を理解することが大切である。

(1)　子どもの存在と価値を心から認めること

乳幼児期は，他の時期に比べてきわめて特徴があり，乳幼児は未分化な状態から，しだいに分化した状態へと進む重要な時期である。子どもの身体諸機能，運動機能の発達が，精神発達の面にもきわめて重要な意味をもつ。

ルソーがその著『エミール』のなかで，「人は子どもというものを知らない。子どもについてまちがった観念をもっているので，議論を進めれば進め

るほど迷路にはいりこむ」と述べている。今日でも，おとなが子どもを知らないという点では大差がなく，もっと子どもの姿を見つめ，子どもを理解することが必要である。保育者は，幼弱で未成熟ではあるが，子どもという限りなく可能性に富む存在を，真剣になってつかもうと努力しなければならない。

(2) 幼児の生活環境づくりに留意すること

保育は，まずふんい気が大切である。保育者や，子どもを含めた人的環境と，保育室やその他の物的環境の複合によって保育の場が構成される。したがって，保育の目的を達成するためには，施設・設備・教材・教具などの物的環境を整えることも，大切であるが，同時に，この生活の場，保育の場を，子どもたちに少しでもよい影響を与えられるように，人的環境も含めて整備することが重要である。雑然とした場でなく，清潔で，安定したふんい気が，育ちゆく子どもたちには，ぜひとも必要なのである。

このふんい気構成には，保育者の性格が大きく影響する。換言すれば，保育者の性格は，子どもに大きな影響を及ぼすのである。したがって，保育者は，つねに，自己の性格の陶冶に努めることが望ましい。保育者は，家庭における場合と同じく保育に際して，どのような人間を育てようとしているのかという点に関して，保育哲学をもつべきである。児童観を具現する場としての幼稚園，保育所を考えるならば，保育者は，基本的には1つの人間観，世界観をもつべきで，たんに保育技術のみでなく，保育者の人間性が求められることになる。

(3) 将来伸びる芽ばえをつちかうこと

子どもの真の心情は，子どものなに気ない動作や，遊びのなかに，見出すことができる。今日のわが国の教育は，ややもすると知識偏重で，教師は教え込む態度になりがちである。しかし，保育は，子どもたちの「遊び」を通して行なわれていくべきものである。

フレーベルは、「遊ぶこと、ないし遊戯は、この期間の発達、すなわち児童生活の最高の段階である」(『人間の教育』)と述べて、遊びの時の子どもの姿こそ、その精神の最大限に発揮されている時であるとしている。また、デューイも「遊びは、全体性と統一性において、子どもの精神的態度を現わすものであり、自分の心の像や興味を何か満足するような形に実現しようとするときの、子どものすべての力、すべての思想、身体的な全運動の自由な働きであり、相互活動である」(『学校と社会』)と述べている。このように、遊びは、子どもの生活であり、仕事であり、子どもの可能性を最大限に発揮させる姿でもあることを理解することが必要である。そのうえで、保育者は、子どもの道徳性・思考力・創造性・自主自律の精神・美的情操などの芽ばえに着眼して、これらの芽ばえを、十分保護しながら、指導することが大切である。

(4) 個人を見落とさないように努力すること

保育者は、ひとりひとりの子どもを見落とさないように努めることが大切である。保育施設においては、クラス全体を1つのものとして一斉的に動かすことになりやすいが、そのため、いわゆる、自己能力をうまく発揮できない子どもや、目立たない子どもは、集団のなかに埋没される結果となりがちである。したがって、保育者は、適切な愛護をもって、ひとりひとりの子どもの健康状態に注意を払い、安全への配慮をしなければならない。

子どもが、自己の能力を十分に発揮できるように、また、子どもがみずから危険を避け、安全を守る自主性や自発性の芽ばえを摘み取ることのないように、注意することが必要である。子どもについて、ただ漠然と観察するのではなく、その行動を包括する一連の観察項目にしたがって観ることも、1つの方法であろう。

クラス全体の管理も、たとえば、集団における自由と規律の問題、事故の発生率、全体の安定感など、保育者のパーソナリティによって、少なからず

管理に差を生ずる。十分な準備も必要であるが，さらに，保育者の教育的機知，身のこなし，気のくばり方，ユーモア感覚などによっても差異があることに留意すべきである。

クラス管理上の他の重要な点は，何事も1つずつ着実にやりとげていくということである。このように，保育者のあり方を考えてくると，それは実に容易でない仕事であり，同時に，実に多くのことが要求される職務であることがわかる。保育者の仕事には，厳正さが要求されることを忘れてはならないのである。

幼稚園の教職員の服務

教員については，とくに教育基本法において「法律に定める学校の教員は，全体の奉仕者であつて，自己の使命を自覚し，その職責の遂行に努めなければならない。このためには，教員の身分は，尊重され，その待遇の適正が，期せられなければならない」と規定されている（第6条）。また，公立幼稚園の教職員に対して適用される地方公務員法は，服務の根本基準として，「すべて職員は，全体の奉仕者として公共の利益のために勤務し，且つ，職務の遂行に当つては，全力を挙げてこれに専念しなければならない」（第30条）と定めている。その他，具体的な服務規程をあげると，法令等および上司の職務上の命令に従う義務（第32条），秘密を守る義務（第34条），職務に専念する義務（第35条）など，職務遂行上守るべき義務を定めるほか，職務の内外を問わず，信用失墜行為の禁止（第33条），政治的行為の制限（第36条），争議行為の禁止（第37条），営利企業等の従事制限（第38条）など，特定の行為をすることを禁止し，または制限している。

18. 理想の保育者の資質について考えよ

保育者の重要性

　乳幼児を対象とする教育である保育には，生活の場がもっとも大きな意味をもつ。現代において，生活の場は，家庭であり，保育施設であり，そして私たちの生存し，生活している社会である。そのような場のなかで，日常生活を通して，親と子，子どもと保育者，子ども同士といった人間相互のふれあいにより，子どもみずから，さまざまな経験を獲得し，学習が行なわれるのである。

　幼児に適当な環境を与えて，その心身の円満な発達を助長することを目的とした幼児の保育を，よりよく行なうためには，生活の場を整えることが必要であるが，もっとも重要な条件は，保育者その人の人間性にかかっている。いかに施設や設備が整い，保育課程や指導計画が理想どおりにできていても，実際にそれらの設備を利用し，指導計画を実施するのは保育者であるから，保育者その人のよしあしで，保育の効果も左右されることになるであろう。

　教育の主体が保育者にあることは，学校教育に共通することであるが，とくに幼児保育の場合には，保育者その人のパーソナリティの幼児に及ぼす影響が大きい。したがって，保育者の重要性が強調されることになる。

理想の保育者

　全人的教師・保育者論の立場においては，子どもたちを，最終的には，崇高にして，高貴な人間性にまで高めるためにはいかにすべきか，いかにしてこのことを教育者はなすべきなのか，あるいは，その素質の欠けている子どもに対しても，内面的生活を得させるためにはいかにしたらよいかということが，教育者にとって重要な問題である。したがって，そのような教師もしくは保育者となるためには，どのような人物がふさわしいか，ということが

大きな課題となるのである。

ケルシェンシュタイナー（Kerschensteiner, G., 1854〜1932）は，教育者的性質の本質的特徴として，つぎの5つをあげている。

(1) 個々の人間形成に対する純粋な愛着。それは，他のすべての愛着を凌駕するものであり，したがって，教育者は，この愛着にしたがって働くことをもって，自己の最高の満足とする。

(2) 有効な方法でまたこの愛着に従う能力。すなわち，子どものもつ陶冶性に応じて，その固有の精神の形成を真に行なう能力。

(3) 現に成長しつつある人間にむかうという独特な傾向。すなわち，とくに芽ばえの状態にある人格に，あるいは別のいいかたをすれば，価値の担い手としての未成熟な魂にむかうという独特な傾向。

(4) 発達に感化影響を与えるたゆみなき決意。すなわち，個々人の特殊性を顧慮しながら，彼らの精神を助けて，彼らの萌芽にすでに内包していた価値形成を得させようとする意志。

(5) 教育者はまた，自分自身その成員である価値的社会に，精神的に献身する自覚を持たなければならない。

このようなケルシェンシュタイナーのえがく，理想的教育者像は，保育者のそれに対してもそのままあてはまるであろう。幼稚園や保育所などの場合，教育者であることが，いかに人間的なものであるかを，しっかりと理解しておかなくてはならない。

また，サイモンズ（Symonds, P., 1893〜）は，よい保育者の条件として，つぎのような項目をあげている。

(1) 教えることが好き。

(2) 安定感，自己信頼，威厳，勇気。

(3) 自分と子どもを同一視する能力。

(4) 情緒的安定——勤勉，能率的，快活などの望ましい特徴と同じように，

子どもたちの攻撃性とか不注意などの好ましくない特徴も受けいれられる能力。

(5) 心配性でないこと——上司からの非難があることをこわがらず，教室内の多少の不秩序もおおめに見て許す能力。

(6) わがままでないこと。

以上，2つの教育者論を概観した。

すぐれた保育者が備えなければならない資質について，さらに具体的に要点を述べれば，つぎのようである。

(1) 心身ともに健康であり，円満な調和のとれたパーソナリティの持ち主であること。幼児保育を科学的に，組織的に研究し考えていくことも，もちろん大切である。けれども，さらに必要なものは，保育者が健康な人間的情熱をもち，人格的，性格的にすぐれていることこそ，よい保育者としての根本条件である。

(2) 人格的権威をもっていて，幼児や親たちから信頼されること。子どもや社会をみる眼があり，見識があり，ユーモアと技術をもって人間としての，いきいきとした動きのある思考や行動ができることである。

(3) 保育者としての専門的な能力や学識を有すること。幼児心理学・幼児教育学などに関する専門的な深い学識をもち，幅広い人間的教養をもっていること。

(4) 指導の態度や方法がすぐれていること。幼児教育の目的や目標を正しく理解し，指導能力，児童理解，責任感，協調性，知性などがすぐれていること。幼児とともに話し，ともに遊び，ともに働くことを喜びとする資質も大切である。

(5) 保育者の自己開発の意欲があること。自分自身が伸びていこうとする努力と，気構えのない者は，すぐれた保育者とはいえない。

> 19. 保育者の養成と研修の現状と課題について考察せよ

保育者養成制度の現状と課題

　幼稚園教諭は，学校教育法81条6項に，その職務を「幼児の保育をつかさどる」と定められ，学校教育職員免許法という国会の承認を経た法にもとづく免許をもって，保育業務をつかさどっている。他方，保育所の保育者に関しては，児童福祉法施行令のなかで，はじめて「児童福祉施設における保育に従事する女子を保母といい」と述べられているなど，従来，保母と称してきたが，1999年（平成11）4月より，保育士と改められた。すなわち，保育者の資格も，幼稚園では教諭，保育所では保育士とその名称も異なり，養成機関も，養成課程も異なっている。

　免許は，社会的に重要な影響を与えるために，特定の修業，その他の条件を備えた者に限って免じ許されるもので，人間の生命や，人間にかかわる重要な職務は，ほとんど免許となっている。現行の保育者養成制度について概略を述べれば，つぎの通りである。

(1) 幼稚園教員養成制度

　幼稚園教員の養成は，大学に入学し，教育職員免許法（以下，免許法という）に規定する所要単位を修得して免許状を取得する直接養成方式と現職にありながら免許法にもとづく講習会，通信教育等による単位を修得するとともに，在職年限により免許状を上進する間接養成方式とに区分される。

　大学における場合は，4年制大学では幼稚園教諭1種，短期大学では同2種の普通免許状が取得できる。その場合は，免許法にもとづく，免許状授与の所要資格を得させるための課程として適当であると文部大臣から認められた課程を有する大学でなければならない。現職にある場合は，一般には，通信教育によるもの，あるいは夜間の短期大学に通学するものがある。さらに

は，大学・短期大学において文部大臣が認定した通信教育によって単位を修得することができる。

その他，幼稚園教員養成機関として適当であると文部大臣から指定される各種学校・専修学校がある。入学資格は高等学校卒業で，修業年限は2年である。夜間課程を設けているものもある。

(2) 保育所保育士養成制度

保育所保育士の資格を得るには，厚生大臣の指定する保育士を養成する学校その他の施設を卒業するか，または，各都道府県で毎年実施される保育士試験に合格して，保育士資格の証明書を取得する方法がある。現在，保育所保育指針（平成11年10月改訂，平成12年4月1日施行）の改正がなされたが，児童福祉法施行規則に規定された科目を3年間で，保育士資格取得試験に合格すれば，有資格者となれる。

以上，現行の保育者養成制度をみてきたが，養成のあり方からみても，幼稚園の教諭にはすでに大学院コースまで設けられ，基礎資格として修士の学位を有する者は，専修免許状を取得することも可能である。これに比べて，保育所保育士の資質向上の点からも，保育士の資格取得の法的改善が望まれる。

子どもの人格形成にかかわる，保育の職責を考えるならば，安易に資格を与える制度を抜本的に改めることも必要であり，本来的には大学，もしくは短期大学で，質的に高い養成を経た後，資格を取得させることが望ましい。またたえず，保育そのもののあり方を高めていくためには，保育の専門性を守る制度の必要性も考えなければならない。

保育者の研修の現状と課題

現在のところ，教育職員である幼稚園教諭はその専門性に対して，研修保障がなされているが，他方，保育所保育士は一般行政職で採用され，地方公務員としての研修保障はなされているが，保育の専門性に対する研修保障にはいたっていない。

地方公務員法は「職員には，その勤務能率の発揮及び増進のために，研修を受ける機会が与えられなければならない」（第39条）と規定し，この研修は，任命権者が行なうこととしている。

　国公立幼稚園の園長および教員には，以上の研修に関する規定以外に，教育公務員特例法の研修に関する諸規定が適用される。すなわち，教育公務員には「研修を受ける機会が与えられなければならない。」と規定し，さらに「教育公務員は，任命権者の定めるところにより，現職のままで，長期にわたる研修を受けることができる。」（第20条）などの規定が適用され，教育公務員としての研修の特性を示している。

　私立幼稚園の教員や，公私立保育所の保育士の場合も，保育者としてその職責を遂行することは当然であり，そのためには，研修を受ける機会が与えられ，たえず研究と修養に努めなければならないことは，いうまでもない。

　保育の専門職に必要な，基礎的な専門事項を学習するためには，一般に，長期の学習が原則とされている。幼稚園も保育所も，幼児保育の理念にたつという点では共通の特性を有するので，基礎的な面では養成の一本化が考えられる。さらに保育所が幼稚園と同様の教育職としての内容，方法はどうあるべきか，修得すべき科目，研修の問題，保育者の養成，資格の問題については，文部・厚生両省の関係など，多様な課題がある。まず，保育が専門職としての特性を有するものであることを確認し，幼稚園・保育所の保育者養成の理念と内容を一本化することこそ，今後の課題である。

20. 女性が保育者に多いことによる長所短所について述べよ

女性の母性的特質

　フレーベルは「人類の初期の教育に対しても，児童に対しても必要なものは，少なくとも男性ではなくて，むしろ世の女性の，とくに母性らしき精神，もしくは女性らしき愛でなければならない」と述べて，保育における女性のもつ意義，価値を大きく認めている。これは，保育者としての適性を母性らしさ，女性らしさに求めており，現実に，わが国でも，男子が幼稚園の教諭となることができるようになったのは，1947年（昭和22）のことである。すなわち，教育職員免許法には，男子も幼稚園教諭となる道が開かれている。これに対して，児童福祉施設においては，児童の「保育に従事する女子を保母といい」（児童福祉法施行令第13条）とあり，女子に限ることを規定していた。1976年（昭和51）に中央児童福祉審議会が，厚生大臣に対し，保母制度改善の意見具申を行ない，これにもとづいて，翌52年，男性が保育に従事することも望ましいということで，男性保育者への門戸が開かれるようになった。現今，1999年（平成11）4月より，保母の名称は保育士と改められた。

　幼稚園はもとより，乳幼児の保育施設の増加は，近年，顕著である。また，保育者の養成機関も，短大を主力として増加してきており，一部の例外を除いて，そのほとんどが女性によって占められてきた。

　現代社会の急激な変動によって，核家族化した家庭における教育機能のいちじるしい低下や，子どもたちの発達を損なう多くの社会的状況のなかで，保育施設に求められるものは，きわめて大きいものがある。

　女性保育者は，一般に，単調な仕事でも誠実にやりとげ，細かい点にまで気がつき，子どもの健康状態や日常生活の細部にわたり，きめ細やかな配慮

を行なうことが可能であり，これは長所といえるであろう。しかし，保育者としての適性の観点からみると，女性が，果たしてフレーベルのいうように，保育者として適しているのか，あるいは短所は何かを考察することも必要である。現代社会においては，女性といえば，すべてのものが，育児本能があり，育児性がすぐれているとはいえない場合もある。また，専門職として，幼稚園や育児施設に働く保育者という観点にたてば，あまり極端に母性度が強く，過保護であっても，適性を欠くであろう。したがって，保育者としての適性の視点にたって，女性保育者の性格類型を把握し，研究することも大切である。

(1) 愛情・感覚型

女性保育者に比較的多い性格としては，子どもが好きであるということ，子どもに接していることで本能的に満足するというタイプである。これは，愛情をもち，母性的であることは長所といえるが，一方，感覚・直観的で，理性や知性を欠きやすい。また，本能的で，使命感に欠ける点は短所といえる。

男性に比べて，女性は一般に，近視眼的にめさきの仕事に没入しがちである。教育問題はもちろん，政治・経済・社会・文化などの問題についても関心をもち，広い視野に立って見ることが必要である。保育を通して，子どもの日常生活を正し，人間的な豊かなものに高める指導性と使命観が求められるのであって，たんに，母性らしさ，女性らしさだけでは，今日，保育という職責を遂行することはできない，といっても過言ではない。

(2) 知的・研究型

近年，保育者の教育水準も高くなる傾向にあり，女性も男性におとらず，頭もよく，学業成績もよく，知的で研究型のタイプが多くなることは，保育者の資質としては好ましいことである。したがって，保育に対して科学的に，研究熱心であろうとする点は長所といえる。しかし，ややもすると，自分の保

育者としての使命より，研究の面に重点がおかれ，研究のための研究に陥る危険性の強いことも指摘することができる。保育は，人間相互のふれあいのなかで，子どもの人間性を育成することが大切であって，知的・研究型タイプが，ややもすると理屈に走りやすい傾向がみえるならば，やはり問題である。

　職業に対する心構えとしては，とくに保育の仕事は，ある程度の経験を必要とするが，一般に，女性は男性に比べて職業生活が短く，一生の仕事ではなく，一時的である場合が多い。小・中学校その他の学校の女性教師の平均勤続年数と比べて，女性保育者の短い勤務年数では，実際に，しっかりした職業意識をもって，保育者としての豊かな経験を積むことも不可能であろう。保育者としての仕事に誇りをもち，打ちこむ姿勢が大切である。

(3)　綿密さと創造性

　女性は，単調な仕事でも，しんぼう強くやりとげ，細かい点にまで注意が行き届き，たんねんに子どもの世話をする。このように綿密に物事をやろうとする資質は，おおざっぱな男性より，幼児の保育に向いているといえる。そのかわり，女性は，仕事の改善や工夫という点では，男性に及ばないようである。これは，他の職業についてもいえるが，保育の仕事も，創意工夫の能力が要求される。いきいきとした子どもを育成するためには，既製の保育課程・指導計画や教材を，たんに機械的に模倣する保育であってはならない。女性も，能力を十分にいかして，大所高所から物事を判断し，日々に新たな創造的保育を実践するように心がけることが望ましい。

　結局，保育者としての適性から要求されるものは，男女の別なく，専門的知識，技術，豊かな人間性である。したがって，両性がお互いの持ち味を活かし合うことで，保育に幅広い多様性が生まれ，両性の良さを子どもたちに反映させることで，全人的保育が実現できることが，今後の課題であろう。

第6章 乳　幼　児

21. 乳幼児の発達について考察せよ

　人間の成長を考えた場合に，生涯のなかで，もっとも大きな変化をとげ，重要な役割をもつ時期は，乳幼児期と考えられる。昔から，「三つ子の魂百まで」といわれるように，生後，わずかに，3年くらいの間に，その人となりの基本的素地が形成されてしまうという，恐ろしいような，また，偉大な作用をもたらすのである。

　まず，生後のみならず，胎生期，すなわち，胎児の時代から，さかのぼって，その発達をとらえていかなければならない。

　母親の胎内における環境的要因は，その後の生活のうえに，大きな影響をもたらすことは，最近，とくに注目されるようになってきた。

発達の段階

　乳幼児の発達は，大きく分けると，身体的運動機能の発達と精神的機能の発達との相互作用によって，互いに深くかかわりあいながら発達をとげていくのである。

　とくに，乳幼児期の年齢的に低い段階においては，運動機能の働きが精神的作用に多大の影響を与えていくものであり，運動能力の発達は，きわめて重要な意義をもってくる。たとえば，首の座り，寝返り，歩行開始の時期などは，乳児期における，精神発達のチェックポイントとしての役割を果たすことにもなるのである。

　新生児期から青年期まで，連続的に発達をとげてはいるが，決して，均等な連続ではなく，それぞれの面に特質がみられる。

運動能力の発達には、一定の順序があり、成長発達の順序的定型といわれる。つまり、1つは、頭部から尾部の方向へ、もう一方は中心から末梢への方向の2つの定型が、発達の根本原理である。

生活習慣の形成

運動能力の発達に応じて、子どもは基本的生活習慣であるところの、食事、睡眠、排泄、着衣、清潔、の5つの内容について自立を獲得するようになる。

しかし、運動機能の発達のみならず、知的発達および知覚の発達によることも大であり、乳幼児期においては、運動能力と精神能力との、両者によって、働きがもたらされる。

とくに生後6カ月間は、感覚の働きが急激に上昇する時期でもあるため感覚器官を通じて外界の認知が、しだいに正確になされるようになる。この時期になると、運動機能と感覚との結合が強化されるにいたり、行動が正確になる。広義の学習が試みられ、記憶、理解、思考、言語等の知的発達は、このような成熟にともなう身体的諸機能の発達と、その結果として行なわれる学習との成果である。

発達に影響をもたらす要因

発達に関する考え方として、成熟によるものとする、成熟説と、他方においては、学習説をとる立場とが、伝統的に継承されていたが、最近の考え方としては、いずれか、一方に偏向することなく、両者の相互作用によって、発達が継続されていくとする立場をとる向きが多い。

したがって、発達の過程においてみられる、さまざまな現象に対して、レディネス（準備時期）、あるいは、臨界期を重要視する考え方が、一般的である。現代においては、観光からの文化的影響による学習説を肯定する考え方が支配的でさえある。

たとえば、ある特別な事情から、人間の子どもでありながら、動物の社会で成長した、野生児の研究にみられるように、たんなる、身体的成熟のみで

は，完全な人間としての成長は期待できないことが明らかにされた。

すなわち，運動能力の面からとらえてみても，歩行に関して，人間のように，2本の足のみによって，歩くのみならず，動物のように，両手を含めた4本を用いて，四つんばいの姿勢をとることも多い。もちろん，言語の獲得はなく，その社会にのみ通用する音声を発することが報告されている。

ピアジェの発達理論

成熟説をとなえる，ゲゼル（Gesell, A., 1880～1961）に対して，ピアジェ（Piaget, J., 1896～1980）は，認識の発達に関して，臨床的に研究を行ない，その結果，子どもの発達は成熟によるもののみではない，と報告している。

成熟した神経や運動能力は，それが結果的に行使されるためには，子どものなかにある，すでに成熟した能力のなかに，くみ入れられるような適応的練習でなければならないとしている。

すなわち，成熟，経験，社会，の3要因間の均衡化をはかることが重要である，とピアジェは考えている。発達を記述するにとどまらず，それを説明しようと試みたためである。たんなる，子どもからおとなへの成長の事実の記述ではなく，説明を試み，包括的な原則を生命であると考え，生命から精神にいたる概念を均衡化と名づけたのである。

22. 第一反抗期とは何か

　反抗期という言葉が広く用いられている。しかも子どもがたてついたからといっては、すぐに反抗期と、口にするようになってきた風潮がみられる。
　反抗期の正体は一体、何であろうか、要するに自我の芽ばえを指しているのである。

自我の芽ばえ

　人間の一生のなかで、自我の働きから見た反抗期は大きく分けて2つと考えるのが妥当である。したがって、第一反抗期は、子どもが自我を獲得し始めた時期に自己主張を開始する。その時期はおよそ2歳半から3歳半ごろに見られるのが一般的である。平均的な発達をとげている幼児の場合には、3歳前後に、今まで素直であった子どもが、急に言うことを聞かなくなり、おとなが指示することに、ことごとく反抗するようになる。このような状態を指して、母親など子どもの周辺にいるおとなは子どもが反抗期に入ったとみている。

子どもの心の葛藤

　反抗期を迎えた子どもは、心の葛藤をくり返しながら自我との闘いに立ち向かっていくのである。攻撃性をむき出しにして対立する相手は、きまっておとなであり、子ども同士による反抗期のための心の葛藤はあまり見られないのが普通である。
　未分化な発達をとげていた精神構造のなかで急速に自我が伸長しはじめ、自我と他我との関係において周囲のさまざまな事態に直面して葛藤を生ずるためである。

第一反抗期の現象

　実際に子どもがどんな行動傾向を示すかはさきにもふれたが、この時期に

なると自分で試してみたい，おとなの模倣をしたいという欲求が旺盛になってくる。しかし，何が危険で，何がしてはいけないことなのかを理解することはできない。そのうえ，他人の立場や気持ちを理解することもできない状態にある。このような状況において，子どもを危険から守るために，また，しつけの面からも禁止が多く，子どもの行動に干渉するようになってくる。子どもは，このようなおとなの態度に対して，激しく抵抗を示し，自我とのたたかいが始まる。これが第一反抗期である。

　反抗期は，発達途上にみられる，ごくあたりまえの現象であり，むしろ，反抗的態度がみられないほうが問題である。

　たとえば，「今日は，お砂場で遊びましょう」と，母親が，子どもを外に連れ出そうとしても，子どもは，「今日は，家のなかで遊ぶ」と，強く反対したり，自己主張をむき出しにする。しかし，反抗の程度は個人によって異なる。健康状態に異常がなく，反抗現象の見られない子どもは，親の干渉が過剰であるか，あるいは，欲求を抑え過ぎたり，無視したり，または，子どもの欲求のさきまわりをしている場合である。

自我の発達

　子どもに反抗心を起こさせる自我の発達をみると，数多くの研究結果にもとづいて，シェリフ（Sherif, M.）とキャントリル（Cantril, H.）は「自我は生まれた時から与えられるものではなく，発達的に形成されていくものである」と述べている。したがって，乳幼児は自分と周囲の環境を区別できず，周囲から不法な抵抗に出会うと，自我が分離して，急速に発達していくとみている。

　また，言語を習得するにつれて，子どもは自分自身の身体やその他の事物，他人について自分なりの態度を示すようになる。このことによって，自我はより明確に発達する。

　自我意識の発達について，クロー（Kroh, O., 1928〜）は反抗期を境として，

自我構造にいちじるしい変化が起こり,周囲の社会的環境に対して,態度が大きく変わることを認めている。彼は反抗期の出現を基準にして,発達段階を児童期に関して3つに分類している。

1． 第一反抗期　　　　　3〜8歳
2． 現実的想像　　　　　9歳
3． 批判的関係把握　　　12〜13歳

また,シャーロッテ・ビューラー(Bühler, Ch., 1893〜)は第一反抗期の発見者としても有名であるが,自我の発展を中心に精神発達を考えた。つまり,子どもの考え方の主観化,および客観化が否定を通じて発展する。すなわち,弁証法的展開として精神発達を考えた。

23. 乳幼児の個性の意味とその伸ばし方について考えよ

　子どもの個性をよく理解することが大切である。ひとりの子どもの性格特性を適確にとらえて伸ばし方を考える。まず，この点から見つめていかなければならない。

　乳幼児の個性の発達を考える場合，それぞれの子どもの個性がどのようにしてつくられていくのか，発達の要因として考えられるものをあげてみる。

個性を育てる遺伝と環境

　人間の成長発達は個体と環境，とくに社会的環境との相互作用を通してまとまりをもった全体として発達し，徐々に，個人的な独自性を備えるようになってくる。

　環境に対する意識的・無意識的な態度や適応様式，基本的な行動様式等がつくられていく。このようにして形成される人間の特徴的全体像はいろいろな立場，角度からとらえることができる。

　すなわち，それらは人格，性格，気質，個性，パーソナリティー等と呼ばれるものである。

　出生後まもない新生児においても，すでに，人格特性の芽ばえがみられる。行動の個体差とか構造においてはっきりと，個人差がみられるのである。

　この差は，一体，何によって生ずるのであろうか。実は，この差こそ，個性を個性たらしめるところのものである。

　人格の発達が，体質的条件や，遺伝的因子などの個体の生物的要因によって，強く規制されることも考えられるが，そればかりではなく，胎生期における母親の心身の影響も大きく左右されると考えられている。

　個性が遺伝によるものなのか，環境によって作られるものなのかは，容易に識別しがたい面を含んでいる。

したがって，個性が遺伝によって形成されるものか，環境によってつくられるものかは，優生学的な観点から遺伝の力が重視された時代もあるが，精神分析学的立場から環境説をとなえる傾向に移行してきている。

兄的性格，弟的性格

遺伝か，環境かを論ずる場合にはいつでも，双生児の研究が重要な意味をもってくる。

三木安正らの研究結果からは一卵性双生児の場合には，他の比較群に比べて心身の諸特性の類似度が高く，複雑な人格特性の面における相似度は比較的低くなっている。

したがって，同じ双生児であっても兄弟の順位づけが，はっきりとつけられて，一方が兄として育てられ，他方が弟として育てられた場合に，それぞれが兄的性格，弟的性格を形成していくことが認められた。

すなわち高次の人格発達の水準では，身体的特質や，知能に比べて遺伝的要因の影響力が弱く，環境的要因の関与する余地が大であることを示唆している。

個性の体質的条件

性格と体質との関係については，クレッチマー（Kretschmer, F., 1888～1962）や，シェルドン（Sheldon, W. H., 1899～）は，精神病者，正常人について体型と人格特性との間に高い相関を見出している。しかし発育の途上にあり，体型の安定していない子どもに対しては，このような関係がどの程度まで適用されるか，ということは慎重に考えなければならない。

クレッチマーは体型と性格の基礎として，遺伝的・素質的な体質を無視しないが，ある部分はきわめて環境の影響を受けやすいことを認めている。身体の形態的特徴は，それが他人にどのように受け止められているかが問題である。みにくい異常な特徴をもっている場合には，社会の非好意的な評価が劣等感や不適応を起こしやすい原因にもなってくる。

不健康な子どもは，そのために性格が歪められ人格形成に影響されることも考えられる。知能の高低が人格に及ぼす影響も無視はできない。

ターマン（Terman, L. M., 1877～1956）の研究によれば，知能の高い子どもは人格特性においても，すぐれたものをもっているという結果を得ている。

個性の伸ばし方

親の養育態度によって，子どもの性格が影響を受けることはよく知られている。

したがって，乳幼児期の母子関係において，親が，子どもの性格を正しく，あるがままの姿でとらえていくことができれば，その子どものもっている個性を上手に伸ばすことができる。成長の芽を大切に育てることが，その子どもの素質を見出してあげることにつながるのであって，その子どもにのみ与えられた資質を伸ばすことに，ほかならない。

そのうえで，親の養育態度，習慣形成のあり方などによって，大きく変わってくる。民主的な，円満な母子関係を保つか，あるいは，支配的，拒否的，服従的，保護的，無視，残酷，専制的，かまいすぎ，甘やかしなどによって，子どもの性格が，作りかえられてしまう場合も生ずる。しかし，親が，子どもの能力と可能性を客観的にとらえ，理解したうえでの接し方であれば，まことに好ましい関係が生ずるのである。

ひとりひとりの子どもが，それぞれに異なった能力をもっていることは，だれもが認めるところのものであって，個性をつかんで，十分に教育的効果を高めることこそ望ましいことである。意外な個性の発見をして，ひとりの子どものもっている知られざる側面を見出す場合もあり得る。また，その逆に，折角の芽をつんでしまうこともあることを忘れてはならない。

24. 幼児における模倣と創造の教育的意味を論ぜよ

子どもは、あらゆる生活態度を模倣し、または、子ども同士で模倣し合いながら、習慣を形成していく。

そのうえで、新しい方法を身につけて、オリジナルな創造性を発揮して成長していくのである。

創造性の教育的意味

創造性の教育を論じるには、2つの意味を区別しなければならない。①は創造性を養うことは子どものもつ創造性を、そこなわないように守り育て伸ばしていくことであり、子どもがもたぬ能力を新たに授けることではないとする立場、②は創造力をそこなわずに伸ばしていくだけでなく、もっと高次の創造性へと高めつくりかえるように訓練することが教育だとする立場、である。この2つは基本的に異なっており、はっきり区別することが望ましい。しかし、教育の現場においては、ややもすると混同されがちなのである。

幼児期は、本来独創性に富んだ時期であり、自己中心性、質問期などということも、子どもの側から見れば、創造性の開発につながるといえるのである。

この時期の子どもは、創造性がつぶされ、模倣性の強い子どもになってしまうか、創造性を伸長させるかの、いずれかになる可能性が強いのである。

創造性の発達

幼児、学童に測定される創造力と成人期の創造力が、まったく同質のものか否かについては、現在では理論的に予想するに過ぎない。長期にわたっての縦断的研究が必要であり、これからの課題の1つでもある。

トーランス（Torance, E. P.）によれば、幼児の創造性、いいかえれば成人の創造性の芽としての想像力を、うまく伸ばしていくことが、後の創造性に少なくとも好影響を与えることを述べているが、創造性検査得点が、小学4年、

中学1年において，低下することを報告している。

　また，創造性が健全に伸びるために，妨げになる要因を除去することが創造性教育であると述べている。

　彼は創造的な人格は突如としてあらわれるのではなく，幼児期から成人期にかけて，いくつかの危機をのり越えて根気強く育成されるのだとしており，創造性の高い子どもを指導する際の一般目標を，健全な個性の育成においている。

模倣と創造の差

両者は絶対的なものではなく，表出の場で，つぎのように表われる。

(1) 見本として存在の明らかな既存のある形態を借りて，表出すべき内容と結びつけてしまう狭い意味の模倣。

(2) 現在の場面では，みずから選び，選択した形をとりながら，なんらかの意味で，過去の学習による既存の形態を型どっている場合。

(3) その模倣形態が既存の文化形態のなかに，そのままの形では見出すことのできないような，創造に近い模倣。

(4) 純然たる自己活動としてのつくり出された活動。

以上の段階的な諸形態が模倣から創造にいたるまでの間に存在するとみるのが妥当であろう。

表現活動における模倣と創造

表現活動にみられる模倣と創造は，表現内容のイメージ，表出の形態，手段が筋肉活動であっても，媒体に形態を与える造形活動の場合でも，また，言語的記号や音符の記号の配列に形を与える創造活動の場合でも，その表現の形態を決める心の働きが，既存の文化財のなかに，その手本を求めて表現したものと，その形態を新しくつくり出したものとでは，結果において，大きく異なるのである。前者を模倣といい，後者を創造というのである。

社会の影響を受けて成長していく子どもにとって，その社会がもたらす文

化的所産の影響を受けることは，すなわち広い意味での模倣なのである。それは，子どもの成長・発達にとって不可欠の要因であり，模倣を一切含まない表現の形式をもつことはあり得ないのである。

保育の場における模倣と創造

　具体的場面である，保育の現場において，子どもたちはどのように，模倣と創造の活動を展開しているのであろうか。まったく，純粋に，どちらか一方にかたよった表現をしているということは，まことに少ないのである。まれにしか見られない現象だと考えられる。

　上述の段階をへて，造形活動のなかに，あるいは遊びのなかに，音楽リズムのなかに，それぞれの型で展開されていく。

　たとえば，粘土遊びの場合子どもたちが独創性に富んだ作品をつくって遊んでいるところへおとながあらわれ，なんらかの助言を与えると，ひとりで自由に制作していた時よりも，つまらない形式的な作品になってしまうことが多い。

　何の制約も受けずに自由な遊具を選択して展開される遊びのなかで，ふだんは決して見ることのできない，いきいきとした自発性に富んだ創造的な遊びがくり広げることがしばしばある。

　遊具の種類も素材玩具等を与えられたときに子どもは模倣よりもより創造的な遊びを行なうことができる。それに比べると模倣玩具（ゴッコ遊び）等では，おとなの生活の縮図がそのままそこに表現されることが多い。

25. 幼児の興味の特徴について述べよ

　幼児の興味は，あらゆる未知の対象に対して向けられるのが，ごく一般的である。

　おとなからみれば，何の価値もないような物に対して，子どもは目を輝かせて関心を示すのである。

子どもの興味の育て方

　どんなに小さな子どもでも，どんなにつまらない興味であっても，子どもがそれに対して関心を示したときには，必ず，子どもの期待に応えてあげる必要がある。子どもの質問に対して1つ1つ答えてあげることは，子どもの興味を育てるうえで重要な意味をもってくる。

　子どもの興味が持続し発展していくところに，子どものあらゆる成長がみられるのである。何に対しても関心を示さず，興味を抱かない子どもがいたとしたら，何か異常があると見るべきであろう。

子どもの興味にみられる個人差

　興味の発達をとらえてみても，子どもの場合に，それぞれ異なった興味の傾向を示すことがわかる。乗り物，動物，おもちゃなど一般的には類似の傾向を示すが，はっきりと異なった興味を示す場合もある。もちろん，年齢および発達段階によっても，興味の傾向が異なるのである。

　同じように乗り物に興味を示したとしても，ある子どもは自動車を好み，他方は電車に関心を示すということが考えられる。

　知的発達の高い子どもの場合，創造性に富んでいたり，ある特別な才能，音楽，絵画に秀でた能力をもった子どもは，普通の発達をとげている子どもとは，やや異なった興味を示す場合がある。

　また，逆に，子どものなかには，異常な興味を示す者もみられる。

ある特定の物，たとえば，数字，自動車，時計などの，ある物に対してだけ興味を示す。興味の継続時間も異常に長く，半日でも，1日，あるいは，1週間，1カ月つづくこともまれには見られる。

自閉的傾向をもった子どものなかに，このような異常な興味を示すものが多く見られる。

子どもの遊びのなかで，問題を発見する場合も，決して少なくないのである。しかし，この診断，治療にあたっては，専門家の意見にまたねばならない。

子どもの遊びと興味

ピアジェのいう自己中心性が強く，それが興味の面においても顕著にみられるのが，子どものふつうの姿である。

自分が興味をもった事象に対して，ある一定時間，関心を持続しつづける。しかし，年齢が低ければ低いほど，持続時間は短く，たいくつしてしまう。興味は，つぎからつぎへと移って，対象ならびに遊びが変化していく。

4～5歳くらいになると，1つの遊びの持続時間も，30分くらいにもなって，かなり集中力が見られるようになる。

子どもの興味の展開は，子どもの生活時間のすべてが，遊びであるといっても過言ではないことからも，遊びのなかで展開され，知的・社会的・情緒的発達のすべてがつながっていくと考えられる。

創作活動と興味

遊びに関心を抱いている子どもは，自分で何かをつくり出したいと，意欲的に考えるのがふつうである。

つまり，造形活動への参加を意味している。粘土でおだんごづくりをしたり，つくる喜びと触れる喜びと，二重の満足感を子どもは習得していくのである。

絵を描くことによって，自分自身の精神的な発露として，自己表現を描画

によって，なしとげたりするのである。

　音を出すことによって自己を表現し，音楽への興味をかりたてられる。

　いろいろな物を使って自分を表現したり，造形したり，すべて，創作活動に対する興味の表出と見るべきであろう。

言語発達と興味

　言語を習得するようになることも，他人との交流を求め，対人関係を深めたいとする欲求によるものであって，自分の意志を表出し，伝達したりする。社会性の発達もいちじるしくなる時期でもある。かなり，自由に他人との接触が保てるようになるのである。これによって，子どもは，急速に進歩し，成長するのである。

26. 乳幼児の発達から早期教育を論ぜよ

　従来，発達は成熟によるものであるとする考え方が強かったのに対して，最近は社会的な諸環境からの種々の影響を受けて，学習，すなわち教育が発達をかなり促進すると見るむきが多い。とはいっても何もかもを教育にゆだねるということではなく，発達の順序性あるいはレディネスを考慮したうえで発達を促す方向に進むことのほうがより望ましい姿であろう。

発達加速現象（Acceleration）

　ドイツのコッホ（Koch, E. W.）が指摘し，学問的な研究はケルン大学の小児科学者トムセン（Thomsen, B.）によって行なわれた。

　近年，子どもたちの成長における加速化状態は，世界的な傾向として受け止められるにいたっている。

　乳幼児期から，わが国においても，加速化の傾向を示し，その影響を受けて，早期教育の兆は，今や，一般的に普及し，早くから，学習の機会を子どもたちに与えたいと望んでいる家庭が増大している。

　発達加速現象の2要因として，①都市化，②人間類型層化，があり前者は外的要因，後者は内的要因とみることができる。

　加速型の人間を仮定すると，そのタイプの人びとでは都市に集中する傾向がみられ，加速化を促進する結果を招くためである。

視聴覚教育と教材

　現代の社会的環境のなかで，子どもたちの生活を観察する場合に，ごく自然な形で文字が生活のなかに飛び込んできている。

　テレビはもとよりのこと，さまざまな形で情報の洪水のなかに，おとなのみならず子どももまた，どっぷりとつかっている。したがって，自然に文字学習を行なうことができる。むしろ，文字文化から子どもを引き離すことの

ほうが不自然にさえ思えてくるほどである。

子どもと文字

ことばは，聞くことに始まって，話す，読む，書く，のところまで発展する。

生活のなかで触れる文字に親しみをもって習得していく過程は，個々の状況によって，多少，異なるものの，子どもが関心を示し始めたら，その機会をとらえて，質問に答える形から入ることが，もっとも自然で効果的であると思われる。

絵本に親しみ，読解する能力，見よう見まねで，綴る文字，ひらがなの読み書きが習得できるように興味をもたせることが望ましい。

お店の看板の文字が読めたり，駅名を，たどたどしく読んだりしている様子は，社会の一員としての仲間入りができたようで，本人も得意になる。

小学校に入学する前に，文字を書いたりすると，鏡文字になるといわれることもあるが，文字学習の一段階として，積極的に習得することが一層学習を促すことにもなるであろう。ただし，個人差も考慮に入れたうえで，行なうことが望ましい。

子どもと水泳

最近の早期教育の傾向として，体育，体力づくりにつながる教育も多くみられる。まず，スポーツ全般，とりわけ水泳に関しては温水プールの普及にともない，1年中教室が開催され，水泳人口の低年齢化，ならびに増加がみられる。

子どもと描画

絵画は従来から経験的にも，早期教育の草分けの1つとして考えられる。

2〜3歳ごろから，子どもは，なぐり画きを好んでするようになる。描画の経験は子どもの生活に，精神的な面からみて情操教育および精神衛生面の効果も多大である。

子どものレディネスを考慮に入れても，2～3歳から描くことを好んだとしても，基本的な絵画指導となると，かなりむずかしい課題になる。したがって，子どもに早期に絵画を習得させるということの意味は，芸術的なふんい気を理解させ，美に対する目を養うことに主たる目標をおくことが妥当のように思われる。

子どもと絶対音感

　早期教育を提唱したヴァイオリン教室も，近年は，とくに，目新しさもなくなってしまうほどに，子どもと音楽は，身近な存在として，生活のなかに定着してしまったようにも思われる。乳幼児期から美しい音楽を聴く能力を養わせ，子どものなかに音楽性を自然に養わせることは，絵画と並んで，子どもの情操教育に欠かすことのできないものである。

　子どもが，みずから楽器を演奏する技能を学習する場合においても，4～5歳くらいから始めることによって，絶対音感を身につけることが容易にできる。

　音楽を身体で理解できるように，楽しく，無理のない状況で習得させることが効果的である。

子どもの安全教育

　赤，黄，青の信号を，しっかり覚えて，交通安全のルールを守ることから始まって，遊びのなかでの事故防止等々，安全に対する心構えと，機敏な行動がとれるように，ふだんから習慣づけておくことは，ある意味からは，何よりも大切な，早期教育の1つであろう。

第7章 保育の制度

> 27. 幼稚園と保育所の違いについて説明せよ

機能の異同

　幼稚園は，幼児に対し，同年齢の友だちとの共同生活を通し，その心身の健全な成長・発達を助長することを任とする。これに対し，保育所は，乳児・幼児をもつ家庭の福祉を守り，それとともに，乳児・幼児の健全な育成を図ることを任とする。

　したがって，学齢前の子ども（ただし，幼稚園は3歳以上の幼児，保育所は乳児および幼児）の豊かな成長・発達を助長するという点では，幼稚園も保育所も同一の機能をもっているといえる。ただ保育所は，父親だけでなく母親が，経済的もしくは社会的事由によって労働に従事しようとするのを援助することを大きな機能とする。保育所のこの面での特性は，第13問に記してある。この違いをたてまえとして，現在の法律では，幼稚園は学校教育法にもとづく学校教育機関の一種類として位置づけられている。他方，保育所は児童福祉法にもとづく児童福祉施設の一種類として位置づけられている。

比較対照表

　幼稚園と保育所との主な違いを，現行の法律・省令などの定めによって一覧すれば，次のページの表のようになる。

幼稚園・保育所比較対照表

	区　　　分	保　育　所	幼　稚　園
1	根　拠　法　律	児童福祉法(昭和22年12月公布)	学校教育法(昭和22年3月公布)
2	所管行政庁　施設設置者区分	市町村立　　　私　　立	市町村立　　　私　　立
	国	厚　生　省	文　部　省
	都道府県	知事（多くは民生部局）	教育委員会　知事（多くは総務部局）
	市町村	市　町　村　長	教育委員会　＜所管しない＞
3	設　　置　　者	地方公共団体（主として市町村），社会福祉法人，その他の法人，個人	国，地方公共団体（主として市町村），学校法人，その他の法人，個人
4	認　可　権　者	知　事	公立は都道府県教育委員会，私立は知事
5	目　　　　　的	保育に欠ける乳児，幼児（必要に応じてその他の児童）を，日日保護者の委託を受けて保育する（児童福祉法第39条）	幼児を保育し，適当な環境を与えて，その心身の発達を助長する（学校教育法第77条）
6	入所（園）するもの	市町村が，保護者の労働または疾病などの理由で，その監護すべき乳児，幼児（必要に応じてその他の児童）の保育に欠けるところがあると認めたもの（共働きの家庭，母子家庭などの乳児・幼児）	保護者が幼児保育を受けさせようと希望するもの
7	入所（園）者の年齢	乳児，幼児（必要に応じてその他の児童）	3歳以上小学校入学までの幼児
8	入所（園）の決定	市町村が，法律・条例の定めにもとづいて保育に欠けると認めたものについて入所を決定する	園長が，保護者の入園希望に対して任意に入園を決定する
9	入所（園）の時間	保育に欠ける状況が発生したとき	学年の始（4月）
10	退所（園）の時期	保育に欠ける状況が消滅したとき	学年の終（3月）
11	保育（教育）時間	保育時間は1日8時間を原則とし保護者の労働時間その他家庭の状況等を考慮して所長が定める	教育時間は1日4時間を標準とし，幼児の心身の発達の程度や季節に応じて園長が認める

第7章 保育の制度

	区分	保育所	幼稚園
12	子どもの休日	日曜，国民の祝日	日曜，国民の祝日，第2・第4土曜日のほか，夏期，冬期，春期の長期にわたる休日がある
13	小学校との関連	特別の定めはない	園長は，幼児が小学校に入学した場合，幼稚園幼児指導要録の抄本を入学先の校長に送付しなければならない
14	学級編制	特別の定めはない	同一年齢の幼児をもって学級編制することを原則とする
15	必置の職員	保育士，嘱託医，調理員	園長，教諭，学校医
16	置くことの望まれる職員	特別にはない	養護教諭，事務職員
17	多くのところでおかれている職員	所長，栄養士，雇用人	特別にはない
18	保育士（教諭）1人につき受持つ子どもの数	3歳児未満おおむね6人につき保育士1人，3歳児おおむね20人につき保育士1人，4歳以上おおむね30人につき保育士1人	35人以下を原則とする
19	保育内容の基準	健康状態の観察，服装等の異常の有無の検査，自由遊び，昼寝，健康診断（厚生省から通達されている保育所保育指針を参考とする）	教育課程の基準として文部大臣が公示する幼稚園教育要領による
20	給食	3歳未満児は，主食・副食を給し，3歳以上児は，副食を給す	各園が任意に行なう
21	昼寝	毎日，通年行なうことを原則とする	各園が任意に行なう
22	間食	毎日行なう	各園が任意に行なう
23	保育担当者の職名・職務	保育士（児童の保育に従事する）	教諭（幼児の保育を掌る）
24	保育士・教諭の資格	1. 厚生大臣が指定する保育士を養成する学校・施設（2年以上の課程）を卒業したもの 2. 都道府県が行なう保育士試験に合格したもの（受験資格は短期大学卒業程度）	1. 大学・短期大学・文部大臣が指定する教員養成所（2年課程）に2年以上在学し，所定の科目・単位を履修したもの 2. 助教諭の資格で6年以上幼児の保育に従事し，かつ所定の科目・単位を履修したもの

	区　　　分	保　　育　　所	幼　　稚　　園
25	所（園）長の資格	健全な心身を有し，児童福祉事業に熱意のあるものであって，できる限り児童福祉事業の理論および実際について訓練を受けたもの。	教育職員免許法による専修免許状または一級普通免許状を有し，かつ5年以上教育に関する職にあったもの。ただし，私立の場合やむをえないときは，5年以上教育に関する職または教育・学術に関する業務に従事し，かつ教育に関し高い識見を有すると認められるもの
26	所（園）の労働基準法的性格 ①職員の労働時間 ②職員の休憩	病者または虚弱者の治療，看護その他保護衛生の事業（第8条第13号該当） 1日9時間，1週54時間 いっせいに与えなくてもよい	教育，研究または調査の事業（第8条第12号該当） 1日8時間，1週48時間 いっせいに与える
27	保護者の費用負担	保護者が負担することを原則とし，保護者の収入に応じて市町村の条例の示す基準にもとづいて徴収される。生活保護世帯・住民税非課税世帯は無料，所得の高い世帯は月額5万円以上の場合がある	保護者が負担する
28	保護者以外の費用負担	国が示す子ども1人当り月額保育単価と保護者から徴収する徴収金基準額との差額について，国が5/10，都道府県が2.5/10，市町村が2.5/10を負担する（公私立とも）	国公立は，保護者負担の保育料と幼児1人当り必要額との差額を，設置者である国，地方公共団体が負担する。私立は，その必要経費の大半が保護者負担の費用になる
29	公　の　監　査	知事は，当該児童福祉施設の指導および監督を担当する吏員を指定して，おおむね6カ月に1回，保育所が最低基準を遵守しているか否かを実地につき検査させなければならない（保育所で使った費用は，一切，公私立ともに都道府県の監査を受けなければならない）	補助金を受けた場合，その使用が適切であるかについて，報告し，場合によっては，勧告を受けたりする

28. 欧米諸国とわが国との幼児教育制度を比較せよ

幼児教育施設の種類

わが国では，幼稚園と保育所とが二本建てとなって制度化されている。

ソビエト連邦も，わが国同様に幼稚園と保育所という2つの名称の保育施設が制度化されている。しかし，ソビエト連邦では，両者がともに，わが国における保育所と同じく，父母ともに働く家庭の子どもを入園させ，1日8時間以上の長時間の保育，さらには，月曜から土曜まで宿泊をともなういわゆる全託的な保育を行なうところである。ただ，保育所は3歳未満の幼児と乳児を，幼稚園は3歳以上7歳で小学校に就学するまでの幼児をそれぞれ入園させ，いわば年齢による横割り方式の保育施設となっている。1959年までは保育所を厚生省，幼稚園を文部省がそれぞれ別個に所管していたが，1959年以降は両者がともに文部省の所管となった。また，従来，保育所と幼稚園とが別個の場所に分離して設置されていた。しかし，1959年以降は，保育所と幼稚園とが同一敷地内に併設して設置され，その名称も「保育―幼稚園」と名づけられるようになり，一元化が成立している。

アメリカでは，幼稚園と保育学校 (nursery school) が主な保育施設である。幼稚園は小学校入学1年前の5歳児が入園する1年保育のものが大半である。保育学校は3～4歳の幼児のための保育施設であるが，2歳児も入園できるところもある。また，午前の半日だけでなく午後にわたって保育するところもある。低所得の家庭の幼児のために福祉的性格をもった託児所 (day nursery) が設置されている。

イギリスは，他の多くの国と異なり，5歳児を義務教育年齢とし，6歳とともに2年制の幼児学校 (infant school) または幼児学級 (infant class) で教育することとしている。5歳以下の幼児は保育学校か保育学級 (nursery class）で幼児教育（nursery education）を受けることとなっている。保育学校・学級に入ることのできる年齢は2歳からではあるが，多くのところでは3歳からとしている。低所得の家庭の乳幼児のためには，福祉的な性格をもった託児所が制度化されている。

　フランスの保育施設は母親学校（école maternelle）と呼ばれるものが，学校教育制度の基底部門として制度化されている。母親学校には，2歳から義務教育の始まる6歳までの幼児が入園することができる。毎日の保育時間は，昼食を除き午前・午後各3時間で計6時間である。したがって，母親が働いているか否かに関係なく，在園時刻は午後4時半ないし5時ごろまでとなっている。2歳以下の乳幼児で母親が働いているために預けねばならないもののためには，厚生省所管の託児所（créche）がある。

　ドイツは幼稚園の始祖フレーベルゆかりの国である。東ドイツは，おおむねソビエト連邦と同じ制度となっている。しかし，3歳未満児の保育施設はきわめて限られている。西ドイツでは，就学前の保育事業は厚生省の所管となっている。幼稚園（Kindergarten）または幼児の家（Kinderheim）とよばれており，同一の施設のなかに，1日4時間程度の保育を受ける幼児と，8時間程度の長時間の保育を受けるものとがともに入園している。保育時間の長短によって保護者が負担する保育料額が異なる。

最近の傾向

　就学前教育制度をどのようにすることが望ましいかについて，1961年ジュネーブで開かれた国際公教育会議は審議し，その結果を「就学前教育について」と題する各国文部省に対する勧告として採択した。その前文には，幼児の教育は両親の第1の，他に譲ることのできない権利であること，しかし，4歳ぐらいになると，家庭が最良の条件にあっても，子どものすべての教育的要求を両親だけではみたしてやることができないので，他からの助力を求めねばならないこと，職業をもつ婦人が多くなり，家庭に責任をもつ勤労婦人

の労働と育児とを両立させることを助けねばならないことなどを事由として，就学前教育が制度化されねばならないことが指摘されている。

　勧告にかかげられている主要なものをあげれば，つぎのようである。

　就学前教育は，本質的には教育的性格を保持しながら，一方この変わりつつある社会にまず必要になってくるということを考慮する必要がある。この理由から，公私の教育当局，医療サービス，社会サービス，両親等のあいだに相互に緊密な協力体制をつくることが不可欠である。

　女性を雇用している事業団体や会社は教育当局と協力して就学前教育施設を創設して発展させることが望ましい。

　就学前教育が行なわれている国では，その教育当局内に就学前教育施設の発展と改良に関するあらゆる問題をとり扱う特別の部課があるべきである。

　就学前教育担当部課の種々の活動には，とくにつぎのようなものを含むべきである。ⓐ就学前教育該当年齢の子どもの数と分布状況を，住居地の人口規模や家庭環境などと関連づけて調査すること。ⓑ現存する就学前教育施設の数と種類に関する資料収集全体のなかにおける公立と私立の施設の割合。ⓒ就学前教育拡張の可能性の考慮と拡張計画の樹立。ⓓ就学前教育の方法上の問題の研究。ⓔ教職員の選抜養成，現職教育および専門性に関する問題の検討。ⓕ就学前教育のために使用される建物および施設設備についての教育的技術的標準の設定。ⓖ両親と教職員のあいだの協力の強化。公立であろうと私立であろうとあらゆる就学前教育施設に教育的保健的監査をするのが教育当局の義務である。

　公立の就学前教育施設の財政的裏づけの方法は，……地方当局によってのみならず，それより上級の行政当局によっても責任をとって行なわれることが望ましい。私立の就学前教育施設が公立不足を補い，教育的にも，社会福祉のために十分貢献している場合に限り，これらの施設は公の教育当局から財政的援助を受けることができるようにすべきである。

就学前教育施設に出席することによって子どもたちが利益を得るのであるが，それにもかかわらずその出席は随意であるべきである。設置が公的当局によって，財政上すべてにわたって裏づけされている場合には，子どもたちは授業料が無料であることが望ましい。就学前の段階における教師1人当たりの子どもの数は小学校1クラスにおける児童の数より少なくなければならない。そして，子どもたちの年齢が小さければ小さいほどそれに比例して少なくすべきである。現段階では，教師1人当たりの子どもの標準的な数は25人を超えないようにすることが望ましい。

わが国での問題点

以上の世界的動向からみて，わが国の保育制度は決していちじるしくおくれているとはいえない。しかし，たとえば，教師1人の受持つ幼児数が，わが国では，幼稚園の場合40人，保育所の場合30人となっており，決して望ましい状況にあるとはいえない。また，公私立の幼稚園・保育所の適正配置が計画的に進められていない。このため，地域によって幼稚園・保育所の普及にいちじるしいアンバランスが起こっている。今後，それぞれの地域において，既存の幼稚園，保育所が永続的に保育の役割を適切に果たすことができるよう，その地域の幼児人口の動向，就労する母親の動向などを勘案し，新増設を調整しなければならない。

また，公立幼稚園，私立幼稚園および保育所の保育料が相互に適切なものとなり，いずれかに入園すれば，他のものよりいちじるしく低いとか，反対にいちじるしく高いなどの不均衡が生じないようにすることが望まれる。このため，私立幼稚園に就園する幼児の保護者に対し，昭和47年度から幼稚園就園奨励費に対する国の補助金が支出されるようになり，また，昭和50年に成立した私立学校振興助成法により，私立幼稚園に対し，都道府県からの運営費補助金が支出され，これに対して国から補助金が出るようになったことは注目すべきである。今後さらに，こうした面での改善が望まれる。

29．幼児期における教育の機会均等について論ぜよ

法律上の理念

教育の機会均等については，憲法26条「すべて国民は，法律の定めるところにより，その能力に応じて，ひとしく教育を受ける権利を有する」という規定により，国民が政治に求める権利として保障されている。教育基本法（昭和22年公布）は，この精神を具体的にし，第3条を「教育の機会均等」という見出しの条文にし，つぎのように規定している。

「すべて国民は，ひとしく，その能力に応ずる教育を受ける機会を与えられなければならないものであって，人種，信条，性別，社会的身分，経済的地位又は門地によって，教育上差別されない。

国及び地方公共団体は，能力があるにもかかわらず，経済的理由によって修学困難な者に対して，奨学の方法を講じなければならない。」

この規定は，幼児期における教育に対しても例外ではない。幼児期に，家庭教育とならんで同年齢の幼児を友だちとする教育機関で教育を受けることが，望ましい人間形成にとって，他に代えることのできない重要性が認識されてきた今日，その教育を受けさせることを希望する家庭に対し，ひとしく，その機会が開放されねばならない。

現　　状

現在の状況は，往年と比較すれば，格段の進歩をとげているようにみえる。たとえば，小学校第1学年入学者中幼稚園修了者の占める百分率（通常就園率と呼ぶ）は1895年（明治29）0.9％が，1942年（昭和17）が10％で，新しい憲法制定までは，きわめて緩慢な普及にすぎなかった。1952年（昭和27）に12％となり，その後しだいに昇り平成6年には63.5％となっている。他方，保育所を終了して小学校に入学しているものが，平成6年には推定約31.0％と

みられる。したがって，ほとんどすべての子どもは，小学校入学前に，最少限1年間の集団による幼児教育を受けているといえる。

しかし，まだ，若干の子どもたちは，幼稚園・保育所にはいる機会を全く得ていない。この子どもたちのなかには，心身に障害があって普通の幼稚園・保育所での幼児教育が受けられない状況のものもいるが，多くのものは，幼稚園・保育所が近所にないために入園できないか，たとえあっても，負担する費用が高いため入園できないなどの事由による。心身に障害のある幼児に対しては，それにふさわしい保育所・幼稚園の開放が望まれる。また，幼稚園・保育所の不足な地域には，必要に応じて設置することが望まれる。

教育財政上の問題

保護者の保育料は，一部の家庭に対して幼稚園・保育所への入園を不可能にしている場合があるだけでなく，たとえ，幼児を入園させている家庭であっても，家計に占める負担がかなり重いものとなっている。とりわけ，わが国の幼稚園の園数では約58％（8,524園），園児数では約79％（1,419,452人，いずれも平成10年度）を担当しているのは，私立幼稚園である。かつ，私立幼稚園は，他の私立学校同様その経営に要する費用の大半を保護者からの徴収金によっている。平成10年度の調査による幼児1人当たり徴収月額は，公立5,200円に対し，私立は25,500円となっている。私立幼稚園に入園させている家庭の負担を公立園における負担に対し，このように大きいものとすることは改めなければならない。このためには，私立幼稚園に対する公費助成が積極的に行なわれ，公私立幼稚園いずれもが，保護者負担にそれほどの違いがなく，自由に選択し教育の場を提供することができるようにすることが望ましい。

幼稚園と保育所との調整

幼児期の教育機会の均等化を考えるに当たっては，幼稚園と保育所との関係を問題とすることが必要である。第13問でみたように，保育所での教育的

機能に対する国民の要請はしだいに高いものとなっている。長年，いわゆる幼保一元化ないし一体化ということが提唱されてきたが，これも，幼稚園と保育所との教育内容において差のないことを望んだことによる。保育所を所管する厚生省が，保育所における保育の基本的性格を，「養護と教育とが一体となって，豊かな人間性をもった子どもを育成するところに」あるとし，今や，幼稚園・保育所は，子どもに対する機能に関しては，ともに教育的役割を果たすことが公認されてきたともいえる。しかし，保育所を低所得階層の家庭救済を目的とするかつての託児所と同一視する見かたが根絶されていない。このことが一因となり，保育所の施設設備の基準が幼稚園の基準よりも低く，また，実際に設置されている保育所と幼稚園とを比較するならば，幼稚園のほうが運動場・園舎ともに広く豊かに設営されがちである。こういう誤った偶像を打破し，名実ともに，すべての園児が等しくすぐれた幼児教育の機会を享受することができるようにするために，両者を同一の行政部門の所管とすることが望まれるなどの主張がみられる。

義　務　制

　第3に，教育の機会を均等にする1つの方法として，幼稚園を義務制にしてはどうかという意見が出ている。義務制は，市町村長が地域の入園希望者数に相応の収容力をもつ幼稚園を設置する義務を負うが，幼稚園に幼児を入れるかどうかは各保護者の自由にまかす方法と，幼稚園への就園も保護者に義務づける方法とがある。現在では，後者による方法が望ましいとされている。5歳児を小学校1年生にして，義務制にすることも一部の人びとで主張されているが，集団的な施設教育の内容，方法，効果など教育上の見地からその可能性を掘り下げて検討せねばならない。それらよりも，5歳児は全員に4歳児も，平成元年度に全4歳児の55％が幼稚園に，30％が保育所に在籍しているが，これをできるだけ高い比率にするように，施設の整備および保護者負担の軽減を図って就園できるようにすることが望まれる。

30. 幼稚園・保育所の施設設備の基準について述べよ

基準の目的

幼稚園・保育所が適切な保育の場となるためには、施設設備が周到に整えられていなければならない。このため、国は、幼稚園・保育所が設置されるにあたって、これだけは具備していなければならないという最低基準を定めている。幼稚園に関しては、文部省が定めた幼稚園設備基準、保育所に関しては、厚生省が定めた児童福祉施設最低基準がそれである。両基準は、いずれも保育するに必要な最低の基準であり、設置主体は、たえずその水準の向上に努めねばならないということが、つぎのように明記されている。

「この省令で定める設置基準は、幼稚園を設置するのに必要な最低の基準を示すものであるから、幼稚園の設置者は、幼稚園の水準の向上を図ることに努めなければならない」（幼稚園設置基準第2条）。

「児童福祉施設は、最低基準をこえて、常にその設備及び運営を向上させなければならない」（児童福祉施設最低基準第4条）。

園の位置

幼稚園・保育所は、教育上適切な位置に設けられねばならない。このためには、たとえば、隣接地に工場があって騒音のため静かな状況の確保できないところ、また、風俗営業などのため幼児に望ましくない影響を与えがちなところなどは避けるべきである。日照・通風・排水など衛生的な条件の整っていることも重要である。できることならば、1年を通して日陰になり通しになる部分があるようなところは避けたい。紫外線・熱線など幼児の発育に欠かすことのできない太陽光線の乏しいところは、幼稚園・保育所としては最悪である。太陽と緑と新鮮な空気、これこそあらゆる保育の第1の基本要件であり、これらが確保できる場に幼稚園・保育所を選びたい。にもかかわ

らず，多くの都会地は，排気ガス，工場からの煙，臭気，さらには騒音・振動等数知れぬほどの公害に犯されており，個々の幼稚園・保育所の力では，その教育的環境の確保は至難のことがらとなっている。しかし，これを，本来的なものにとり戻すようにすることは，とりわけ教育的見地から重要である。

　さらに，幼稚園・保育所の位置は，通園上安全な環境にあることが必要である。昭和41年12月15日朝，愛知県下の一保育所での集団登園中の列にトラックがつっこみ，保母1名，幼児10名が死亡し，幼児20名近くが重軽傷を負うという史上最悪の悲惨な事故が起こった。これは，国道に面する保育所正門に向かって道路を横断しようとする矢先の事故である。しかも，この道路の交通量は急激に増大しており，かつ，横断のための信号・横断歩道がなく，かねてから危険視されていたところであった。通園上安全ということの最大の問題は，交通事故を未然に防止するところにあるといえよう。ほかに，子どもが落ちる危険のある川，崖などがある場合，頑丈な柵を設けるなどその安全に最大の配慮が向けられねばならない。

施設設備の基本的性格

　施設設備は，幼児の指導上，保健衛生上および管理上適切なものでなければならない。指導上では，きわめて当然のことではあるが，幼児の体位ならびに精神の発達に即応したものであることが第1条件である。階段を設ける園舎であれば，その階段の高さは，幼児の歩行に適切なものでなければならないなどである。また，保育室が適切な広さをもつことも重要である。保育室が，これを利用する幼児数の割合に比して狭ければ，自然，幼児の保育室での動きは制限を受け，保育者によって指示された活動を全幼児が行なう保育の形態となりがちである。これに対し，保育室が広ければ，保育室内のあちらこちらで，個人もしくは数名のグループで，幼児自身がみずから選んで積極的・自発的に活動を展開することが容易となる。

　保健衛生上では，清潔を保持しやすいものとすることが一大要件である。

このためには，床には，汚れたならばすぐにわかるような材質・色彩の資材が用いられるなどである。採光，通風，暖房などに対する適切な配慮も重要である。

管理上では，保育者をはじめ職員全員が，つねに有機的なつながりをもって，全幼児に目をくばることができるよう，施設の配置をすることが望まれる。園長室，職員室，保育室，遊戯室，運動場などの位置において，幼児がいても，一切どこからも見えなくなるという死角箇所がないようにせねばならない。また，管理上では，何よりも，幼児に対する安全の確保が重要である。職員の知らぬ間に，幼児が勝手に園外に出てしまうようなことがあってはならない。また，すべり台・ぶらんこが堅牢であるかが，つねに管理されていなければならない。それらがすべて，容易に行なえるようになるためには，幼稚園・保育所を新たに設置するにあたり，その設計段階から保育に直接従事するものの意見をとりいれることが望まれる。

施設設備の種類

幼稚園では，園舎は平屋建が原則となっている。これは，火災等の災害発生の場合の待避が容易であることによるが，同時に，平素の幼児の活動において，運動場での活動が促進されることをあわせ期することにもよる。幼稚園設置基準によれば，職員室，保育室，遊戯室，保健室，便所，飲料水用設備，手洗用設備，足洗用設備が必置となっている。ただ，特別の事情があるときは，保育室と遊戯室，職員室と保健室とは兼用しても差支えない。また，放送聴取設備，映写設備，水遊び場，幼児清浄用設備，給食設備，図書室，会議室を備えるよう努力することが求められている。これに対し，保育所では，乳児または満2歳にみたない幼児が入所するところは乳児室またはほふく室，医務室，調理室，便所が必置である。また，満2歳以上の幼児を入所させる保育所は保育室または遊戯室，屋外遊戯場，調理室，便所が必置となっている。

運動場・園舎の面積

　幼児が力いっぱい活動し，望ましい成長発達をとげるためには，適切な空間の広さが必要である。幼稚園・保育所での運動場は，正しく幼児の楽園となるための基本要件である。幼稚園設置基準では，運動場の面積を，つぎの方式で算出することとしている。

学 級 数	2 学 級 以 下	3 学 級 以 上
面　　　積	330 ＋ 30 ×（学級数－１）平方メートル	400 ＋ 80 ×（学級数－３）平方メートル

　保育所での屋外遊戯場は，2歳以上の幼児1人につき3.3平方メートル以上であることが規定されている。

　幼稚園の園舎の面積は，つぎの方式で算出されることとなっている。

学 級 数	1 　学 　　級	2 学 級 以 上
面　　　積	180 平方メートル	320 ＋ 100 ×（学級数－２）平方メートル

　保育所の建物は，ほふく室は子どもひとりにつき3.3平方メートル，保育室または遊戯室は幼児ひとりにつき1.98平方メートル以上であることとなっている。

園具・教具

　保育の一大特性「環境をとおしての指導」を実あるものとするためには，運動場・園舎が面積的にふさわしいものであるとともに，それが十分な機能を発揮できるよう，相応の園具・教具が具備されねばならない。幼稚園設置基準では，つぎのように定められている。

　「幼稚園には，保育に必要な園具及び教具を備えなければならない。」

　保育所での園具については，児童福祉施設最低基準に「保育室又は遊戯室には，保育に必要な用具を備えること」と規定されている。

　これらの園具・教具・用具のなかには，机，腰掛，黒板，すべり台，ぶら

んこ，砂遊び場，積木，玩具，紙しばい用具，絵本その他の図書，ピアノ，簡易楽器，保健衛生用具，飼育栽培用具，絵画制作用具などがある。また，このほか，視聴覚教具としてのテレビ，幻灯機なども活用効果の大きいものである。これら既製の園具を準備するとともに，保育者みずから創意にもとづいて案出する遊具も，保育の成果をすばらしいものとする。死物化しない施設設備，園具・遊具を整備すべきである。

31. 幼保一元化について述べよ

幼保一元化の意味

　幼保一元化ということばは、幼稚園と保育所とが制度上二元となっているのを改めて、一元的なものとすることを意味する。これは、わが国の小学校入学までの幼児が、幼稚園と保育所とに二分されて保育を受けるようになっていることに対し、これを改めようとする考えにもとづくものである。

　幼稚園と保育所との機能の異同は、第27問において理解でき、また、幼稚園と保育所とが、3歳以上の幼児について、幼児教育機能の面において差異のないものとならなければならないことは、第29問において述べられているとおりである。

　幼保一元化は、その起源が大正時代にみられる。このころは、幼稚園の数は少なく、わずかな幼児が就園しているに過ぎなかった。こうしたことも1つの理由となって、幼稚園は経済的に恵まれた家庭の幼児が入園するところとみられていた。これに対し、低所得で母親も働かなければならない家庭の乳幼児は、内務省（現在の厚生省の前身ともいえる）所管の託児所に、1日8時間以上も預けられていた。

　このような二分の状況に対し、幼稚園・託児所関係者の一部のひとたちから、幼児が、保護者の経済的な貧富のちがいによって、異なる施設に分けて入園させられ、保育を受けることは、両者を差別することであり、教育の機会均等上許されないという要請が出された。この要請にこたえるよう、大正15年に公布された幼稚園令は、幼稚園に託児所としての機能をあわせ与えようとし、幼保一元化のめざすところを実現しようとしたが、それは有名無実に終わった。

幼保一元化の新しい課題

　現行の保育所は，古い託児所と異なり，低所得の家庭の乳幼児だけが入園するところではない。また，幼稚園は，一部の経済的に裕福な家庭の幼児が入園するところではなく，経済的には，夫婦とも働きのため保育所に子どもを入園させている家庭よりも，むしろ収入の少ない家庭によっても利用されてきている。したがって，往年に，幼保一元化が主張されていた理由はなくなってきているともいえる。たしかに，そうした観点からは，幼保一元化を主張する必要はなくなったということになろう。

　しかし，わが国の国民のなかには，幼稚園と保育所とを，教育的に差別的にみる傾向がないとはいえない。幼稚園は，幼児を教育し，音楽や遊戯を通してその心身の健全な成長発達を図るところと見，反面，保育所は，親がとも働きをすることができるよう，早期から夕刻おそくまで子どもを預り，けがをしないよう安全に守り，保護しているところととらえがちである。

　1963年（昭和38）文部省と厚生省とは，全国の知事あてに共同で「幼稚園と保育所との関係について」という異例の通達を出した。そのなかで，つぎのように述べている。

「1．幼稚園は幼児に対し，学校教育を施すことを目的とし，保育所は『保育に欠ける児童』の保育（この場合幼児の保育については，教育に関する事項を含み保育と分離することはできない）を行なうことを，その目的とするもので，両者は明らかに機能を異にするものである。……

　2．（略）

　3．保育所のもつ機能のうち，教育に関するものは，幼稚園教育要領に準ずることが望ましいこと。……（以下略）」

　ここには，幼稚園と保育所とがそれぞれ独自の機能をもつこと，しかし，両者は幼児教育の機能においては，共通的であることが明らかにされている。厚生省は，昭和40年に，保育所における保育内容の充実を図ることをめざし

て，保育所保育指針を作成し，全国に知らせたが，3歳以上の幼児の保育内容に関しては，幼稚園教育要領と同様の内容のものが示されている。

新しい保育施設の試行

文部省と厚生省とは，幼稚園と保育所とを現行制度のままに普及充実することを基調とし，両者を統合し，新たな保育施設を開発しようとはしていない。これに対し，きわめて限られた私人と市町村において，幼稚園と保育所と実質的に一元化した保育施設が試行されている。そこでは，幼稚園と保育所とが同一敷地内に園舎を屋根つづきの1つの建物として建設されている。また，園児も，保育所児と幼稚園児とが，ともに同一クラスに編成されて指導を受ける。ただ，幼稚園児は1日4時間前後で帰宅するので，幼稚園児が降園した後，保育園児はさらに保育者によって世話を受け，午睡や間食や遊びを楽しみながら，夕刻，親が迎えにくるまでその施設にいる。

ここでは，幼稚園児と保育所児とが，同一クラスで同一保育者によって保育を受けることができる。したがって，幼児教育の内容において，いっさいの差異がなくなるといえよう。幼保一元化のめざすところが，名実ともに実現されるための1つの形体である。

しかし，このような性格の保育施設において，同一クラスの友だち同士のなかに，昼食後間もなく母親に付添われて帰宅するものと，母親が働いているなどの理由で，その後も引き続いて園に残るものとの間に，何らの障害は起こらないといえるであろうか。前者の子どもに対し，後者の子どもが「うらやましい」「自分も友だちのように早く家に帰りたい」などとの気持ちを抱くようなことがあるとすると，このような保育施設は望ましいとはいえない。

幼保一元化のめざすところを，どのような保育制度によって，よりよいものとしていくかは，今後の大きな課題である。

32. 幼稚園・保育所と小学校の関連について述べよ

関連の問題状況

わが国の幼児のほとんどが,小学校入学前に,最少限1年間の幼稚園または保育所での幼児教育を受けている。したがって,小学校は,入学してくる子どもたちが,すでに集団的な教育を受け,自主・自律および協調の精神,態度の芽ばえを身につけてきていることを前提としながら,小学校第1学年の教育を始めるものでなければならない。しかし,果たして,このような幼児教育と小学校教育との関連が適切なものとなっているといえるのであろうか。

現在,学校教育法の体系下において,幼稚園は,幼稚園教育修了者について,指導の記録(いわゆる5領域のそれぞれのねらいに対し,どれだけ達成されているかを評定する),指導上参考となる事項(ねらい＜発達を捉える視点＞および指導の重点等に照らし,幼稚園生活を通して全体的,総合的に捉えた幼児の発達の姿について記入すること。その際,幼児の発達の姿は,たとえば具体的な興味や関心,遊びの傾向,生活への取り組み方などによって記述する)を記録した幼稚園幼児指導要録の抄本を,幼児の進学した小学校に送付することが定められている。

これは,小学校が幼稚園教育の成果に照らし,新入してきたひとりひとりの子どもの発達の実態に即し,その指導を適切なものとすることがめざされたものである。しかし,現状はそうした趣旨はほとんど生かされていない。小学校側は,受けとった指導要録は子どもの理解には何ら役立たないという。他方,幼稚園側は,折角苦労して作成した指導要録が小学校側で役立てられていないという印象から,実質のない,たんに形式的な記録にとどめている感が大きい。保育所においては,幼稚園と異なり,法令上,小学校に対し,保育所を修了した幼児について指導の成果を送付することが定められていない。

そこには，両者の関連が必要ないもののようである。これも1つの問題状況といわなければならない。

学制改革による両者の関連

　幼稚園・保育所と小学校とは，何よりもまず，両者の教育内容において無駄な重複や断絶がないようにすることが重要である。このためには，幼稚園・保育所の先生と小学校とくに低学年の先生とが，相互に理解し合うように努力することが望まれる。このことは，早くから認識され，長く，幼小関連ということばによって表現され，いろいろな方法が工夫されてきた。しかし，必ずしも，その成果が十分にあがっているとはいえない。

　このため，昭和46年6月，中央教育審議会が「今後における学校教育の総合的な拡充整備のための基本的施策について」文部大臣に答申するにあたり，「4・5歳児から小学校の低学年の児童までを同じ教育機関で一貫した教育を行なうことによって，幼年期の教育効果を高めること」を提案した。これは，いわゆる幼児学校構想とよばれるものである。

　ここでの目的は，「幼年期のいわゆる早熟化に対応する就学の始期の再検討」と「早期教育による才能開発の可能性の検討」とならんで，「現在の幼稚園と小学校の教育の関連性に問題のあること」に対し，具体的な結論を得ようとするところにおかれた。つまり，幼小の関連ということばが用いられながら，何十年もの間，幼稚園と小学校との間の教育の移行を円滑にしようとしてきたが，その効果が思うようにあがってこなかったという認識にたつ。ここでは，一挙に，幼稚園の4・5歳児と，小学校1・2年生とを同一学校に編成しなおすことによって，幼稚園と小学校との教育の関連を一挙に解決することがめざされるもののようである。

　しかし，これに対しては，5歳児を幼稚園・保育所の最年長児として位置づける現行の制度のほうが，幼児期本来の人間教育の成果を期すうえで重要であるとの見解が出されたりしている。また，学制改革には膨大な国家予算

を要することであり，容易に行なえるものではない。

教育内容・方法の調整による関連の改善

現行の制度のもとで，幼稚園・保育所と小学校との教育上の関連を適切なものに改善するためには，保育者と小学校低学年教員との，ほんねによる教育の交流が基本である。往々にして，小学校側からは，「文字は，自分の名前がひらがなで読み・書きできれば，それ以上のことは必要ない」「日常の生活習慣を身につけさせておいてくれれば，文字や数のことなど教えてくれないほうがよい」という。にもかかわらず，小学校に入学早々，黒板にひらがなを書いたり，家庭への通信を子どもに読ませるよう，ひらがなで平易な文のものとしたりする教師が皆無でない。自分の名前しか読んだり書いたりすることのできない子どもは劣等感をもち，その後の学習に障害が起こる。

他方，小学校で体育の授業をする場合，スポーツ着に着替えるのに異常に時間がかかる。衣服の着脱についての子どもの力がきわめて未熟である。幼稚園・保育所では，基本的生活習慣を身につけさせることに力を入れているといっているにもかかわらず，ほとんどの子どもができない状況で，小学校側では授業に支障が起こるという。

こうした幼少の関連の不調和を，各地域に所在する幼稚園・保育所と小学校とが，相互に保育参観，授業参観などをして，それぞれの保育，教育の特色，あり方などを正しく理解し合うことが重要である。幼小の関連は，従来，ともすれば，幼児たちが小学校に進学する直前に，幼稚園・保育所側が小学校の校長または教頭を招いて，進学予定の幼児の保護者に入学にあたっての心得などを話してもらう状況にとどまっている。そのことが入学を円滑にすることに役立つとすれば，今後も幼小の関連のための一方途となろう。

しかし，幼小の関連は，子ども自身が幼稚園・保育所から小学校に進学し，新たに小学校教育を受けるにあたって，円滑に学習することができるよう，両者における教育の在り方を調整することに，その基本をおかなければなら

ない。

　このためには，4・5歳児と小学校低学年児童とが，それぞれ発達の独自性をもつとともに，幼年期とよばれる共通性をもっていることに留意することが必要である。

小学校低学年教育の改善

　幼稚園・保育所において，4・5歳児期に何を教育しておくべきか，また，それらが小学校低学年の教育とどのように関連しているものであるか，その見通しを適確なものとし，指導の適切を図るよう一層の努力が望まれる。やるべきことを行なわず，ただ現象的に子どもができるようになっているものに幻惑され，誤まった教育の早期化に陥ってはならない。

　他方，小学校は，新しい環境に，新鮮な気持ちで入学してくる子どもたちの期待にこたえるものとなっていることが望まれる。しかし，同時に，あまりの激変は，子どもをまどわせ，学習を困難なものとすることに留意しなければならない。幼年期にあたる小学校児童においては，4・5歳児同様に，指導の仕方について，遊びに象徴されるような，具体的，直接的な体験や活動によって学習を効果的なものとする工夫が望まれるのであって，すべての学習を，現行のように教科にわかれた教科書中心の授業・学習方式をとるべきではない。

　昭和62年12月，文部大臣の諮問機関である教育課程審議会は，小学校における教育課程の基準（小学校学習指導要領）を改善するための答申を発表したが，そのなかで，小学校低学年の教育の在り方について，とくに，つぎのように要請している。

　「低学年においては，児童の心身の発達状況を考慮して総合的な指導を行うことが望ましいので，生活科の設定後においても，教科の特質に配慮しつつ合科的な指導を一層推進するのが適当である。」

第8章 保育の目的

> 33. 望ましい幼児像について考察せよ

保育の目的と望ましい幼児像

　保育の実践にあたってまず第1に考慮すべきはその目的である。すなわち，どのような幼児を育成するかということである。それは究極において，どのような人間を育成するかということであり，理想的人間像を明らかにすることでもある。望ましい幼児像とは広く教育の目的としての理想的人間像を幼児においてとらえたものといえよう。一般に教育の目的としての人間は現実に存在する（sein）人間ではなく，理念としてあるべき（sollen）人間であり，いわゆる望ましい理想的人間を意味する。幼児の教育すなわち保育にあたってはその目的としての望ましい幼児像あるいは理想的幼児像を確立しなければならない。かくして具体的な保育の実践が行なわれるのである。幼稚園や保育所における保育の計画もこの目的にもとづいてはじめて具体化できるわけである。いかなる保育内容を用意するかという教育課程（カリキュラム）やいかに指導するかという保育方法も保育の目的としての望ましい幼児像の確立をまって決定されるであろう。

望ましい幼児像の性格と決定

　保育の目的としての望ましい幼児像はいかにして決定されるであろうか。同時に望ましい幼児像は一定不変のものであろうか。すなわち，望ましい幼児像は昔も今も変わらないものであろうか。あるいは西洋と東洋，いずれの国においても変わらないものであろうか。それとも時代と社会により変わるものであろうか。換言すれば保育の目的は不変であるか変化するかという問

題である。まずこの問題について明らかにすることが，望ましい幼児像を決定するうえにきわめて重要である。

　一般に教育の目的の性格としてその不変性と流行性があげられることを思えば，保育の目的においてもこの両者をとりあげねばならない。幼児という人間の共通普遍的な面を強調すれば，昔も今もそして洋の東西を問わず保育の目的は不変ということができよう。しかし，わが国において第2次世界大戦の前と後の教育目的が大転換をしていることを目のあたりに経験したように，時代の変遷により目的が変化し，日本の教育，アメリカの教育，ソ連の教育というように各国それぞれにおいて目的を異にしていることを考えると教育の目的は時代や社会により流行変化するといわねばならない。前者が普遍性とすれば後者は特殊性ということができる。以上のことから教育の目的ひいては保育の目的を不変か流行かの二者択一的に決定することは不可能であり，この両者の総合的立場において理解しなければならない。このことは人間がそして幼児が個人であると同時に歴史的社会的存在であることからの必然的帰結であろう。

　以上のことから保育目的としての望ましい幼児像も一方に幼児という共通普遍の人間性と他方に各時代，各社会（国家）のそれぞれ異なった要求に適する特殊性から成り立つものと考えられる。心身および知情意の調和的発達という面からの幼児像は時代や社会を超越した普遍的幼児像であるが，わが国の今日，将来の望ましい幼児像は日本の過去における幼児像や外国の幼児像と相違することはいうまでもない。したがって望ましい幼児像を決定するには，人間としての幼児，とくに幼児の特色や幼児期の発達的特性や課題を明らかにするとともに，その幼児の生きる時代と社会の要求を明らかにし，この両面の総合として把握しなければならない。

　以上のような保育の目的ひいては望ましい幼児像の性格にもとづいてそれぞれの国や保育の場（幼稚園・保育所等）における望ましい幼児像を決定す

るにはいくつかの方法が考えられる。幼児観という教育哲学的立場，幼児の心身発達という教育心理学的立場，幼児に対する社会的要求という教育社会学的立場，さらには現実の社会国家における教育の諸制度という教育行政学的立場など教育学の諸分野を総合して決定しなければならない。具体的手続きにおいては，幼児の要求を把握するための児童調査（観察，面接，アンケートその他）や社会の要求を把握するための社会調査などがそれぞれの段階（国，都道府県，市町村，各保育の場）で行なわれねばならない。幼稚園や保育所のような保育実践の場では，国や地方の望ましい幼児像をさらにその地域における幼児の実態，社会の要求において具体的に決定しなければならない。

わが国における望ましい幼児像

わが国における望ましい幼児像を把握するには，まず日本国憲法の前文における国家の理想を理解しなければならない。それはさらに教育基本法の前文や第1条の教育目的に具体化している。すなわち民主的，平和的，文化的国家の建設であり，その実現のためには，民主的人間，平和的人間，文化的人間を育成することである。したがって保育の目的，望ましい幼児像も究極においては民主的，平和的，文化的人間育成への過程として理解し，幼児という心身の発達段階において把握しなければならない。すなわち民主化の方向において自主的個性的幼児を，平和化の方向において協力的社会的幼児を，文化化の方向において思考的創造的幼児を，というごときである。これらの三方向はひとりの幼児において総合統一されなければならない。これらの理念としての基本的方向はわが国のおかれている現在や将来において，また各地域の幼児の実態に即して具体化され強調点が異なるであろう。幼稚園や保育所においてはさらに学校教育法，幼稚園教育要領や保育所保育指針を十分考慮に入れて各現場の望ましい幼児像を把握しなければならない。

34. わが国の幼児保育の目的はどのように変わってきたか

幼児観と保育観

　どのような幼児に育てるか，どのように幼児を育てるかを考えるには，まず幼児をどのように理解すべきであろうか。すなわち幼児保育についての正しい理解がなければならない。そのためには幼児そのものをいかに理解するか，すなわち幼児観が前提として存在することを忘れてはならない。幼児保育観のなかにはすでに幼児観が含まれているといわねばならない。幼児観の把握の仕方には2つの面が考えられる。第1には幼児ひいては子どもを人間社会においてどのように理解するか。またどのように理解されてきたかという面と，第2には幼児を人間の心身の発達上，どのように位置づけるかという面である。この両面は無関係であるのではなく，深い内面的関係にあることを忘れてはならない。

　第1の幼児観は，人間が家や国家のような社会生活を営むうえから，親・家庭・社会・国家との関係でどのように理解されるかということである。それには幼児そのものを中心に考える立場，と親・家庭・社会・国家を中心に，したがって幼児を従属的に考える立場，の2つがある。この2つの立場はそれぞれの社会のあり方や時代によっていずれかが強調されやすい。しかし望ましいあり方は両者を総合統一することである。第2の幼児観は人間の心身の発達段階として乳児期，幼児期，児童期，青年期，そして成人という一生において，いかに位置づけるかということで，これにも2つの立場が考えられる。すなわち，幼児期は人間一生の出発であるが，幼児期そのものに意義があるのではなく，児童期の前の段階として児童期への準備としての準備段階であるという立場，（一般には子どもをおとなへの準備と見るおとな中心の立場）それに対して幼児期はそれ自身2度と繰り返されない独自の時期で，し

たがってこの期には他の期にない独自の発達課題があるという立場（一般にはおとな中心に対する子ども中心の立場）とが考えられる。この第2の幼児観もその社会，時代によって，いずれかが強調されやすい。しかしこの場合も両者の総合統一が望ましいあり方である。

以上，幼児観の2つの立場はすでに指摘したように，きわめて深い内面的関係にあることが理解できよう。したがって社会的幼児観と発達的幼児観とはその視点のちがいはあっても，ともに幼児中心的立場とおとなないし社会中心的立場に大別することができる。

幼児保育も，幼児をどのように理解するかという幼児観と深い内面的関係にある。すなわち，おとな中心，社会中心に立てば，幼児に外から，おとなや社会に都合のよい保育のあり方になり，幼児中心に立てば，幼児自身の内面からの発展と幼児期そのものを重視する保育のあり方になるわけである。過去の教育史をかえりみると，時代によりこの2つの立場のいずれかが強調されてきたことがわかる。また自由主義社会か社会主義社会かという社会体制のちがいによっても異なる。幼児保育の目的も幼児観ひいては保育観に左右されるものと考えられる。

幼児保育の目的の変遷

わが国の幼児保育の目的はどのように変わってきただろうか。ここではすでに指摘した幼児観および幼児保育観との関係において第2次世界大戦終戦時までをかえりみることにする。わが国の有史以来の幼児保育を簡述することは至難のわざであるが，ここでは家庭を中心とした幼児保育時代（古代より徳川末期まで）と，幼稚園，保育所（託児所も含めて）のような施設保育が出現した明治以降の幼児保育時代とに大別して幼児保育の目的の移り変わりをたどってみたいと思う。

(1) 家庭保育時代の幼児保育の目的

今日のように幼稚園や保育所などがない時代においては，親とくに母親が

中心になって子育てをしてきた。万葉集や古事記や日本書紀にみる「ひたす」（日足す，膝養す等）ということばは，家庭において母親が乳幼児を保育することを意味したもので，今日にも通ずる意味をもっている。また，出雲神話にみる足名椎、手名椎という老夫婦の名前も，足を撫で，手を撫でて子どもをかわいがるさまを意味しているといわれる。本来，親のわが子に対する愛情は洋の東西を問わず，時代，社会の如何を問わず，変わらないものと考えられるが，現実は時代と社会によって異なることは歴史が物語っている。すなわち，一方に将来の後継者として，また社会・民族の成員としてその生誕と成長が祝福されたり，他方，社会や家の厄介物として軽視，無視，虐待されたことは，ひとりわが国のみではない。総じて古代から終戦までの幼児観には，この両面が内含されていたといえる。真に幼児が人間として尊重されるようになったのは第2次世界大戦の終戦後と言えよう。

　古代より徳川末期までの家庭中心の幼児保育をかえりみると，一般に子どもがどのように理解されていたかとの関係で明らかにすることができる。まず子どもは親の職業の分担者として，やがてはその後継者として，とくに中世以降の家族制度の発達とともに家の後継者として尊重されるにいたった。万葉集にみる山上憶良の「しろがねもくがねも玉も何せむに，まされる宝子にしかめやも」という子宝思想もうえにあげた親そして家の後継者としての期待感が含まれていると考えられる。子ども時代を何歳までと考えるかは必ずしも一致していないが，古い時代ほど短く（幼児期だけを意味した時代も考えられる）。後世になるにしたがって長くなることは，児童福祉法の児童が満18歳未満までを児童としていることからも理解できよう。古代ギリシャのプラトンが子ども時代は，遊びの時代，と指摘し，近世，幼児の父といわれるフレーベルも遊びの価値を強調し，また平安末期の梁塵秘抄にも遊ぶ子どもへの親心がうたわれている。しかし，現実には遊びの前に家業の手伝いなど労働がまっていたものと考えられる。子どもが子宝として尊重されるの

は，すでに指摘したとおりに家業や家の継承者としての期待にあると考えられる。健全な心身の子どもとしてはじめてその期待にそうことができる。もし，心身に障害があったり，家庭の生活に邪魔になる場合には「餓鬼」とか「穀つぶし」といわれ，時には，家から追放されたり，嬰児殺し，間引きなどによって抹殺されたことも事実である。家庭中心時代の幼児保育の目的は，家業の後継者として，また家の継承者としての期待にこたえる心身ともに健全な幼児の育成にあったものと考えられる。基本的には親中心，おとな中心，家中心の立場といえる。

(2) 施設保育の出現と幼児保育の目的

明治以降，終戦までを概観すると，家制度の発展と近代国家の成立，とくに国家主義の発展とともに，幼児保育も従来の家庭保育中心に対して，幼稚園や託児所（保育所）のごとき施設保育が出現したことである。託児所ないし保育所は家庭保育の代行的役割を本質的使命として今日にいたっているのに対して，幼稚園は明治以来，終戦までは家庭保育の補助的役割をその使命としたが，終戦後は幼児期の学校教育として独自の使命を課せられている。したがって，終戦までは，たとえ家庭外の施設保育が重視されても，それはあくまで家庭保育の補完的意味において位置づけられてきた。その意味において，本質的には有史以来，終戦までは家庭中心の保育であったといえよう。ただ特記すべきは，国家主義の台頭とともに，従来の親，おとな，家を中心とした幼児観に，さらに国家中心の考えが新たに加わったことである。すなわち，幼児も，親や家業の後継者ということだけでなく，国家の成員，国家への奉仕者としてその存在価値が認められたのである。したがって，家庭保育においても，幼稚園や保育所の施設保育においても，その望ましい幼児像は，将来は，親ひいては家の後継者としてと同時に，国家への奉仕者として理解される。教育勅語の根本精神であった忠と孝は，望ましい幼児の基本的条件であり，幼児保育の目的もここに根源を有したといえる。

以上のことから，有史以来，終戦までは，幼児そのものが尊重されたのでなく，親やおとな，そして家，国家の立場から，家の宝，国の宝として尊重されたわけで，もしその期待にこたえる可能性のない幼児は，軽視され無視されたといえる。その意味において，わが国の人間観は終戦まで前近代的であったといえる。すべての子どもそして幼児がひとしく人間として尊重されるにいたるのは終戦後ということができる。

35. 現在の幼児保育の目的について述べよ

保育の場と保育の目的

　われわれはすでに，保育の場として家庭，幼稚園，保育所の3つをあげた。ほとんどの幼児はそれぞれの環境の相違に応じて，家庭における保育以外に幼稚園か保育所において，意図的・計画的保育をうけつつある。また障害をもっている幼児のなかには，盲学校など特殊教育諸学校の幼稚部や障害児のための児童福祉施設などで，特別の配慮のもとに保育をうけているものがある。このようにして幼児のほとんどが，家庭外においてなんらかの保育をうけている。しかし，家庭外の意図的計画的保育が充実しても，幼児にとっての家庭保育のもつ重要性を忘れてはならない。

　幼稚園や保育所の保育がいかに立派であっても，家庭における保育がその機能を十分発揮しなければ，望ましい幼児保育の効果は望めない。家庭の保育は本来，幼児の生活や遊びを中心とした自然的無意図的保育であるが，最近は親の保育に対する意識がますます高まりつつあることは周知の通りである。しかしそれは，幼稚園や保育所の保育の単なる延長や下請けであってはならない。親子の家庭生活のなかで，情緒的安定，基本的生活習慣のしつけを基本として全面的な心身発達をはからなければならない。幼稚園や保育所の保育もかかる家庭保育との関連においてその実をあげることができる。家庭，幼稚園，保育所はそれぞれ具体的機能を異にしているが，その目ざす望ましい理想的幼児像すなわち，保育目的は同じであることを忘れてはならない。

幼稚園における保育の目的

　幼稚園は学校教育法第1条において学校の一種として規定されている。義務教育のはじまりは，小学校が最初である。しかし学校教育としては幼稚園が最初の段階である。同法第77条は「幼稚園は幼児を保育し，適当な環境を与えて，

その心身の発達を助長することを目的とする」と規定している。さらに同78条には、この目的を達成するために具体的目標をつぎのように規定している。

1．健康，安全で幸福な生活のために必要な日常の習慣を養い，身体諸機能の調和的発達を図ること。
2．園内において，集団生活を経験させ，喜んでこれに参加する態度と協同，自主および自律の精神の芽生えを養うこと。
3．身辺の社会生活及び事象に対する正しい理解と態度の芽生えを養うこと。
4．言語の使い方を正しく導き，童話，絵本等に対する興味を養うこと。
5．音楽，遊戯，絵画その他の方法により，創作的表現に対する興味を養うこと。

さらに文部省は幼稚園教育課程の国家基準である幼稚園教育要領（平成10年12月改訂）第1章総則において3つの基本と5つの目標をあげて実践的具体化を図っている。

以上あげた幼稚園の目的，それを達成するための目標，さらに幼稚園教育要領は，日本国憲法，教育基本法におけるわが国の理想的人間像を幼児期の心身の発達とその発達課題において把握したものといえる。幼児期は心身の発達においてどのような時期であり，この時期に果たしてやらなければならない発達課題は何であるかを明らかにしたものである。この発達課題は単に一般的抽象的なものでなく，現在，将来に生きるために果たすべき歴史的社会的課題との関連において把握した具体的な幼児保育ということができる。幼稚園が目的とする幼児の保育も所詮，幼児期の発達課題と幼児期の歴史的社会的課題との総合統一された望ましい幼児の保育にほかならない。幼稚園教育要領は第2章において，幼稚園修了までに幼児に指導することが望ましいねらいと内容を幼児の発達の側面から，心身の健康に関する領域「健康」，人とのかかわりに関する領域「人間関係」，身近な環境とのかかわりに関する領域「環境」，言葉の獲得に関する領域「言葉」，感性と表現に関する領域「表現」の5領域にまとめ

て示している。各幼稚園は幼児の実態，地域性，年齢に応じて具体化しなければならない。

保育所における保育の目的

保育所は児童福祉施設であり，児童福祉法第39条において「保育所は日日保護者の委託を受けて，保育に欠けるその乳児または幼児を保育することを目的とする施設とする」と規定している。保育の対象において幼稚園と異なるのは，「保育に欠ける乳児または幼児」であること，そこに保育の具体的な相違がみられる。

保育所保育指針は昭和40年，当時の幼稚園教育要領に準じて作成されたものであるが，その趣旨は教育内容における幼保一元化をねらったものである。平成元年3月，平成10年12月幼稚園教育要領が改訂されたことから，必然的に保育所保育指針も平成2年，平成11年に改訂されるに至った。幼稚園と保育所は学校と児童福祉施設との法的相違があり，具体的に保育の対象が異なることから，保育の内容，方法に具体的相違がみられるが，幼児保育の本質的相違があってはならない。小学校就学前において到達すべき保育の目標は同一でなければならない。保育所における3歳児以上の保育内容の領域が，幼稚園教育要領と同じ「健康」「人間関係」「環境」「言葉」「表現」の5つになっていることに注目すべきである。

このたびの保育指針の改訂において，幼児の主体性を重視したことは，幼稚園教育要領と同じであるが，近年，働く母親の増加で乳幼児保育や夜間保育の増加など新しい保育ニーズにあわせた内容に改訂したところに特色がみられる。「家庭や地域社会と連携を密にして家庭養育の補完」を行なう意義を新しく強調し，一日の大部分を保育所で過ごす幼児に家庭と同様の雰囲気を味わせることを重視していることも忘れてはならない。

第9章 保育の内容

> 36. わが国の幼児保育の内容はどのように変わってきたか

東京女子師範学校附属幼稚園の「保育科目」

明治9年,わが国最初の幼稚園である「東京女子師範学校附属幼稚園」が創設された。翌10年には同園の規則が制定され,3つの科目と25の子目が保育内容として示された。

3科目とは,「物品科」「美麗科」「知識科」で,物品科は「日用ノ器物即チ椅子机或ハ禽獣花果等ニツキ其性質或ハ形状等ヲ示ス」もの,美麗科は「美麗トシ好愛スル物即チ彩色等ヲ示ス」もの,知識科は「観玩ニ由テ知識ヲ開ク即チ立方体或ハ幾個ノ端線平面幾個ノ角ヨリ成リ其形ハ如何ナルカ等ヲ示ス」ものである。

〔科目〕　第一物品科,第二美麗科,第三知識科
〔子目〕　五彩球ノ遊ビ,三形物ノ理解,貝ノ遊ビ,鎖ノ連接,形体ノ積ミ方,形体ノ置キ方,木箸ノ置キ方,環ノ置キ方,剪紙,剪紙貼付,針画,縫画,石盤図画,織紙,畳紙,木箸細工,粘土細工,木片ノ組ミ方,紙片ノ組ミ方,計数,博物理解,唱歌,説話,体操,遊戯

この内容は明らかにフレーベルの20遊戯(恩物)に倣うものである。それは幼稚園開設に際して実務にあたった首席保母の松野クララが,ドイツでフレーベル主義の養成所に学び,園長の関信三も彼の思想に深く傾倒していたためと考えられる。

同園は,明治14年に保育内容の改正を行ない,保育科目を20科目と改めたが,この時,「数ヘ方」や「読ミ方」,「書キ方」など,学校教育的色彩の強い内容が加えられた。これは保育の要旨のなかに,「幼稚園ハ学齢未満ノ幼児ヲ

保育シテ家庭ノ保育ヲ補フ学校ノ教育ノ基ヲナスモノ」と学校教育との関連を定めたためと思われる。

〔20科目〕
1.会集　2.修身ノ話　3.庶物ノ話　4.木ノ積立テ　5.板排ヘ　6.箸排ヘ　7.鎖排ヘ　8.豆細工　9.珠繋キ　10.紙織リ　11.紙摺ミ　12.紙刺シ　13.縫取リ　14.紙剪リ　15.画キ方　16.数ヘ方　17.読ミ方　18.書キ方　19.唱歌　20.遊戯

しかし，明治30年ごろまでの日本の幼稚園の多くは，東京女子師範学校附属幼稚園をよりどころに，フレーベルの恩物中心の保育を行なっていた。

「幼稚園保育及設備規程」の4項目

幼稚園は明治後期になると，急速な発展をみることになる。それにつれて幼稚園制度の確立が強く望まれるにいたり，文部省は明治32年「幼稚園保育及設備規程」を制定した。これは，「小学校令」（明治23年）にもとづく施行規則的な性格のものであったが，幼稚園保育の目的，編制，保育内容，施設設備などについて，国がはじめて示した基準として注目された。

保育内容は，同規程第6条に「幼児保育ノ項目ハ遊戯，唱歌，談話及手技トシ」と規定されたように，4項目から成っていた。従来行なわれてきた恩物に関するものを「手技」のなかに縮小し，「遊戯」を最初に出して，遊びを中心としたわが国独自の保育を志向したものである。

〔4項目〕
1. 遊戯　遊戯ハ随意遊嬉，共同遊嬉トシ随意遊嬉ハ幼児ヲシテ各自ニ運動セシメ共同遊戯ハ歌曲ニ合ヘル諸種ノ運動等ヲナサシメ心情ヲ快活ニシ身体ヲ健全ナラシム
2. 唱歌　唱歌ハ平易ナル歌曲ヲ歌ハシメ聴器発声器及呼吸器ヲ練習シテ其発育ヲ助ケ心情ヲ快活純美ナラシメ徳性涵養ノ資トス
3. 談話　談話ハ有益ニシテ興味アル事実及寓話通常ノ天然物人工物等ニ就キテ之ヲナシ徳性ヲ涵養シ観察注意ノ力ヲ養ヒ兼テ発音ヲ正シクシ言語ヲ練習セシム
4. 手技　手技ハ幼稚園恩物ヲ用ヒテ手及眼ヲ練習シ心意発音ノ資トス

「幼稚園令」の5項目

文部省は，大正15年「幼稚園令」および「幼稚園令施行規則」を制定した。

わが国最初の幼稚園に関する勅令であった。保育内容については，それまでの「遊戯，唱歌，談話，手技」の4項目に，「観察」が加えられた（同令施行規則第2条）。それは，すでに行なわれてきた活動をここで項目としてとり上げたものである。

しかし，観察という表現が幼稚園関係者にはなじみにくく，小学校の理科教育と解されるなど種々の論議を呼んだが，その内容は広く「自然及人事ニ属スル観察ヲナサシムルコト」で，科学的な思考を養おうとしたものであった。また，末尾に「等」という一文字がつけ加えられたが，それは5項目にこだわることなく，自由に保育内容を工夫改善する余地を残したもので，その基準が弾力的に扱われてよいことを意味している。

「保育要領」の12項目

第2次大戦後，文部省は新日本建設のための教育の再建をめざして，昭和22年「学校教育法」を制定した。学校種別ごとに出されていた戦前の勅令を一本化して，一貫した教育制度の確立を図ろうとしたのである。幼稚園はこれによって，学校教育体系のなかに確固たる位置を占めることになる。

このような動きのなかで，当然，保育内容についても検討が加えられることになる。その結果，文部省は昭和23年「保育要領」を刊行した。教育改革のなかでとまどう保育者達のための手引き（試案）として作られたものであり，粗悪な紙に印刷された小冊子であったが，保育内容に関して国がはじめて示した指導書に関係者は大きな関心をよせ，これをよりどころとして幼児教育の再建に取り組んだ。

保育要領のなかに示された保育内容は12項目であるが，それまでの保育が恩物に傾き，保育項目がとかく教科的性格をもって扱われてきたことの反省にたって，子どもの生活や興味にもとづく経験内容が選ばれ，これらが総合的な活動として展開されるようになっている。なお保育要領は，幼稚園だけでなく，保育所や家庭においても活用されるようにと作成されたものである。

〔12項目〕
1.見学 2.リズム 3.休息 4.自由遊び 5.音楽 6.お話 7.絵画 8.製作
9.自然観察 10.ごっこ遊び 劇遊び・人形芝居 11.健康保育 12.年中行事

「幼稚園教育要領」の領域

(1) 6領域

保育要領は，幼稚園教育にとって画期的なものであったが，家庭や保育所での育児書的役割をも兼ねていたため，幼稚園独自のものとしては必ずしも十分でないと批判されるようになった。

そうした時に，学校教育の手引書（試案）となっていた「学習指導要領」が国の基準として改訂をみることになり，幼稚園に関しても「幼稚園教育要領」を出し（昭和31年），これによって保育を行なうこととした。したがって，保育内容も学校教育との関連で，「健康，社会，自然，言語，音楽リズム，絵画製作」の6領域に分類されることになり，領域にまたがる活動が，系統的・発展的に展開されることとなった。

しかし，教育目標への到達を重視し，小学校の教科と似かよった領域名が用いられたため，それが戦前の保育項目のように別個に時間配当されるようになったことから，文部省は，昭和39年に「幼稚園教育要領」を改め，6領域を総合的な指導のもとに行なうなど，その独自性を明示した。なお，それを補足するため，一般編と各領域ごとの「幼稚園教育指導書」を刊行して詳細な解説を行ない趣旨の徹底をはかった。

(2) 5領域

同幼稚園教育要領は，昭和40年以降の高度経済成長を背景とした「幼児を取り巻く社会環境等の変化に適切に対応する」必要から，平成元年，再び改訂されることとなったが，そこでは，幼児が主体的に環境とかかわって自己を成長させていく「環境を通して行う教育」が基本とされている。改善にあたっては，人とのかかわりをもつ力を育成すること，自然とのふれ合いや身

近な環境とのかかわりを深めること，基本的な生活習慣や態度を育成することなどが重点事項とされたが，保育内容も「健康」，「人間関係」，「環境」，「言葉」，「表現」の5領域に編成がえされた。

この平成元年の改訂を基本として，文部省は平成10年，幼稚園教育の充実発展を期するために幼稚園教育要領の改訂を行なった。平成元年の改訂の趣旨が現場で必ずしも受け入れられていないという認識にたって，新しい改訂では「環境を通して行なう」教育の環境構成などにおける「教師の役割」について丁寧な記述がなされている。また幼稚園が地域における子育てセンターとしての役割を果たすよう求められていることと関連して，子育て支援や預かり保育に関する内容が新たに加えられた。また文部省から出されていた「幼稚園教育指導書」は「幼稚園教育要領解説」と名称が改められた。

保育所の保育内容

(1) 終戦前の状況

保育所は戦後，「児童福祉法」（昭和22）によって，幼稚園とは別個の施設となったが，それ以前においては，両者は必ずしも明確に区別されるものではなかった。たとえば，「東京市託児保育規定」において，「幼児は一般幼稚園の課程に準じ之を訓育する」と規定しているように，保育所の保育内容は，幼稚園とほぼ同じであった。

ただ，対象が貧民の子であるために，恩物を用いず廃物を利用するなどの方法がとられたこと，また，生活習慣や衛生についてのしつけに重点がおかれたことは，種々の記録から明らかである。

(2) 保育要領から保育所保育指針へ

このような保育所に対して，国は戦後「児童福祉施設最低基準」（昭和23年厚生省令）を出して保育所の保育内容を規定したが，その内容は「健康状態の観察，個別検査，自由遊び及び午睡，健康診断」で，さらに自由遊びは，「音楽，リズム，絵画製作，お話，自然観察，集団遊びを含むもの」とした (55条)。

しかし，前述の保育要領が出されると，それによって保育が行なわれることになるが，保育所の急速な発展によって保育所独自の保育内容の基準が必要とされ，昭和40年，厚生省は「保育所保育指針」を刊行してこれを活用するよう各都道府県知事に通知した。

(3) 幼稚園教育要領との整合性

同指針は，幼稚園教育要領のように必ずしも法的拘束力を有するものではないが，昭和38年文部省初等中等教育局長と厚生省児童局長の連名で出された「幼稚園と保育所との関係について」の通知のなかで，幼稚園該当年齢児の教育に関するものは幼稚園教育要領に準ずることが望ましいとの見解が示されたことによって，3歳児以上については幼稚園教育と同様，健康，社会，言語，自然，音楽，造形の6領域がとりいれられた。

幼稚園教育要領との整合性を配慮しつつ，保育所保育指針も平成2年，新しい時代にふさわしい内容に改訂され，3歳以上の幼児については幼稚園教育との共通をはかるため5領域がとりあげられたが，旧指針の主要な主旨をおおむね継承しつつ，新たに乳児保育や障害児保育に対する積極的な対応がなされるとともに，全体的に養護に関する内容の充実が図られた。なお，旧指針では3歳未満児についても領域に分けて保育内容を示していたが，新指針ではそれが廃止された。

(4) 児童福祉法改正にともなって

平成9年児童福祉法の一部が改正され，地域に開かれた施設として保育所に子育て家庭の支援の役割が課せられた。一方文部省は平成10年幼稚園教育要領を改訂したため，幼稚園との保育内容の整合性を図る必要が生じたこと，さらには「児童の権利条約」（平成6年3月批准）と関連して「乳幼児の最善の利益」を考慮した福祉を積極的に増進しなければならないなど保育所をとりまく新しい状況に対応するため，厚生省は平成11年保育所保育指針の改訂を行なった。

改訂は，これまでの保育所保育指針を基本としたものであるが，①子育て家庭の支援機能を新たに位置づけたこと，②体罰の禁止やジェンダー問題など児童の人権への配慮をしたこと，③疾病異常のなかに乳幼児突然死症候群の予防やアトピー性皮膚炎対策をもりこむなど健康に関する項目の充実を図ったこと，④研修を通じた専門性の向上や秘密保持など保育士の保育姿勢に関する事項を設けるなど，新たな保育問題に対応した改訂となっている。

37. 保育の内容を考える視点を考察せよ

目的・目標達成に有効な内容であること

　学校教育法ならびに幼稚園教育要領には，幼稚園の目的や目標が規定され，児童福祉法ならびに保育所保育指針には，保育所保育の目的やねらいが定められている。

　このように，幼稚園や保育所は具体的な法令にもとづいて設置され，目的遂行のために日々の保育が行なわれているところである。

　したがって，保育にあたっては，それらの目的や目標が実現されるような保育内容と方法が考えられなければならない。それは，目的や目標を明確化，具体化するとともに，数多くの経験や活動のなかから，これを達成するのにもっともふさわしいものを選択し組織だててゆくことである。

　しかもその場合，それらの経験や活動が，乳幼児の日常の生活経験に即したものであることが重要である。また，乳幼児の心身の機能を調和的に発達させるために，保育内容は多くのねらいを包含したものであることが望まれる。

　実際には，幼稚園教育要領や保育所保育指針に示された領域に関するねらいを，有機的に関連させながら総合的に展開できる活動を用意することである。たとえば「歩く，走る」などの個々の活動においても，できるだけ多くの目的が達成されるよう，平地や山や舗装道路や砂利道を歩いたり走ったりするなど，多様な経験の機会がもてるような内容であることが望ましい。

　それに加えて，ひとりひとりの子どもの発達を促す保育内容を考えることも忘れてはならない。法令に定められた目的や目標だけに心をとらわれていると，個人をスポイルすることにもなりかねない。

乳幼児の要求や興味に応えるもの

　乳幼児の行動は，快・不快の感情にきわめて大きく左右される。快く，楽しいことにはかなりの時間集中するが，不快なことにはわずかな時間でもかかわり合うことが苦痛となって，活動の意欲をなくしてしまう。したがって，保育内容を考える場合には，乳幼児が喜んで取り組めるようなものでなければならない。

　乳幼児にとって快楽を感じる条件とは，人間が共通に有する基本的な要求がいかに充足されるものであるかということである。食事や排せつや休息の要求に加えて，人間は思いきり体を動かして遊びたいという要求をもっている。時に困難な事態に遭遇しても，それに挑み，みずからの力で解決したいとも思っている。そんな人間の共通に有する要求がどれだけ満足されるような活動であるかということが，保育内容を決定する際に重要となる。

　もちろん，乳幼児の興味や関心は，誕生後の生活のなかで形成される部分も多く，自然環境や社会環境によって多様である。したがって，子どもたちひとりひとりがもっている興味にそって，それをできるだけ尊重するような活動であることが望ましい。

　ここで，尊重するということは，乳幼児の興味のあることだけを取り上げるということではない。それを手がかりとしながら，別なものへと興味の拡大をはかることができるものを考えるということである。興味は，乳幼児の活動に力を与えるとともに，生活圏を広げていく重要な役割をもっている。

園や地域の実態に即するもの

　保育内容が目的や目標に照らして，有効であり，個人の興味や関心に合致したものであっても，それが実際に実施できないものであるなら意味がない。したがって，園や地域の実態に即した保育内容を考えてゆかねばならない。

　園庭・園舎がどのくらい広くて，そこでどのような経験や活動を行なうことができるのか。遊具や玩具は，どのような種類のものがどのくらいあるの

か。職員の構成はどうか。それによってどのようなチームワークができるかなどである。

　また、保育の場はたんに幼稚園や保育所内に限定されるものではない。近くにはどんな山や川があり、田畑にはどんな作物が栽培されているのか。社会施設としてどのようなものがあるかなどを調べて、できるだけその地域の環境条件を生かした活動として展開してゆくことである。

　ところで、園や地域の実態に即して保育内容を考えるということには、もう1つの意味がある。乳幼児が家庭を含む地域や園生活のなかでしぜんに経験できないことは何かを把握して、そこで欠けたものを補うための活動を考えるということである。

　乳幼児期は、人格の基礎的な部分を形成する段階にある。したがって、その活動も偏りのないよう配慮されなければならない。つまり、地域や園での生活経験を補正する保育内容を考えることも、保育内容を考える重要な視点といえる。

遊びとして展開できるもの

　乳幼児は、1つのことをすじ道たてて考えることをしない。興味のおもむくままに、自由にものを考えて行動する。責任感や義務感で行動しようとする意識もうすく、目標に向かって集中的に活動を展開することは難しい。

　そこで、幼稚園や保育所における保育内容は、保育者にとって意図的に選択されたものでも、それらに拘束されることなく、楽しく自由に遊べるものでなければならない。

　ここで、遊びとは、乳幼児の自発性にもとづいて展開されるものであり、それ自体目的的な活動である。しかし、おとなの場合には、遊びは一般に余暇活動と考えられ、労働のためのエネルギーをたくわえる手段として行なわれることが少なくない。乳幼児にとっての遊びが生活そのものであることと対比される。このようなことをふまえて、幼稚園や保育所の保育においても、遊

びを中心とした活動が貫かれることが大切である。

　幼稚園教育要領や保育所保育指針には,「総合的な活動」の必要性がうたわれているが,それは,乳幼児の活動が遊びのなかにおいて具体的に展開されるものであることを意味している。

生活の流れを重視すること

　人間の生活には流れというものがある。朝起きて就寝まで,三度の食事を軸にした日課が組まれ,そのなかでそれぞれの生活が営まれている。保育内容を考える際には,そのような生活の流れを考慮して,それにふさわしい活動を考えてゆかなければならない。

　たとえば,昼食のあとは子どもの活動はにぶくなる。そんな時に激しいことをやっても盛りあがらない。また,登園したのち,乳幼児の活動の意欲が高まりつつある時に,静かな活動を要求しても子どもたちはおさまらない。生活の流れに即し,ほどよい活動と休息の組み合せのなかで緊張と弛緩をはかり,アクセントのある保育を可能にする内容を考えてゆくことが重要である。

38. 幼稚園教育要領および保育所保育指針が示す内容について説明せよ

幼稚園教育要領

　文部省は学校教育法施行規則において「幼稚園の教育課程については、この章に定めるほか、教育課程の基準として文部大臣が別に公示する幼稚園教育要領によるものとする」（第76条）と定めた。

　幼稚園教育要領が最初に刊行されたのは昭和31年であったが、昭和39年、平成元年に改訂され、現行のものは平成10年12月に改訂されたものである。

　同要領は、全体が3章から構成されている。第1章総則、第2章ねらい及び内容、第3章指導計画作成上の留意事項である。

　第1章総則では、「幼稚園教育の基本」において幼稚園教育の基本的なあり方とそれに基づいて展開される教育の達成目標（「幼稚園教育の目標」）、また、それを具体的に実現していく上での「教育課程構成」の必要性とその方針が示されている。

　ここで、幼稚園の教育は「環境を通して行う」ことが基本とされている。幼児期は周囲の大人との信頼関係を基盤として自分から環境に働きかけ、あるいはそこから刺激を受けながら自己を形成していくもので、この時期どのような環境（自然や社会環境などを含めた事物、事象や教師をはじめとした幼児に接する人々、かもしだす雰囲気、時間など幼児を取りまく状況のすべてを指す）にかかわったかは子どもの成長発達に重要な意味をもつ。そこで、よりよい環境を構成して、幼児が主体的にそれにかかわっていく状況をつくることが大切で、そのために、①幼児期にふさわしい直接的な体験を日常生活のなかでできるだけ多くつくっていくこと、②しかも、それを遊び（幼児期の遊びは、生活のなかで幼児が自ら興味・関心をもって周囲の人や物、事象

などの身近な環境に対して主体的・意欲的にかかわることにより活動を作りだし，展開することを指す）として総合的に指導すること，③そのなかで一人ひとりが尊重され，個性に合った教育が行なわれるよう求められている。またこれらをふまえ，後に述べる幼稚園教育のねらいと内容を関連させながら幼稚園教育の目標が5つ示されている。

　幼稚園教育のねらいと内容は第2章に示されているが，「ねらい」には幼稚園修了までに育つことが期待される心情，意欲，態度などが，また「内容」にはねらいを達成するために行なわれる指導事項が5領域に分けて明らかにされている。さらに，ねらいは「幼稚園における生活全体を通じ幼児が様々な体験を積み重ねる中で相互に関連をもちながら次第に達成に向うものであること，内容は幼児が環境にかかわって展開する具体的な活動を通して総合的に指導されるものであることに留意しなければならない」とされている。

　なお，第3章では，指導計画作成にあたって適切な環境構成や活動の組織化を図ること，幼児の興味・関心，生活の連続性や季節などの変化を考慮するなど8項目にわたって留意事項が示されている。

保育所保育指針

　保育所保育指針は昭和40年，中央児童福祉審議会の意見具申に基づいて厚生省が「これを参考として保育所における保育内容の一層の充実を図る」ことを目的に刊行したもので，その利用は保育所の主体性にまかされている。

　保育指針は，幼稚園教育要領との整合性を配慮しつつ，平成2年と平成11年に改訂されたが，そこでも保育所がよりよい保育内容を展開するにあたってこれを参考として役立てるものと性格づけられている。しかし，実際には，これが国家の示したものとして尊重され，日々の保育の大きなよりどころとされている。

　現行の指針は，全体が13章構成となっているが内容的には6部構成となっている。第1部が総則，第2部が子どもの発達，第3部が年齢段階別の保育

内容,第4部が保育の計画作成上の留意事項,第5部が健康,安全上の配慮,第6部が子育て支援及び職員の研修である。保育内容が年齢段階別（6カ月未満児,6カ月から1歳3カ月未満児,1歳3カ月から2歳未満児,2歳から6歳までは1年ごとに設定）に示されていることが幼稚園教育要領と大きく異なる点といえよう。

第1章総則には,保育所保育の特性とそれに基づく保育の基本的なあり方（「保育の原理」）ならびに保育を具体化していく上での「保育内容構成の基本方針」が示されている。保育所は「乳幼児の最善の利益を考慮し,その福祉を積極的に増進」し,「養護と教育が一体となって,豊かな人間性を持った子どもを育成するところに保育所における保育の特性がある」と規定しているように,保育所では教育と並んで福祉や養護機能が重視され,保育の目標,方法,内容等においてもそれを充実するような記述がなされている。

保育内容は,幼稚園教育要領と同様に「ねらい及び内容」から構成されている。「ねらい」は保育の目標をより具体化したもので,子どもが保育において安定した生活と充実した活動ができるようにするために「保育士が行なわなければならない事項」および「子どもが身につけることが望まれる心情,意欲,態度などを示した事項」である。また,内容はこれらのねらいを達成するため,保育士が適切に行なうべき基礎的な事項および保育士が援助する事項を子どもの発達の側面から示してある。なお,3歳以上児については,幼稚園教育と共通化を図るため5領域にわけてこれを示してあるが,領域は相互に関連を持ちながら総合的に展開されるように求められている。

第11章には保育目標を達成するため,全体的な「保育計画」と具体的な「指導計画」から成る「保育の計画」を作成するものとされているが,年齢や個人差,季節や地域の行事などを配慮するとともに,「障害児の保育」や異年齢によって組分けするいわゆる「たて割り保育」,「長時間保育」,「小学校との関連」についてもそのあり方が積極的にとり上げられている。

39. 保育内容の各領域のねらいについて説明せよ

　現行の幼稚園教育要領ならびに保育所保育指針では，3歳以上児の保育のねらいや内容は5領域に区分して示してある。また，その扱いについては問38で述べたとおりである。ここではそれら5領域のねらいを幼稚園教育要領においてみてみよう。

「健康」

　この領域は心身の健康に関する領域で，健康な心と体を育て，健康で安全な生活をつくり出す力を養う観点からつぎのようなねらいが定められている。

(1) 明るく伸び伸びと行動し充実感を味わう。
(2) 自分の体を十分に動かし，進んで運動しようとする。
(3) 健康，安全な生活に必要な習慣や態度を身に付ける。

　幼児期の心身の健康は，親や教師や友だちの愛情に支えられた安全な環境のもとで，心と体を十分に働かせた生活によって培われていくものである。幼稚園においても人とのふれ合いを通した精神的な満足感や充実感が得られる伸び伸びとした活動が重要で，そのことが運動への意欲や態度を育てていくことになる。また，そのような諸活動を通して，健康で安全な生活に必要な習慣や態度を身に付けさせることも課題とされる。心身の健康を促す上で，戸外遊びを積極的に取り入れていくことも望まれている。

「人間関係」

　この領域は人とのかかわりに関する領域で，他の人びとと親しみ，支え合って生活するための自立心を育て，人とかかわる力を育てるために，つぎのようなねらいが定められている。

(1) 幼稚園生活を楽しみ，自分の力で行動することの充実感を味わう。
(2) 進んで身近な人とかかわり，愛情や信頼感をもつ。

(3) 社会生活における望ましい習慣や態度を身に付ける。

　人とかかわる力は，自分が親や周囲の人びとから温かく受け入れられているという安心感やそれに基づく他者への信頼感に支えられて培われていく。幼稚園の生活においても，教師との信頼関係を基盤としながら，教師や友だちと積極的にかかわり，喜びや悲しみを共有し合う体験を通して，他者と過す喜びや自己の存在を実感できるよう導かれる必要がある。その際，多様な感情をともなった体験と試行錯誤しながら自力で行なうことがとりわけ重要となる。そうした他者とのかかわりのためには，生活に必要な習慣や態度を身に付けさせることも大切となる。

「環境」

　この領域は，身近な環境とのかかわりに関する領域で，自然や社会の事象などの身近な環境に積極的にかかわる力を育て，それを生活に取り入れていこうとする態度を養うために，つぎのようなねらいが定められている。

(1) 身近な環境に親しみ，自然と触れ合う中で様々な事象に興味や関心をもつ。

(2) 身近な環境に自分からかかわり，それを生活に取り入れ大切にしようとする。

(3) 身近な事象を見たり考えたり扱ったりする中で，物の性質や数量などに対する感覚を豊かにする。

　環境と積極的にかかわる力は，自然や身近な社会の出来事などに感動をもって接することによって培われる。そのためには，身近な事象や具体物，動植物に直接ふれ，その時に得た感動を友だちや教師に伝え，共感し合う体験を積み重ねることが大切である。子どもの知的好奇心や探索欲求を満足させることは，環境に深い興味や関心や愛着をもってかかわろうとする意欲的な態度や感覚を育てることになる。その場合，自分なりに考えることができるようになる過程を大切にすること。なお，自然や社会事象だけではなく，日

常生活における「技能」や「数量・図形」「情報」などに関心をもつことも，この領域のなかに入れられている。

「言葉」

この領域は，言葉の獲得に関する領域で，経験したことや考えたことなどを話し言葉を使って表現し，相手の話す言葉を聞こうとする意欲や態度を育て，言葉に対する感覚を養うために，つぎのようなねらいが定められている。

(1) 自分の気持ちを言葉で表現する楽しさを味わう。

(2) 人の言葉や話しなどをよく聞き，自分の経験したことや考えたことを話し，伝え合う喜びを味わう。

(3) 日常生活に必要な言葉が分るようになるとともに，絵本や物語などに親しみ，先生や友達と心を通わせる。

言葉は，これを用いて身近な人と感情や意志を伝え合うことを通して獲得されていく。また，言葉の使用によって子どもたちの認識や思考は確かなものになっていく。したがって，幼稚園では，言葉を使って表現する意欲や態度を育てる上で，言葉で表現したくなるような経験を豊富にもったり，言葉を交わす喜びを味わえるような友だちや教師との親密な関係を形成することが重要となる。また，言語に対する感覚を培う上で，絵本や物語に親しみ，想像力を豊かにすることも必要とされている。また幼児が日常生活のなかで，文字などを使いながら思ったことや考えたことを伝える喜びや楽しさを味わい，文字に対する興味関心をもつように指導することも求められている。

「表現」

この領域は感性と表現に関する領域で，豊かな感性を育て，感じたことや考えたことを表現する意欲および創造性を豊かにする観点から，つぎのようなねらいが定められている。

(1) いろいろなものの美しさなどに対する豊かな感性をもつ。

(2) 感じたことや考えたことを自分なりに表現して楽しむ。

(3) 生活の中でイメージを豊かにして、様々な表現を楽しむ。

　豊かな感性や自己を表現する意欲は、身近な環境のなかで美しいものや心を動かす出来事に出会うことや、自分の感情や体験を豊かに表現する充実感をもつことによって育てられる。幼稚園では自己表現を楽しむ工夫をすることが大切で、そのためには、表現力をひきだすための遊具や用具を整える必要がある。いたずらに表現活動のための技能を身につけさせるような偏った指導を行なうことがないように配慮し、自由な表現を「楽しむ」経験を通して、創造力を育てることが大切である。

第10章 保育の方法

40. 保育方法の基本原理にはどのようなものがあるか

　保育の方法的基本原理とは，保育の実践にあたって，具体的に保育を展開していくための基礎となる一般的な方法原理である。これらは便宜上，以下のような原理に分けて考察できるが，それぞれは個々独立して存在すると同時に相互関係があるので，各原理を総合的に理解，把握することが望ましい。

自由の原理

　民主主義教育のもとでは，自由が尊重される。保育においても児童の権利や自由の尊重がその根本精神となっており，それが擁護されなければならない。この「自由」な環境のなかで，子どもは活発に活動を発展させていくことができる。ここにいう自由とは決して放任やわがままを意味するものではなく，無条件な自由をいうのではない。幼児の自由も幼児にふさわしい自由であって，正しく規制された自由なのである。わが国ではこの自由の意味をはきちがえている傾向があり，今一度，自由の意味が正しく理解されねばならない。「人はあらゆる手段を用いるが，ただ一つだけは用いない。しかもこれだけが成功に導くものなのだ。それはよく規制された自由だ。可能なことと不可能なことについての法則だけで子どもを思うままに導いていくことはできないから，子どもを教育しようなどと考えてはならない」というルソーのことばを今一度考えたいものである。

自発性の原理

　子どもは，みずからのうちに自発活動し，自己発展する力を内蔵している。その力は外部から与えられたり，注入されたりして発動するものではない。

フレーベルは「全く健全な児童は常に活動的であり常に作業する。すなわち，彼らが自己の中に有するもの，自己の意味するものを外部に表現しようとする。自己の中に隠れたもの，生命の充実せるものを表わそうとする」と述べている。子どもは，内在する力を自発的に活動させることによってさらにその力を増すのである。ジャーシルド（Jersild, A.）は，これを「発達的使用の原理」として名づけた。

子どもは自発活動によって子どもみずから環境に働きかけ，自己発展していく，これを手助けするのが保育の仕事である。

子どもの自発活動を尊重し，子どもみずからの発展を見守っていくことが，幼児教育における重要な基本原理なのである。したがって，子どもが自発的に活動できる環境の整備と理解のあるおとなの態度が望ましい。

興味の原理

子どものもつ自発的な活動は，幼児の興味がその原動力となっている。子どもは興味のあるものには，時間のたつのも忘れて夢中で活動するが，そうでない場合には2〜3分も持続しない。幼児は興味によって活動し，これを持続し発展させるのである。子どもの興味は一般的傾向があるが，個々の子どもによっても異なる。また時には子どもの興味は気まぐれなものであったり，かたよりのいちじるしいこともあり，あるいは不健全なものへの興味であることもある。子どもを望ましい方向に導くためには個々の子どもの興味のありかたや興味の対象を十分知らなくてはならない。

子どもの興味を重んじながら，適当な環境のもとで子どもの成長発達上望ましい事物や事象に興味をもつよう，正しい興味づけの指導をしていかねばならない。より建設的な望ましい方向へ興味を向けさせることは保育において重要なことである。

経験の原理

子どもは実際的，具体的ななまの経験を通して，ものを理解し考える。こ

れは幼児特有の思考過程といってもよい。ことばを通じて理解するのではなく，みずからの五官を通した経験から学ぶのである。具体的な経験は幼児を成長させる。具体的な経験が子どもを成長させるのであればどのような経験を，どのように経験させるかを組織的に考えねばならない。これが保育の方法なのである。

　子どもに経験を与えるものは環境である。望ましい経験は豊かな環境のもとで得られるものである。豊かな環境とは，子どもの自発性を誘発し，子どものもつ可能性を多方面に発動させ，子どもの成長発達を助長するものでなければならない。環境には物的環境のみならず，人的環境が重要な要因であることを忘れてはならない。

個性化の原理

　子どもは能力・性格に個々異なるもの（個性）をもち，その発現はすでに乳児期にみられるという。幼児期にはいり個性はさらに顕著になるが，乳幼児の個性は完成された個性としてではなく，むしろ発現期，発展期のものと考えたほうが妥当であろう。こうした個性の萌芽期における子どもの保育は，子どもひとりひとりの個性を見出すようにつとめ，その個性を伸ばすような保育であらねばならない。子どもの個性は，自己の興味にしたがって単独に活動しているときばかりでなく，他の子どもと共同で活動しているときにもみられるものである。個性教育のもとに，子どもの興味をかたよらせ子どもの調和的発達をそこねるようなことがあってはならない。

　個性保育や自由保育の真意を正しく把握し個々の子どもの個性を尊重し，各自の生活を存分に経験させるように配慮することは保育の重要な役目の１つである。

社会化の原理

　人間は個人的存在であるとともに社会的存在，すなわち社会的個人である。社会化とは個人が社会に適応し同化することを意味し，前述の個性化を前提

に社会化が行なわれるのである。これはその初期において非社会的であった幼児が周囲の環境に接触しながら，個性化し，さらに社会の一員として生活する必要性を生じて社会化していくことを意味する。幼児の集団生活は，自然に子どもの社会化を促進する。それは共同，協力，協調，連帯，責任などを必要とする機会を与え，幼児の社会生活に必要な精神・態度の基礎を培うのである。

練習の原理

経験を通して学習したことが，反復されることにより習慣化される。この「反復」が子どもの生活の基本的な習慣やしつけを形成するうえに，きわめて有効な原理として適用される。子どもの身体的・精神的活動を反復することにより順応の度合いが増加し，習慣形成がなされるわけである。

以上保育方法の原理を7つあげて説明したが，自由の原理を基底とし，諸原理が互いに働き合い，かつ統合されている。このような諸原理の統合が行なわれ，それが具現化するような適切な幼児指導の方法を探求するところに保育の重要な課題が示されているのである。

41. 保育方法を規定する要因について考察せよ

　保育方法を規定する要因として第1に保育の対象となる子どもをどのように考えるか，すなわちいかなる児童観に立脚するか，第2に保育を実際に行なう保育対象である子どもをどのような目標に向かって保育しようとするのか，すなわち，どのような保育目標を設定するか，第3に保育対象である子どもの特質をどのように理解するか，の3要因が考えられる。以下，児童観，保育目標，最後に子どもの発達特質について述べることにする。

児 童 観

　いつの時代にも子どもは存在する。子どもが存在する以上，子どもに対する考えかた，すなわち児童観がある。しかし児童観は時代の変遷とともに変化し決して固定されるものではない。

　近代以前の社会においては児童観の一般的傾向として，子どもは，おとなのためにあり，また「何か」のために存在するものと考えられ，子ども自身の存在価値は認められることはなかった。おとなは子どもをおとなの望む型に入れて陶冶し，子ども自身の立場を尊重し，それぞれの子どもの個性に考慮を払うというような考えかたは，まったく問題にされなかった。しかしながら，近代になって人格の理念が確立するにつれて，児童についても，児童を1個の人格として見，その個性を尊重する考えかたがしだいにあらわれてきた。このような考えかたが1つの児童観として確立し，保育の方法に影響を与えるようになったのは19世紀も後半になってからである。

　現代社会もまた一般にこのような近代以後の児童観を基礎として保育を行なっている。この児童観はすべて人間はそれ自体として価値があり，尊重されなければならないという人間尊重の精神にその基礎をおいている。

　子どもはそれぞれの年齢において1個の人格として尊重されなければなら

ず，それぞれの発達段階に即して充実した生活を享受する権利がある。また子どもはつねにはかり知れぬ成長の可能性を秘めており，この可能性を1つ1つ具体化してゆく過程が子どもの成長である。このような児童観にたつ場合，保育とは子どもにそれぞれの年齢に即した充実した生活を行なう場を提供するものであり，成長の過程を助けるものでなければならないはずである。

保育目標

民主的な人間尊重の根本精神にたつ児童観に立脚すれば，おのずから保育目標，すなわち，保育の指向する人間像がいかなるものであるかが明らかになろう。保育の目標としての人間像は民主的な社会人であり，「人間らしい豊かな人間」を育成することに目標がおかれているのである。「人間らしい豊かな人間」とは「しっかりした生活のできる人間，自分の置かれている場で責任のある仕事をし，よい生活をすることのできる人間」であることを意味し，「生活力のある，そして豊かな人間」ともいうことができる。具体的にこの人間像の特質を考えてみるとつぎのような条件があげられる。

(1) 身体的に健康であること。どのような能力の持ち主でも健康でないならば，充実した一人前の生活が営めない。生活力の基盤は健康である。

(2) 知恵，知能，能力を生活のうえに生かすこと。生活を営むうえに，たえず生活をきり開き，新しいものを生み出してゆく知恵をもち，これを十分に活用する生活の創造性と開拓性をもつこと。

(3) 情緒生活をもつこと。豊かな情緒，心情をもち，生活をうるおし，精神生活を高めてゆける心情をもっていること。

(4) 望ましい社会生活をもつこと。人間関係を円満に保ち，個人の責任のもとで生活を処理してゆける自主性と他人と協力一致してよりよい社会を構成してゆく協調性をもっていること。

以上あげた条件がそれぞれ調和し，順調に発達することに人間らしい豊かな人間の姿を見出すのである。

発達的特質

　保育の目標へ子どもたちを育成するために，保育対象である子どもの発達上の特質を把握し，そのうえで指導にあたらねばならない。

　(1) 身体的特質——全体的にみて，乳幼児期はその発達がいちじるしい一面，種々の疾病，とくに伝染病にかかりやすい特質がある。身長は1歳では新生児の1倍半になり，6歳になるころには2倍余になる。体重は1歳には新生児の約3倍，6歳では5倍余となる。体内の器官もまたいちじるしい発達をとげる。乳児から4歳ぐらいまでは充実期にあり，体重のふえかたの割合が身長のふえかたに比べていちじるしいが，5歳をすぎ伸長期にはいると身長の伸びかたが体重に比べていちじるしくなる。歯の発達は，2歳半で乳歯が全部はえそろい，5歳すぎると永久歯が生えはじめる。

　(2) 運動的特質——新生児においては，自分の意志のままに動くことはできなかったが，生後4カ月までに首がすわり6カ月で寝がえり，えんこし，7・8カ月ではい，1歳で立ち，1歳2・3カ月でひとり歩きができるようになる。その後，走る，よじ登る，飛びおり，はねまわるというような全身的運動の力がいちじるしく発達する。これが，しだいに，手あるいは指のような小さい関節とか筋肉を働かせる運動へと分化する。

　(3) 知的特質——生後半年以後になると，記憶，模倣，注意といった知的能力の基礎になる面の発達が著しくなる。10カ月ころになると，ことばの発達では最初のかたことをしゃべるようになる。3歳から4歳のころには日常の話しことばには大体不自由しなくなり，幼児期のあいだにひととおり話しことばは完成するといわれている。年齢とともに身のまわりの事物，事象に対する知識や理解が発達し，4・5歳ごろになると環境に対する求知心はいっそう旺盛となり頻繁に質問するようになる。幼児の知的な働きは直接経験できるのに対して手足，体を動かしてもっとも活発に働き，物ごとを理解，判断，推理する。幼児の心性の特性として自己中心性があげられる。すべて

を自分中心に考え，自分の立場だけから考えるがこれは自他の関係が十分に分化していないからである。生物と無生物との区別のつかないアニミズム，すべてのものが人間のためにあり，人間によってつくられたと考える人工論，現実と想像を混同している実念論というようなみかたで，自分の周囲のものを考えるのは幼児期の精神構造が未分化な特質をもっているからである。

(4) 情緒的特質——情緒面においてはきわめて早い時期にひととおりの分化の発達をとげ，乳児期に怒り，恐れなどの萌芽がみられ，3歳ごろには一応分化される。こまかな発達は5歳ごろまでつづけられ，5歳すぎると成人にみられるような情緒面が，ひととおりみられるようになる。幼児の精神生活の特質に情緒性があげられる。これは前述したとおり幼児の精神構造が未分化であることから，知的生活との分化がまだ十分に行なわれていないためである。つぎに幼児の興味性があげられる。幼児の心は興味のあるものにのみ動き，興味のないものに対してはまったく心が動かない。

(5) 社会的特質——幼児期は社会性形成の萌芽の時期にある。幼児後期は自己主張の強い時期であるが，そのあらわれは2歳ごろの反抗期にみられる。反抗期を経過したのちは，一定のきめられたことにしたがって行動する課題意識といわれる心の動きもしだいに発達し，5・6歳ごろには一応はっきりした課題をもつようになる。これにより，一定の社会的な制約のなかで行動することが理解できたり，また実際に行動もできるようになる。5・6歳のころには基本的生活習慣の自立がみられるようになる。

子ども同士の社会的行動の面においては，2歳ごろまではほかの子どもと一緒に行動することに積極的な関心を示さないが，3歳すぎると友だちを求めるようになる。他の子どもたちとの接触により，社会的行動がしだいに訓練される。みんなと一緒にする，交代にする，順番を待つ，協力する，などの社会的行動が理解され，実際に行動にうつせるようになる。幼児期の終わりには，いたわり，同情などもみられるようになる。

42. 保育の方法としての遊びの意味について述べよ

　子どもの生活はそのほとんどが遊びであり，遊びは子どもの生命であり，成長・発達の根源であるといっても過言ではない。子どもにとって遊びは自発活動であり，子ども自身は決して学習とか訓練といった目的から遊んでいるわけではない。子どもの自発的な内的欲求・衝動によって行なわれる活動であるから，からだ全体の機能を最大限に働かせ，知能のすべてを出しきって行動する。それゆえに，子どもの心身が健全であればあるほど，その活動は旺盛であり，遊びに没頭し，全身全霊をうち込む遊びのなかでこそ，子どもの心身のめざましい成長・発達が期待されるのである。

　クループスカヤが述べるように「就学前年齢の子どもにとって遊びは特別の意義をもっている。かれらにとって遊びは学習であり，労働であり，教育のまじめな形式である」「遊びは周囲を認識する方法である」と考えなければならない。

　遊びは自由で自発的であるので，子どもたちが参加を強要されたと感じる遊びは遊びではなくなり，不満や束縛となることを指導上忘れてはならない。

　フレーベルは遊びこそ子どもに内在している可能性を発展させる唯一の手段であると考え，遊びを教育に適用した最初の第一人者であった。彼が1840年にブランケンブルクに幼稚園を創設して以来，遊びは幼児教育の主要な内容であり方法であった。フレーベルは，遊ばせながら指導することを幼児教育の根本とし，楽しく興味をもたせながら幼児のもつ力を発達させることにつとめなければならないことを確信をもって提唱したのであった。幼稚園はそのはじめから，遊びを中心とする幼児教育の場として発展してきたのである。フレーベルの著作『人間の教育』(荒井武訳　岩波書店)のなかにおいて，彼は遊びについて人間教育の重要な本質的価値のあることに言及し，つぎの

ように述べている。

「遊戯は幼児期の人間の発達の最高の段階である。遊戯は，この段階の人間の最も純粋な精神的所産であり，同時に人間の生命全体の，人間およびすべての事物のなかに潜むところの内的なものや，秘められた自然の生命の原型であり模写である。それゆえ遊戯は，喜びや自由や満足や自己の内外の平安や世界との和合をうみ出すのである。あらゆる善の源泉は遊戯のなかにあるし，また遊戯から生じてくる。

力いっぱいに，また自発的に，黙々と，忍耐づよく，身体が疲れきるまで根気よく遊ぶ子どもは，また必ずやたくましい，寡黙な，忍耐づよい，他人の幸福と自分の幸福のために，献身的に尽くすような人間になるであろう。この時期の子どもの生命の最も美しい現われは遊戯中の子どもではなかろうか」。

遊びの教育的機能

遊びは子どもにとって，きわめて自然な活動であり，遊びのなかには多様な教育的価値あるいは機能・役割をもっているのである。

遊びが子どもの身体・知能・社会性・情操・自発性・人格・治療教育などにおいて果たす役割はきわめて大きい。遊びの教育的機能を，いくつかの側面に分けて述べてみよう。いうまでもなく，遊びの種類によりいくらかの違いはあるにしても，それぞれの遊びのなかで，以下の諸側面は有機的に関連を保ちながら発達していくのである。

遊びは身体的運動機能を促すものである。とくに運動的遊びは，子どもの運動能力を発達させるばかりでなく，内臓諸器官の活動を促し，全体的な健康を維持・促進するものである。

遊びは知的発達を促すものである。「遊びは学習である」といわれるように，具体的な種々の活動・経験を通して，はじめて周囲の世界の事物や現象の理解，または行動のしかたを身につけることができる。また，遊びによっ

て言語が発達し、さらに、思考力、創造力が養われる。

　遊びは社会性の発達を促すものである。本来、子どもは自己中心的であるが、友だちとの遊びのなかで、協力・忍耐・自他の認識・思いやり・ルール・約束ごとを学び、身につけて自立していく。

　遊びは自発性・自主性を発達させるものである。みずからの要求によって自発的に思考し、行動する能力が遊びのなかで育成される。

　遊びは望ましい人格形成を促すものである。他の子どもと最後まで愉快に楽しく遊ぶには協調性や自分の欲求や衝動を抑制し調整する方法を見いだし、身につけていく。また遊びのなかで、子どもの人格発達にとってとくに重要な仲間関係がつくられ発達していく。これは後の人間関係の基礎となる。

　美しい音楽や絵画、絵本、童話、テレビなどの受容的遊びは情操をはぐくみ、子どもの感受性を通して豊かな人間性を育成するものである。

　遊びは治療的機能をもつものである。レクリエーションの機能をもつ遊びは、緊張や葛藤や精神的疲労を解消し治療する機能をもっている。遊びの治療的機能は心理治療の方法として用いられ、遊戯療法 (play therapy) とよばれている。

　以上、遊びの教育的意義について、いくつかの側面を概観した。

　子どもは遊びを通じて文化を学習し模倣し、将来、個人の善悪の判断にもとづいて、さらに新しい文化を創造していく形成者としての存在と考えることができる。この意味において遊びは、文化創造の原動力であるともいえよう。

43. 「総合的指導」とはどのようなことか

わが国における幼児教育の目的や目標を達成するために，幼稚園に関しては，幼稚園教育要領，保育所に関しては，保育所保育指針があり，これらは保育の実践段階における基本方針を明確にし，充実した保育を行なうための指標を示している。

目標を達成するための保育内容は，「何」を「どのような活動によって」，「どのように」指導していなければならないかということになる。

幼児に「何」を経験させるかという保育内容を現行の幼稚園教育要領（平成12年実施）の第2章ねらいおよび内容には「この章に示すねらいは幼稚園修了までに育つことが期待される生きる力の基礎となる心情，意欲，態度などであり，内容はねらいを達成するために指導する事項である」と述べている。

幼稚園を修了したときに何ができるかというよりは，むしろ子どもたちが将来において何をどう学び，何をするようになるかを考慮して，人間形成の基礎ともなる感性，心情，意欲，態度，興味・関心，思考力や道徳性の芽生えなど生きる力を培うことを目標としている。

子どもの側からみると，「ねらい」は幼稚園教育を受けることによって発達する方向づけであり，「内容」はねらいにむかって幼児みずからが蓄積していく経験であるということができる。「ねらい」と「内容」は不可分の関係にあり，保育内容とは「ねらい」と「内容」であるともいえる。

ねらいを達成するために指導する事項としての内容は，幼児の発達という側面からまとめた「心身の健康に関する領域『健康』，人とのかかわりに関する領域『人間関係』，身近な環境とのかかわりに関する領域『環境』，言葉の獲得に関する領域『言葉』，感性と表現に関する領域『表現』」の5領域である。

幼稚園教育の内容は，坂元彦太郎によれば小学校において，具体的な知識や技能が系統的に並べられ必ず習得しなければならない教科とはその性格を大いに異にする。「幼児が例えば身につけてほしい態度や習慣も，どんな順序やどんな姿で修得するかは規定できない。もっと幼児自身のそれぞれのやり方の中で経験して身につけることが大切である」と『幼児教育の構造』のなかで述べている。

領域は小学校における教科とは異なるものであり，小学校の教科に対応するものでもなく，また連絡するものでもない。小学校のように，各領域ごとに経験内容を幼児に与えるような教科主義的な考え方ではない。

保育所保育指針においても，教育のねらいについては，「子どもの自発的，主体的な活動を保育士が援助することにより，『子どもが身につけることが望まれる心情，意欲，態度などを示した事項』」としている。

保育所保育の内容は保育所保育指針の第3章から10章で各年齢別に示されている。この内容は，養護と教育に関する2種類の保育の「ねらい」を受けて，それぞれの「ねらい」を達成するための内容として，保育内容も機能の異なる養護と教育のそれぞれについて内容の定義を明確に示してある。

教育の内容については，「幼稚園教育要領」との整合性という立場から，3歳以上児の保育の「ねらい」「内容」の定義は，ほぼ「幼稚園教育要領」と同じである。すなわち「健康」「人間関係」「環境」「言葉」「表現」の5領域を設定してある。3歳未満児の教育の内容については，その発達の特性からして，5領域に区分して明示することが困難であるため，5領域に配慮しながら，基礎的事項とともに一括して示してある。

保育所は教育にとどまらず，養護の機能が果たされねばならず，年齢的にも3歳未満児が入所している。また保育時間も幼稚園に比して，長時間であることが保育所の特徴となっている。幼稚園と保育所は，法的・行政的に異なる性格を有している面があり，各々の独自性と共通性をもつが，幼児教育

の本質において，両者は何ら変わるところがない。

　保育所保育指針においても，領域に対する考え方は幼稚園と同様で，「保育の内容構成の基本方針」のなかで，領域についての一応の説明が行なわれている。それは，保育の展開が子どもの活動を通して実現されるが，子どもの活動は総合的に行なわれるので，その活動を1つの領域だけに限って取扱うことは適切でなく「領域の間で相互に関連を持ちながら総合的に展開していくものである。」と述べている。

　子どもの活動は，生活経験に即して総合的であり，とくに遊びの姿において，いろいろなねらいが実現されるように指導を行なうよう，その総合性に留意しなければならない。

　また，子どもの望ましい活動を配列するにあたっても，子どもの具体的生活経験に即し，領域にとらわれず総合的な生活のなかで指導することが考えられねばならない。したがって，指導計画の立案にあたっては，各々の領域に経験内容を組織づけるのではなく，各領域に関連をもちながら，1つの経験のまとまりとして組織づけていくことが必要なのである。

　子どもの現実生活は，遊びによる活動で成りたつ。発達段階にそって，子どもが示す興味から，生活経験と関連の深い活動が遊びとなって展開される。子どもは，遊びながら楽しみ，さらに，遊びを拡大，深めていくのであって，具体的経験を経ないもの，生活経験に即さないものは，子どもにとって興味はなく無意味なものになることが多い。子どもの経験は抽象的に分化した形で行なわれるものでなく，具体的な生活を通して総合的に行なわれる。学習もまた，その日常生活経験に即して行なわれるのである。子どもは，諸領域に含まれるねらいを同時に経験し，しかもそれが，きわめて自然に行なわれる。幼児がごく自然に，容易な状態で学習できることは望ましいことといえよう。

　たとえば，絵をかくという表現活動を行なっている子どもについて考えてみよう。子どもは歌をうたいながら，リズムにのって体を動かしながらクレ

パスの手をはこんでいる。そのうちに，友だちと話したり，相談したり，物を貸したり借りたり，共同で使用したりもする。絵の内容も自分で想像したり，見たり，聞いたりした童話や絵本，テレビなどを描画によって再現したりする。また，日々の生活の経験，あるいは大自然や身近な動植物，自然現象に対しての驚き・喜び・恐れ・悲しみ・懐疑や感動など内面的な感情を子どもらしい表現で1枚の絵にすることもあろう。人間関係の愛情の表出や，また，色・形・数などに関した絵をかくこともある。絵筆やクレパスをもって，体を動かし，手足をのばし，壁面にいっぱい絵をかくこともある。

　こうした子どもの表現活動を考えただけでも，健康，表現，人間関係，環境，言葉などの諸領域にまたがる活動が同時に営まれていることは明らかである。

> 44. 集団生活における社会性の発達とその指導について述べよ

　集団生活における社会性の発達は、子どもを囲む物的・人的環境のなかで、意図的または、自然的生活の場においてなされる。幼稚園や保育所に3歳で入園し、5歳の終わりに卒園する3年保育の集団生活の過程において、幼児の社会性がどのように発展するのか概観してみよう。

年　少　組

○ 3歳児は成長発達のうえで乳児期から幼児期への一つの節目であるともいえる。初めて家庭や親から離れるので入園当初は泣いたり登園を嫌がったり集団に入れない子どももなかにはいるが個人差によって様々な行動になって現われる。保育者の温かい対応で、次第に不安感や緊張感がうすれていくものである。保育者は、一人ひとりの子どもの状態を把握し受容していくことで、時間をかけ、集団生活に慣れるように配慮していくことが望ましい。

○ 子どもたちが楽しい時間を過ごせるように、3歳児に適する紙芝居や絵本を見せたり、簡単なふざけっこや追いかけっこ等をして子どもの気持を少しずつ和らげ、家庭とは異なる集団生活の楽しさや喜びを経験させる工夫を保育者は心がけるべきである。こうした生活のなかで子どもと保育者の信頼関係を確かなものにしていくことになっていく。

○ 基本的生活習慣がほぼ確立し、身のまわりのことは自分で大体できるようになっているがこれも個人差があることを忘れてはならない。集団生活の経験の乏しさのため、家庭にいるような自分勝手な行動や依存的態度がみられる場合もある。その都度、集団生活の規則や秩序によって自分の要求が通らないことをわかるように優しく指導していかなければな

らない。
○ 遊びにおいては並行遊びが多く，数人の子どもが同じ場所で同じことをしていても友だち同志の横の関係がうすい。しかし，自分の持ち物を取ったとか，身体がぶつかったというようなことで「けんか」が発生し友だちとの接触がはじまることがある。「けんか」もまた社会性の発達に有効な経験で他者の立場を知り，また自分を知っていく機会ともなる。「けんか」への対処法を保育者は心得ておかなければならない。友だちがいることが園での遊びの意義でもあり，友だちづくりのいろいろなきっかけを普段から保育者は見逃してはならない。
○ 子どもにとっての園生活は，見るもの，聞くもの，触れるもの，すべてが珍らしく新鮮で好奇心や興味の対象となる。何でも試して自分の世界を拡げ，自分の力で体験することが旺盛な時期である。保育者は子どもの「からだとこころ」の成長発達を促す環境づくりを工夫し十分な時間と空間を子どもに与え，子どもの欲求を満たして精一杯に活動できるように配慮したいものである。
○ 想像力が旺盛で，想像の世界にひたり「ごっこ遊び」に熱中する。おままごと，おうちごっこ，乗物ごっこ，お店屋ごっこなど社会的な事柄を模倣し，身近にあるものを何かに見立てたり，そのものになりきって遊んだりする。このような活動は徐々に社会について理解していくことになる。
○ 自然事象，社会事象にも好奇心を抱きはじめ，見るもの，聞くもの，すべてのものに関心をもち試し，知ろうとする。「なぜ」「どうして」と次から次へと質問が続く。保育者は知能や思考力の発達の基盤はこの好奇心にあることを理解し，子どもの質問に答えることを心得ておかなければならない。また知的発達を援助するばかりでなく，美しさを感ずる心，愛する心など心情的な内面の発達を促し，豊かな心を育てることが重要

な保育者の務めであることを認識してほしい。

年 中 組

○ 集団に入った当初は、泣く子どももいるがお互いに知らないもの同士で、友だちとのつながりが浅い。そのために、子ども相互の交渉が少ないので、近隣の心安い仲間と組ませたりする。集団生活からくる緊張をほぐすため、自由に小グループで遊ばせ、遊びの種類・時間などにも細かい配慮が必要である。

○ 集合的・並行的かたまりとして直接教師に結びついているので、集団生活のなかで安定感を与える工夫をしなければならない。

○ 教師の手を離れ、クラス集団にしたがって動き始めるか、一斉にみんなが何かをするときは、生活場面で、どうしなければならないかをそのつど具体的に指導する。

○ しだいに、相手を求めて交渉をもつようになるが、消極的な子どもが、とり残されたり、下積みにならぬよう調整する。

○ やがて、集団生活になれ、気楽に行動するようになるが、時々、状況判断ができないため、勝手なふるまいをして、集団を混乱させることがある。そのような場合、あまり強く禁止せず、むしろ、集団生活では、約束や、きまりを守らなければならないことを、わかるように話し合う。

○ 自由場面や集団のなかで、ひとりひとり気楽に話すようになっているが、あらたまった場面では緊張しすぎたり、わざとふざけたりする子どもが見うけられるので、2人で組んで話をさせたり、小グループのなかで順番に交代して話すことを経験させることもよい。

○ 集団生活になれ、気楽に遊べるようになると、そろそろ気の合った仲よしができ始め、友だちを選ぶことがはじまる。「いれて」「いれてあげる」などの応対が、相手の立場や気持ちをくみとれるようになってくる。

○ 自分から積極的に友だちのなかに入っていけない子どもには、対人関係

の場を広げ，新しい友だちや仲間につながりがもてるように，グループのなかで意図的な組み合わせを考えていく。それには，うまく遊べるような相手を見つけ，仕事，遊びをいっしょにする機会を多くする。遊びや仕事に関しては，なるべく，子ども自身が判断し処理するようにしむける。

○気の合った者数人が自然にまとまって遊んだり，仕事をするようになるが，遊びの種類を多く工夫し，道具・材料を豊富に環境を整備し，遊びと仕事が発展するように配慮する。この際，さらに，新しい仲間と数多く接触させ，対人関係の場を拡張させる。

○集団に入れない子どもが目立ってくるが個人指導など調整をはかる。

○集団の中心人物ができてきて，集団のふんい気に影響を及ぼすが，これが専制的なボスにならぬよう，よきリーダーへと誘導する。簡単なことであれば，グループ共通の目標を意識して，行動できるようになる。みんなでいっしょに，子ども会・展覧会・送別会などで計画して，おのおのの，部分的に責任をもち活動に参加する経験をもたせる。

年長組

○子ども自身に以前より成長したことを，仕事や遊びの具体的な経験場面で気づかせる。

○自分たちの入園当初の思い出を話し合わせたり「新しい子どもが入ってきたら」と抱負をもたせるようにする。

○進級した新しい環境に積極的に取り組む気構えをつくり，新しい生活環境に応じて行動する能力を養う。組がえ，お当番のさせ方，遊具・器具などの扱い，整理・整頓の仕方を一段とたかめ，手順を要領よく，また技術的にもしっかりやりとげるよう責任をもたせる。新入園児の世話などもお手伝いさせ，年長組になった期待を満足させるような，遊びや仕事を与える。

○ 新しくできた交友関係をもとに，興味，能力面から，うまく遊べる仲間をつくっていく。消極的な子ども，不安定な子どもたちも，それぞれふさわしい友だちづくりをして，交友関係を深めていくが，個人差が，しだいにはっきりしてきて，子どもたちも自覚してくるから，卑屈になったり，うぬぼれになったりしないよう個々の子どもの状態に注意を払うようにする。

○ 責任感には個人差がでてくるが，一応，4・5人の仲間では，簡単な集団のきまりは守れるようになる。

○ グループの一員として積極的に行動できるようになる。日常生活では，「きまり」を守っているかどうかについて，お互いに批判しあう態度があらわれてくる。必要なきまりは，多少，他律的なものであっても，みんなできめ，これを守るようにさせる。

○ 友だちの間で，互いに能力を認め合い，能力のあるものが，弱いものを援助し，積極的に活動するようになる。能力の低い子どもや，責任を果たせないものには，その子どもの能力にあった特定の仕事を継続的に与え，その仕事について，グループに認められるような配慮がなされる。たとえば，花の水をとりかえたり，また飼育係などの仕事を担当させる。

○ それぞれの子どもがグループに属しているが，さらに，グループとグループの交流がみられ，クラス全体としての行動ができるようになる。また，それぞれのグループでは，各自が協力的態度で助け合うが他のグループに対し，競争心があらわれるようになってくる。指導としては，各グループ内の交友関係を調べ，その中心人物がよいリーダーなのかまたボス的存在なのかを知り，グループの各メンバーが対等に交流がもてるようにする。

○ だんだんと集団のまとまりがしっかりしてくるのが目立ってくる。特定の目的のもとに，協力して活動することができるようになる。教師は，ク

ラスの計画を，子どもたちで相談し，仕事の分担をきめて実行させるようにする。仕事を分担することで，協力したという実感を経験させたい。
○当番やリーダーの自覚がたかまり，リーダー意識が旺盛になる。ほとんどの子どもが，リーダーの役割を理解し，リーダーになりたがる。話し合いでリーダーはどんな役目をもつかをきめ，1日か2日の交代で，リーダーを2名ぐらい選出させる。リーダーになるためには，各自が自分の欠点を直すように努力させる。またリーダーや当番には，具体的な生活場面で，しなければならない仕事をみつけさせ，当番同士で，手分けして仕事をするようにさせる。
○集団生活のなかでは，「きまりを守るということ」と，具体的な場面での必要性から，きまりをかえ，「新しいきまりをつくっていく」ものであることを考えるようになる。
○小学生になるという新しい生活に期待をもたせ，今までの生活のなかであらためなければならないことを考えさせる。

以上，大体集団生活における社会性発達の概観を述べた。

家庭という狭い環境から，園という大きな幼児の社会に入って，漸次，集団生活において社会性が発達していく様相が推察できる。

集団の一員として行動できるようになり，仲間意識もでき，集団のなかで独立していくことを学ぶ時期である。

人間の「こころ」と「からだ」の基礎形成期として，また，急速に変化していく時期というところから，自主性，自律性，協力性，創造性，集団性などを社会性の指導のもとに，身につけはじめることは，人間の成長発達過程において重要であり意義があるといえよう。

45. クラス編成と保育形態について述べよ

保育施設において，組織的に編成されるクラスについて考えてみると，施設の規模，定員，保育の対象となる子どもの人員構成および保育者数などによって，クラスを編成することになろう。

また，保育形態についても活動のねらいや内容，保育環境，子どもも年齢や人数，保育者の経験や能力などの諸条件により異なってくる。

クラス編成にしても保育形態にしても，つねに子どもが充実した活動へ発展できるような条件を活動的に柔軟性をもって考えていかねばならない。

クラス編成

わが国では一般に，同年齢の子どもから構成されるクラス編成が行なわれるものが多い。クラス編成を類型化するとつぎの4つの型に大別することができる。

①「クラス」担任編成——1人の担任に複数の同年齢の子どもがいるクラス。

②複数保育者による協同保育——クラス数以上の保育者がいて，彼らの協力体制のもとで保育が展開する。

③混合保育（縦割り保育）——1クラスが異年齢の子どもで編成されているクラス。

④解体保育——クラス編成はなく全保育者が全園児を保育する。

まず，幼稚園のクラス編成についてみると，法的に幼稚園設置基準第3条，第4条において「学級の幼児数は，40人以下を原則とする」，「学級は，学年の初めの日の前日において同じ年齢にある幼児で編成することを原則とする」と定められている。

また，保育所については，保育所保育指針＜組の編成＞として，「組はでき

るだけ同じ，もしくは近い年齢の子どもによって編成するように努めること，やむをえず，異なる年齢の子どもによって編成する場合は，必要に応じて同じ年齢の子ども相互の活動ができるよう配慮すること」とある。保育士が受持つ子どもの人数は，「児童福祉施設最低基準」に子どもの年齢段階別に基準が示されている。すなわち，保育士1人につき受持つ子どもの数が，3歳未満児はおおむね6人，4歳児はおおむね20人，4歳以上はおおむね30人となっている。

　保育効果の問題は保育方法や内容によることもさることながら，その集団の大きさや集団を構成する年齢や男児・女児の混合比率などの構成内容にもよるのであり，その集団に属する子どもひとりひとりに影響を与えるものである。

　クラス編成には2つの考え方がある。①子どもの年齢，能力など同質化した集団構成をよしとする考え方と，②異年齢児，問題をもつ子どもや障害児と健常児との混合クラスなど，異質化した構成が，相互に影響し合って，より有効であるという考え方である。

　いずれにしても，望ましい保育を展開するうえで，クラス編成の大きさや構成内容などを検討し，保育の実情にあわせて考えていくことは重要なことである。国際公教育会議採択勧告第53号（1961年）中の第3項「組織，構成」の項目文はわれわれに検討の示唆を与え参考になるものである。

⑯　就学前教育の段階における1教師あたりの子どもたちの数は小学校1学級における児童の数よりも少なくなければならない。そして，子どもたちの年齢が小さければ小さいほどそれに比例して少なくすべきである。現段階では教師1人あたりの子どもの標準的な数は25人を超えないようにすることが望ましい。

⑰　教師は助手の援助を得るべきであり，社会奉仕の色彩の濃い施設においてはとくに補助教員の援助は欠くことができない。

従来，わが国では文部省の1クラス40人以下を原則とする規定のもとで，同年齢児のクラス編成を原則とした一斉画一的保育が一般に行なわれてきた。こうしたクラス編成条件のもとでは，保育者の能力もさることながら，必然的に自由保育，個別保育の実施を困難なものにしていた。

保育者が個々の子どもを配慮できる人数であれば，子どももまた自発的に活動することが可能となり，欲求不満や情緒不安を感ずることもなくなるであろう。保育者と子ども，また，子ども同士の関係が密になり，人間関係を通して社会性の育成にも役立つものであろう。問題をもつ子どもや障害児などの統合保育に際してもクラス編成の人数や保育者の人員に柔軟性をもたせ調節を可能にしておくことが望ましい。このことは保育者の能力，経験に応じてクラスの人数を調整することにも通じる。

保育形態

保育形態を分類すると多種多様であるが，ここではその主なものについて述べることにする。

(1) 自由保育

自由保育は子どもが主体となる「子ども中心」の保育形態である。教育的な指導理念や指導計画がうちたてられているが，これをはっきり表面に出さず，子どもの自由，自発性，興味，経験，個性を尊重し自主性，創造性，表現力などの育成をめざしている。この保育形態は保育対象児の人数が多いと保育効果があがらない。

(2) 一斉保育

一斉保育は保育者中心の形態である。子どもを集団としてとらえた集団保育や設定保育などがこの形態に属する。教育理念や指導計画が前面にうち出され，保育者の指示にしたがわせ指導する方法である。子どもは保育者の計画した指導内容を同一方法によって一斉に経験する。この経験は子どもの興味や欲求，意志が重視されず，保育者の指示，命令にしたがうという型の指

導形態である。しかし，この形態では，保育者がクラス全体の子どもを計画的・能率的に指導できる利点がある。

自由・一斉両形態はそれぞれ扱う指導内容によっては長所をもっているから，子どもの実態と園の事情により，かたよりのない調和的な組み合わせを考えることが望ましい。

(3) 集団協力保育

この保育は，各年齢の集団に，クラス数以上の保育者を配属し，担当保育者全員の責任のもとに子どもたちを見ていくのである。子ども集団の大きさや，活動に応じて保育者の人数を変更する。子どもたちの要求・興味が複数保育者によって観察され，保育内容・方法も複数保育者の話し合いによって決められるので，特定な保育者によるかたよりのある保育が避けられる。保育者間の協力関係を基調とし，保育者の特技や個性を生かし，子どもへの一貫した配慮や客観的な評価がなされやすい。無学年制，オープン・エデュケーション，グループ保育もこの形態に属する。

(4) 混合保育（縦割り保育）

この形態は近隣社会の自然発生的な遊び仲間や家庭での兄弟姉妹の家族構成中にみられる型のものである。混合年齢のクラス編成で縦割り保育ともよばれている。

年齢の上下関係は成長目標の刺激となり，遊びの役割分担の容易さ，遊びの種類の豊富さが目立つ。また，力関係，長幼の序列，協力，援助，信頼など望ましい社会性が培われる。

以上いくつかの保育形態について述べたが，それぞれの形態は，長所・短所をもつもので，保育対象となる子どもの年齢・人数や環境，保育内容や保育者の保育能力によって，柔軟で流動的な保育を展開することが望ましい。

46. 障害児教育における統合保育について述べよ

　統合保育とは心身に障害をもつ幼児の障害に特別に配慮しながら，健常児のなかに受け入れ，いっしょに保育し，努めて普通の環境のもとで保育効果を高めようとする特殊教育の一形態である。

　このことを，一般にインテグレーション（integration）とよんでいる。障害児を特別に学校や施設に入れ健常児と別々に教育する分離教育に対して，障害児を通常の学校のノーマル（normal）な教育環境に組み入れ，障害児と健常児とからなる通常の集団をとり戻すという意味でノーマリゼーション（normalization）ともよばれる。インテグレーションはノーマリゼーションを実現するための方法の1つであるといわれている。ノーマリゼーションとは，正常な状態にするということで，障害者を隔離するのではなく，健常者，障害者も身近に共存する社会こそ正常であるとする理念であり，障害をもった人たちの基本的要求なのである。わが国では，インテグレーションに対応することばとして統合保育（教育）が使用されている。統合保育は今日，多様化する障害児の教育の場の問題といっしょにとりあげられたものである。

　障害児を健常児のなかで保育するという機運・認識が昭和50年前後からしだいに高まりはじめてきた。これは厚生省の指導や保育者の増員，経費の増額などの措置によることも大きいが，社会的要請が強くなってきたことにも多大な影響がある。

　従来，障害をもつ幼児の保育の必要性はあまり認識されなかった。わずか聴覚障害と視覚障害の幼児が，それぞれろう学校，盲学校の幼稚部の保育の対象となっていた。その他の障害児，すなわち知的障害児は主に「知的障害児通園施設」で，肢体不自由児は主に「肢体不自由児施設」で訓練や生活指導を受けていた。聴覚障害や視覚障害の幼児が比較的早期に教育の対象とし

て認識されたのは，医療の効果に望みをかけるよりも，むしろ教育の効果に期待がかけられたためであろう。点字や口話法，手話法を身につけるための初歩的段階としての早期教育の開始が，これからの後の学習や教育に役立つものであるという考えからであった。

　知的障害幼児においても，知能の発達にそれほどの変化がみられなくとも将来，日常の生活習慣や身辺処理ができ，社会で生活していくうえで最少限度の手段が習得できるように指導がなされてきた。しかし障害児は通常，その心身の欠損のために，日常の生活習慣は年齢に達しても十分に形成されることが少なく，家族の介助を受けることが当然のように考えられてきた。上記の施設は，いずれも障害児のみの集団で構成され，いわゆる分離方式による形態である。障害児にとって，治療の目的のために病院や施設で家庭外での対人接触の機会はあっても，心身の発達を促すために集団の経験をすることはほとんどなかった。

　しかし，幼稚園や保育所での同年齢障害児を対象に療育の必要性が近年，しだいに認識されるようになってきた。同じ障害児だけの集団では，よりよく育つために必要な刺激を十分に与えられた保育環境とはいえない。幼稚園・保育所において，健常児が生活習慣を身につけ，自立していく様子をみることは，障害児自身も生活の技術を習得する大きな刺激となる。また，健常児とともに障害児が保育されることによって相互に「共に育つ」という多くの人間的な学習がなされる。

　障害児が健常児から直接，間接的にまた有形，無形に多くの刺激を受けて，発達上に教育的効果があることが多くの実践記録からも示されている。

　障害児と健常児との日常生活におけるかかわり合い，理解，助け合いの体験を深めていくことが，障害者に対する「特別な意識をもたない」生活が幼児期から培われるのではなかろうか。

　人生においてもっとも人間としての基盤がつくられる幼児期にある障害児

と健常児がいっしょに生活することで，両者がともに成長するのだということを認識しなければならない。

　幼稚園も保育所も集団保育の形態をとる幼児教育の場であり，そのなかで障害児の保育をしようとするとき，当然その形態を無視されたり，破壊されたりすれば，成り立たないであろう。こうした施設の保育は，子どもたちの成長を図っていく系統的・計画的保育の場であるため，効果的な保育をしようと思えば思うほど年齢相応の標準的発達からはずれる子どもが目立ってくる。障害児を健常児のなかでいっしょに保育するときは，保育の関係上，部分的に個別に保育する配慮も必要である。そのためには，どうしても障害児を適切に指導できる保育者の増員を前提として，障害児を受入れることが望ましい。

　一般に，障害児は，その障害が単独というものは少なく，他の障害が重複し，それが多岐にわたって問題を複雑化していることがきわめて多い。保育者は，医師および心理関係者，あるいは専門的治療士とたえず連携を保ち，子どもの発達を総体的に観察しながら保育をすすめる体制をつくってほしいものである。

　「保育，教育とは生物的な存在として生まれてきた子どもが心理的，社会的存在として成長，発達してゆくことを援助し，人間らしい感じ方，考え方，人間らしい行動を与えてゆく営みである。健常児でさえも，そのような保育や教育の機会に恵まれているわけではない。まして障害をもつ子どもたちの教育環境は健常児以上によくなければならない。障害児こそより早くよき保育の場に入れられるべきである」と，高木俊一郎は述べているが，保育者として味わってみるべき言葉であろう。

　インテグレーションの評価については，わが国では，まだコンセンサスが得られてはいない。理念としては理解できるが，実践はきわめてむずかしいという意見もあり，障害児の療育はそのような方法で果たしえないという見

解もある。

　たしかに，障害の種類や程度によっては，そのままインテグレーションに移すことは困難であり，効果的でない場合もある。しかし，今後よりよいインテグレーションを求める必要がある。さらに地域社会の理解と援助を含めたより幅のある統合保育へと発展することが望ましいと思われる。

第11章 保育の課程

47. 保育課程について述べよ

保育課程とは何か

　学校では教育内容の全体計画が教科課程とか教育課程といわれているが，保育の場では，教育課程，保育計画あるいは保育課程という言葉が使われる。また，保育カリキュラムという言葉を使用している場合もある。このカリキュラムという言葉の語源は，ローマ時代の言葉で競走するときの「走路」を意味しているといわれている。英米で使用されている「カリキュラム」という言葉がそのまま使われるが，日本語としては，「教育課程」という言葉が使われている。

　幼稚園と保育所とでは，それぞれの呼び方がちがってくる。たとえば，幼稚園教育要領の第1章，総則においては「教育課程の編成」として「幼稚園においては，法令及びこの幼稚園教育要領の示すところに従い，創意工夫を生かし，幼児の心身の発達と幼稚園及び地域の実態に即応した適切な教育課程を編成するものとする」となっている。

　一方，保育所保育指針においては，「保育の計画」につぎのように示されている。「その作成に当たっては柔軟で発展的なものとなるように留意することが重要」として「全体的な計画」を「保育計画」と考え「入所している子ども及び家庭の状況や保護者の意向，地域の実態を考慮し，それぞれの保育所に適したものとなるように作成するものとする。また保育計画は，保育の目標とそれを具体化した各年齢ごとのねらいと内容で構成され，さらに，それらが各年齢を通じて一貫性のあるものとする必要がある」と書かれている。

このように，2つの保育の場で，「教育課程」「保育計画」とされているが，ここでは，「保育課程」として，2つの保育の場を含めて考えていこうとするものである。

教育課程と保育課程

保育課程を考える前に「教育課程」とは何か，ここで少し考えてみよう。「教育課程」とは，子どもの人格形成と，発達と学力，あるいはその国の文化の継承という点から学校教育では何をなすべきか，それらを組織化したものと言えるであろう。この組織化するにあたり，何を教育の理念とし実践するか，現在と未来の視点から具体化していくものであり，内容も形式も，それぞれの考え方で異なるものである。

従来，その形式として「教科型」の教育課程と「経験型」の教育課程という2つのパターンが考えられてきたのである。

「教科型」とは，教科の学習として，その教科の系統性，技術の正確な習得という点を重視して考えられている教育課程である。これに対して，「経験型」とは，子どもの日常の生活を重視し，子どもの興味・関心を軸としながら子どもが主体的に，環境や人びとに働きかけ，生活のなかから知識，技能を身につけていかれるように，生活そのものを組織化していく考え方である。

この2つの考え方は，小学校，中学校，高等学校の場合，学習指導要領のなかで「教科」及び「教科外活動」と「道徳」の領域を基本として，教育課程が編成されている。

幼稚園と保育所の場合，「幼稚園教育要領」と「保育所保育指針」に，その教育の基本が示されている。この2つの保育内容は，過去において幾度かの変遷を経ているが，昭和39年から平成元年までの内容を6領域としてきた。しかし，しばしばその内容を教科的にとらえ，子どもに知識を教育する方向に偏る傾向が出てきたため，子どもの生活のなかの主体性を充分に引き出すための内容に改訂されたのである。新しい幼稚園教育要領，保育所保育指針はいずれ

も平成2年4月より，新しい時代に即した人間観のもとに，教科型に偏らない内容として，5領域をその内容と決定したのである。子ども自らが子どもをとりまく環境や人びとへ働きかけていくように考えられてきたのである。

さらに，時代の変化にともない，平成10年4月改定されたのである。

このように教育課程，保育課程を「教科型」「経験型」という2つの固定化したものとして区別することなく，時代や生活のあり方の変化，文化の進歩に柔軟に対応しながら，その園独自の保育課程の編成を考えなければならないであろう。また実際に組織化するにあたっては，その内容，時間，空間，個々の保育者の考え方によって変わってくる。組織化の方法としては，領域別であったり，「単元活動」という方法をとったり，それぞれの園によって最も有効である方法を選ぶべきであろう。

保育課程の編成

保育課程の編成に関しては，何を基準として考えたらよいか，という点が問題になる。それぞれの保育施設での特色が生かされ，地域性や，職員の構成という特徴も考慮されるであろう。単純に考えた場合は保育者自身がどうしても子どもの活動としてとりあげてみたい，という内容もあるであろう。

しかし，調和のとれた活動を考えた場合には，幼稚園においては，幼稚園教育要領が基準となるであろうし，保育所の場合は保育所保育指針があげられるであろう。

いずれにせよ，これらの保育内容を基準とし，それぞれの特性ある保育課程の編成が組織されている。したがって，保育課程には一般性のあるものと，独自性のあるものとを調和のとれた形態で編成されることが望ましい。

48. 保育課程と指導計画の関連について述べよ

　保育課程は，それぞれの園で独自の方針や目標があげられ編成されるが，これだけでは実際の保育はできない。この保育課程に即して，個々の保育者が，保育を展開させていくために具体化して指導および援助していくための指導計画が必要である。

　ここでは，保育課程と指導計画の関連と相違点を明らかにしてみることにする。

目標について

　幼稚園教育においては，幼稚園教育要領，第1章，総則のなかの幼稚園教育の目標に5項目示されている。とくに前文に「幼児期における教育は，家庭との連携を図りながら，生涯にわたる人間形成の基礎を培うために大切なものであり，幼稚園は，幼稚園教育の基本に基づいて展開される幼稚園生活を通して，生きる力の基礎を育成するよう学校教育法第78条に規定する幼稚園教育の目標の達成に努めなければならない」と示されている。

　保育所の場合，保育所保育指針，第1章，総則1の(1)には，「子どもは豊かに伸びていく可能性をそのうちに秘めている。その子どもが現在を最もよく生き，望ましい未来をつくり出す力の基礎を培うことが保育の目標である」として，6項目示されている。幼稚園も保育所も，表現の違いはあるが，「幼児期」にふさわしい生活をし，それが「生涯にわたる人間形成の基礎」になり，「望ましい未来をつくり出す力の基礎を培う」ことを目標としている点で，同じ視点に立っているといえよう。ただし，保育所の場合には，「養護」というものが加わっていることをつけ加えておく。

　この2つの目標にのみとらわれることなく，それぞれの園の実態，子どもの成長発達の速度の違い，子どもを取りまく環境の差によって「目標」の内

容は決定されなければならない。

　この目標に即して、「ねらい及び内容」が考えられる。幼稚園教育要領、保育所保育指針に示されていることを基本として考えるが、これも目標と同様にそれぞれの園の実態に即して、ねらいおよび内容は決定されなければならない。「ねらい」および「内容」は指導計画において、保育者は各園の保育課程に即して、更に具体化し、保育計画、すなわち保育課程と指導計画と相互に関連させて作成しなければならない。保育課程編成において、その園の独自性は保育者ひとりひとりの主体的取り組みがなくては編成できないことも認識しておくべきであろう。

　保育課程の編成に際しては、一般的には、つぎのようなことに考慮すべきであろう。

(1) 乳幼児の発達段階

　各年齢ごとに正しい子どもの発達段階を把握しておくことが必要である。

(2) 地域社会、園の特性

　それぞれの地域社会に生きている子どもの環境を生かし、それを園でどのように取り入れていくか地域社会に根づいた保育課程を編成していかなければならない。

(3) 1年間の保育の流れ

　時期や季節を生かし、子どもの生活のなかに組みこまれるように考慮する。

　この保育課程に対して、指導計画は、個々のクラス、個々の子どもに合わせて考えていくことになるが、それは、つぎのような点になる。

(1) 年齢区分と保育歴

　指導計画を作成する場合、年齢によって計画するのは当然であるが、子どもの保育年数も考慮すべきであろう。同じ4歳児といっても、0歳児から保育されているものと、はじめて保育の場に入ってくる子どもとの

差を考えて計画をたてるようにする。
   (2) クラスの特性
   　同じ年齢でもクラスのふんい気が，子どもの傾向がちがう場合，それぞれの特性が生かせるような指導計画が作成される。
   (3) 子どもの個人差を生かす
   　子どもの心身の発達は個々に差がある。同じ日に誕生しても歩行開始の日は同じ日になるとは限らない。このようにひとりひとりの発達の速度ばかりでなく，子どもの興味のあり方なども差があるが，その個人差を生かすように指導計画が考えられるべきだろう。
   (4) 施設の環境を生かす
   　地域社会のみならず，ひとつひとつの園において，遊具や園庭，園舎の構造なども，子どもの生活によりよい方向で生かされるよう，指導計画のなかで配慮されなければならない。
   　また子どもが主体的に環境にかかわることができるよう園での環境のあり方を保育者自身が積極的に設定したり，変化を持たせたり，指導計画を作成しなければならないであろう。
   このように，保育課程と指導計画を比較してみると，目標やねらい，それに対しての活動の内容の選び方にちがいがあることがわかるであろう。
   つぎに，保育課程と指導計画とを比較検討してみよう。
   保育課程というものの性質は，子どもの望ましい姿を予測し，各年齢ごとに活動を組織的に考えた道すじである。つまり，カリキュラムという言葉があてはまることが容易に理解されるであろう。したがって，保育課程は，保育所の所長，幼稚園の園長およびそこにいる職員によって編成され，その施設の教育方針や教育方法の独自性が明らかにされるものである。これに対して指導計画というものは，この保育課程を理解したうえで個々の保育者が子どもを指導するための指導計画をたてる訳である。

幼稚園教育要領においては，指導計画について，つぎのように示している。「幼稚園教育は，幼児が自ら意欲をもって環境とかかわることによりつくり出される具体的な活動を通して，その目標の達成を図るものである。幼稚園においてはこのことを踏まえ，幼児期にふさわしい生活が展開され適切な指導が行なわれるよう」に指導計画を作成するとして，8項目の留意事項を示している。

　保育所保育指針においては「指導計画はこの保育計画に基づき，子どもの状況を考慮して，乳幼児期にふさわしい生活の中で，一人一人の子どもに必要な体験が得られる保育が展開されるように具体的に作成する」と書かれている。

　保育課程は先にも述べたように，全体の道すじであるのに対し，指導計画は，個々の保育者が，個々のクラス，個々の子どもに即して考えられるべき内容ということができる。

49. 指導計画の種類と役割を述べよ

　保育課程は各園で年度始めに検討し，全年齢にわたって組織されるものであるが，指導計画は，子どもを指導するための計画であるから，細部にわたり，日々，時々の計画が必要となる。通常，長期にわたるものとして，年間指導計画・期間指導計画・月間指導計画というものがある。また短期のものとして，週案・日案という指導がある。

　つぎにそれぞれの指導計画の特徴と役割について述べる。

年間指導計画

　通常，4月から3月までの1年間の指導計画で，年齢別に作成される。

　1年間の子どもの発達との関係が明らかになるよう，子どもの発達を予測し，4歳児は4歳児なりに指導の計画をたてなければならない。年間指導計画を作成する場合には，長期の見とおしをもち，適切な活動内容が計画されるべきであろう。

　しかし長期であることから，細部にわたるものは，かえって不適当である。大きな枠のなかで考え，そのつど子どもの状況に合わせて修正していくことが容易であるといえる。

　年間指導計画としてのポイントはつぎのことが考えられる。

　○季節や時期に即して全体の見とおしをたてる。
　○集団生活の経験年数を考慮して子どもの年間の活動を考える。
　○1つの活動にかたよらないように年間の流れに注意して活動の内容を配列する。

期間指導計画

　保育所の場合，1年間を3カ月ずつ区切り4期にわけている場合が多い。幼稚園の場合には，小学校などと同じように3期にわけている。この1期ご

との指導計画が「期間指導計画」といわれているものである。この期間指導は子どもの成長の節目ごとに活動を展開させていく場合に作成しやすいといえる。1年間の保育の計画を，期ごとにダイナミックに活動を展開させていくことができる。この期間指導計画は，年間指導計画といっしょにまとめて作成する場合もある。

月間指導計画

月間指導計画は通称「月案」ともいわれるが，その月の指導すべき事柄を作成したものである。この指導計画では，子どもの実際の問題なども長期に指導するときに経験や活動を組織しやすい。また季節の変化もとらえやすい自然のなかでの活動（たとえば，水あそび，落葉，雪などの遊び）をとり入れるとき，具体的に配慮していくことができる。

週　　案

1週ごとに作成する指導計画である。短期の指導計画として組織的に計画がたてやすい。週案の場合は子どもの姿が保育者自身によく見えるため，子どもの状況に応じて保育内容を選び，配列・展開を具体的に配慮することができる。

週案の場合，月間指導計画との関連のもとで作成される。また，月を週に区切り，月間指導計画と週案を1つにして作成していることもある。

日　　案

日案は1日の指導計画で，その日の流れのなかで，とくに指導しようとするものを計画する。この部分でその日の保育内容のなかでも，保育者の意図が多く出されるわけである。

保育所の場合，長時間保育になるために，日案とは別に「日課」というものが作成される。この日課というのは，1日の流れを時間と保育内容と保育形態とを組み合わせて，1日というものを全体的に調和のとれた配分を行ない，表に書きこまれるのである。

日案というのはあくまでも指導計画であるから，1日の流れのなかの，とくに指導しようとする部分について計画をたてるものであり「日課」とは性格のちがうものであることを明らかにしておく。

年齢と指導計画の種類

年齢が高くなるにしたがって，子どもの活動も予測ができ長期のみとおしがたてやすい。しかし，3歳以下の場合，子どもの個人差，変化がいちじるしく長期の指導計画が作成しにくい。このような場合は年間指導計画のなかで大きな枠組をつくり，それを週案のなかで具体化していくと子どもの実際に結びつけて計画をたてることができるわけである。

このように，長期間に作成されるものと短期間に計画されるものとが子どもの年齢と子どもの実態に即して指導計画をたてるという柔軟性が必要である。どの計画も全部別々に作成しなければならないということではなく，子どもの実態や園の状況に合わせて指導計画の種類が選ばれることが望ましい。

指導計画と保育の実際

指導計画のなかで直接子どもの活動と結びつくのは日案である。長期にわたる計画が，どんなにすぐれたものであっても，その1日，その日が子どもにとって楽しく教育的効果が期待されるものでなければならない。この日々の積み重ねこそ教育といわれるものである。このとき，保育者と子どもは現実の生活のなかで，遊びや音楽や美術の領域，生活習慣の自立などが指導されるわけである。この生活そのもののあり方が，子どもを育てるといえる。細やかな教育内容が計画されていても，それが子どもにとって，興味のない味気ないものでは，むしろ逆効果であろう。

子どもの生活そのものを楽しく工夫しながら保育者とともに生活をつくり出していくような毎日でなければならない。指導計画を，子どもの実態に即して展開していくためには机上の理想論とならぬよう，個々の保育者の創造性とアイディア・好奇心・おどろきの心等々が要求される。

50. 指導計画を作成する場合の留意事項を示せ

　指導計画を作成する場合の留意事項として公的には保育所保育指針，幼稚園教育要領に示されている。

　幼稚園教育要領においては，第3章に8項目にわたって示されている。一方，保育所保育指針では第11章に12項目に細かく示されている。それらを，つぎの観点から考えてみよう。

目標・ねらいの設定

　保育の目標を設定するためには地域の実態を把握，その地域に育つ子どもの状況や家庭環境を理解することからはじめなければならない。

　つぎに子どもの発達段階を明確にとらえる。

　クラスの状況を知るためにも，ひとりひとりの子どもの発達の程度を把握することが大切である。

　つぎに施設がどのような環境であるかということでも，目標の設定が変わる。園の内外の設備の有無や園庭の状況など，子どもの一番身近な環境はそれを生かし，より教育効果をあげるために，目標を設定するときの1つの基準になるのである。

　以上のような事柄について総合的に検討したあと，それらの条件のもとで，幼児にふさわしい生活を保育者は考えたらよいか，ここではじめて保育の目標が設定されるわけである。

　目標の内容は，子どもの実態に合うように具体的な項目が選ばれることが望ましい。

幼児にふさわしい生活と保育者の援助

　日々の生活のなかで行なわれる経験や活動は調和のとれた内容で系統的に組織されなければならない。それでは調和のとれた内容とは何か。

保育所保育指針や幼稚園教育要領に保育内容が領域ごとに明らかにされているが，これらを並列的に選び，行なうことではない。

その地域によって，自然を多く取り入れる必要があったり，自然環境が非常に恵まれていても文化活動が少ない地域であれば，より意識的に文化活動面を組み入れることになるであろう。このように子どもがひとりの人間として育っていくための多方面からの内容を考えていくことである。

保育所保育指針や幼稚園教育要領における領域は相互に関連するものであるから指導計画を立案する場合，一日の流れのなかで「あそび」や「生活」の部分を総合的に考える必要がある。子どもの興味の方向や，その月，週，一日の流れの変化に対応できるように，大きな視点のなかで，領域の内容を子どもの動きにそって設定することである。

また，子どもの興味の方向もとらえておくことが大切であるが，子どもが喜ぶから，という理由で，保育全体が流されてはならない。逆に保育者の好き嫌いや興味だけで，活動を選ぶことも気をつけなければならない。保育者の科学的で客観的な視点で配慮するよう努力しなければならない。

このように，子どもの総合的な生活全体をみとおして，自由な自発活動と，集団生活におけるルール，全体で取り組む課題をもった活動等，子どもの成長に即して組織されることが望ましい。

行事と指導計画

乳幼児時代は生活全体をただ繰り返すだけでは単調になりやすい。それぞれの地域で行なわれる民俗的な生活行事を保育の場にもとり入れ，日々の生活に変化をつけることによって子どもの成長に役立つのである。

たとえば，七夕まつり，節句，豆まき等のほかに，宗教的行事であったものが一般化してきた，お盆とか，クリスマス会，その地域の神社の祭礼なども生活の一部になるであろう。

そのほかに子どもたち自身の保育の場で行なう行事が考えられる。子ども

の成長を祝う誕生会,園外保育として行なわれる遠足,家族ぐるみでたのしむことができる運動会などが考えられる。

　子どもの生活が変化に富み,しかも楽しく学習できる保育の場であるために,指導計画の作成には園外の地域の行事なども積極的に組み入れるよう配慮が必要である。

指導計画の改善

　指導計画を作成するにあたって気をつけなければならないことに,指導計画が改善できるように内容的に余裕のある内容にしておくことである。

　長期にわたる指導計画は,時間的にも経過日数が多くなるため,途中で変更しなければならないことが多いが,短期の場合も時々に変化する子どもに即して,修正できるようにしておくことである。とくに日案においては予定していたことに,まったく興味を示さないような場合,即時,方法を変えるなど,つねに柔軟性が必要である。

51. 「単元」と「主題」について説明せよ

　保育課程における「目標」は子どもに対して，どのような成長を期待するか，子どもの成長の望ましい姿であるということができる，とさきに述べたが，保育者が，ひとりひとりの子どもを保育する際，保育指導によって成長する子ども像が明らかにされなければならない。たとえば「社会性を身につける」という目標があったとする。この目標を達成するために，子どもにどのような内容の経験をさせたらよいか，そのためにどのような活動を子どもに経験させるか。この時「主題」をおくことになる。

　主　題

　主題とは目標に向けて活動させるためのその活動の主題である。たとえば「友だちとあそぶ」という主題をたてたとする。これは目標として「社会性を身につける」ということに対して「友だちと遊ぶ」という活動目標をおくわけである。つぎに，この「友だちとあそぶ」という主題を実現するために，1つのまとまった遊びを組織する。それが「単元」と呼ばれるのである。

　単　元

　単元とはユニット（unit）ということばから使われるようになったことでもわかるように，1つのまとまった経験や活動を行なうときに使われる。

　主題を「友だちとあそぶ」としても，どの子どももあそべるとはかぎらない。そこで，どのように子ども自身が「あそぶ」ということに取りくむことができるか，活動を組織して，ある一定の期間，継続して行なう，単元活動として具体的に保育内容を組織する。この時点では，保育者の個性によってさまざまなものが選ばれるであろう。

　たとえば，単元として「のりものごっこ」を設定しようとする場合もある。またほかの保育者は「ジャンケンあそび」を設定するであろう。この単元の

内容は，子どもの実態や保育者の意図が強く出てくる部分である。

　保育課程における目標に対して子どもに必要な活動の目標として「主題」をおき，その主題にそって，「単元」という1つのまとまりのある活動が組みたてられる。これをさらに指導のねらいや指導の展開の方法を考えていくのが「指導計画」と考えたらよいであろう。

主題と単元の選び方

　どのような観点から主題や単元を選ぶか，つぎにポイントをあげてみよう。

(1) 遊び中心の学習

　乳幼児の特性である遊びを中心に考える。遊びを中心にした学習がもっとも効果的な年齢である。そのために，遊びの内容や種類をよく検討しておくことである。

(2) 模倣を中心としたあそび

　模倣によって遊びが展開していくものとして「ごっこ」あそびがあるが，単元として継続的に行なう内容として適切であろう。

(3) 子どもの自発性をうながすもの

　子どもがみずから活動しやすい興味あるものを選ぶことであろう。

　以上のような条件をみたし，そのうえで保育者の指導性が必要である。しかし，保育者が主題をたて単元を作成しても，それは机上のプランにすぎない。子どもに興味をもたせるために，いわゆる「動機づけ」といわれる自発性をうながす誘導も大切なポイントになる。この自発性は単元活動が展開されている期間，つねに持続されるように指導されるべきである。

単元活動の種類

　○遊びを中心にした単元

　○生活を中心にした単元

　○子どもの興味・関心を中心にした単元

　○行事を中心にした単元

これらの単元は活動によって主題をえらび出される。もっとも活動しやすい種類を選び計画がたてられることである。

単元活動として選ばれるものと，日々の生活のなかで，すこしずつ身につけていくものと区別して考えることも大切である。たとえば手洗いの習慣や衣服の着脱など，時期を区切って指導する単元活動よりも，その場その時に随時，指導していく性格のものである。

子どもの成長と学習内容によって適切な単元活動が選択されるよう保育者自身の指導性が問われるところである。

52. 指導計画の評価の方法について考察せよ

保育所保育指針においては「指導計画は、それに基づいて行われた保育の過程を、子どもの実態や子どもを取り巻く状況の変化などに即して反省、評価し、その改善に努めること」幼稚園教育要領においては「幼児の実態及び幼児を取り巻く状況の変化などに即して指導の過程についての反省や評価を適切に行い」と示している。

どちらも具体的方法にはふれられていないが、実際の保育の場では、ひとつひとつの項目を評価反省することによって、はじめて日々の向上があるといえる。

(1) 目標およびねらいに対する評価

指導計画を実際の保育に移したとき、さまざまな結果が出てくるが、そのなかでも、「目標」あるいは「ねらい」の設定が適切であったかどうか、という点については第1に反省されなければならない。

この場合には、保育者の意図そのものの内容が問われなければならないだろう。

(2) 指導方法の評価

活動そのものを指導していく過程で、保育者の予測と実際の子どもの活動状況とを確かめたとき、指導計画で期待したことが達せられていたかどうかを検討する。

以上の2つの観点から指導計画作成に対して評価した場合、その原因を明確にすることによって、つぎの指導計画作成への改善につながるものとして考えておくべきことである。この原因を確かめるためには、

　○子どもの発達段階に即していたか。

　　個々の子どもの発達の状況と、クラスとしての発達、あるいは個人差の

程度が問われる。
○遊具や用具の保育者の準備が十分であったか。
○子どもの興味に流されていないか。
保育者の指導性の弱さを明らかにしていく。
○活動に対して時間的配分が適切であったか。

このように原因を明らかにするためには保育者の客観的な観点がなければ，評価することは困難である。そのために具体的な評価の方法を考え，自分の指導を客観的に分析することが必要である。

評価の方法

客観的に，また短時間のうちに評価する方法として，いくつかの項目をつくり，評価の基準となるものを具体的に明記しておくことが必要である。この基準となる項目をつぎのそれぞれについて具体的につくる。

○指導計画そのものに対する評価
○子どもの活動の評価
○保育者の指導過程における評価

これらについて，つぎの2つの方法を用いて評価に役立てる。

(1) チェック項目を作成する。

指導計画そのものと，子どもの活動・指導という点にわけて，保育者が学習させようとした内容を細かく項目をあげておき，それが達成できたかどうかチェックしていく方法である。これは自分の評価の観点と実際の指導経過とを短時間で評価する場合には効果的である。

(2) 観察による記録をとる。

チェックをする方法は，保育者の予測に対してどうであったか，という点については明らかになるが，予測以外に，さまざまなことが発生するであろう。また，個々の子どもの相違も出てくる。このような場合は，観察したことをそのまま記録して，評価・反省の資料にしておく。

この2つの方法のほかに、日常の保育の場では、保育日誌や子どもの個人記録などからも指導計画に対する評価と反省をみつけ出すことができるであろう。

しかし、評価をするうえで、もっとも大切なことは、毎日の積みかさねから、部分的評価と全体的な総合的判断を行ない、つねに科学的・客観的視点を忘れないことである。そのためには、保育者間のきびしい評価も、お互いに受け入れ、指導計画の改善のみならず、保育者自身の向上発展にもつながるものとして考えられるべきであろう。

第12章　保育の教材

53. 保育の教材について留意すべき点を論ぜよ

　一般に幼児の心身の発達を援助・促進するのに必要とされる文化的な素材を総称して保育の教材という。

　保育の教材に関して, 新幼稚園教育要領では,「表現」の留意事項のなかに「生活経験や発達に応じ, 自ら様々な表現を楽しみ表現する意欲を十分発揮させることができるような材料や用具などを適切に整えること」と示され, さらに保育所保育指針では「保育の環境」のなかで,「保育所の施設, 屋外遊戯場は, 子どもの活動が豊かに展開されるためにふさわしい広さを持ち, 遊具・用具その他の素材などを整え, それらが十分に活用されるように配慮する」と子どもの意思にもとづく教材の選択や利用のしやすさについての重要性が指摘されている。

　保育教材は本来幼稚園や保育所において保育目標を達成するために必要と認められる保育内容や方法の計画のなかに意図的にくりこまれるべきものである。

　その意味で保育の意図のもっとも明確な形で表現された保育教材の典型としてはフレーベルの恩物 (Gabe) とモンテッソーリの教具とをあげることができる。

　このような保育者の幼児に期待する望ましい活動や経験を充足するためのいわば既成の教具, 遊具以外に, 木の葉, 石, 草花, 新聞紙, 空箱など幼児が日常的に接している自然のものや日常的なものが, 幼児の自由な遊びのなかで使用されることがある。これらは保育者には意図されていなくとも, 幼

児に望ましい経験をえさせることもあるので、カリキュラムにはのらない「隠れた保育教材」ということができる。保育者はこのような一見、顕在化されていない教材にも、環境構成の際、注目する必要がある。

保育教材選択の留意点

　保育の教材、たとえば遊具を選択する場合に留意すべき点は、まず第1に幼児がなにを選択し、遊び方を考え、だれと、どれくらいの時間、遊ぶかという手さぐりできるような遊具を保育者が選択することが重要である。すべり台を例に考えてみると、昔ながらの1人用のすべり台では、2人以上の幼児がいて、すべりあきてしまった幼児の1人が下から上にのぼって行ったとき、もし上からすべるものがいた場合、保育者は「上の人がすべってから、のぼりなさい」と言わざるをえない。しかし、もし2人以上の幼児が、同時にすべれるような幅広いすべり台が設定されているとすれば、保育者が注意しなくても、上からすべる人は右側、下からのぼる人は左側というルールができることによって幼児は、上→下、下→上、いずれの選択も同時に可能になる。幅広いこのすべり台は、幼児のサイドからみれば、選択の自由度が拡大されている遊具ということができる。すぐれた教材は、幼児にとってさまざまな選択の範域の広いものである。しかし、遊びの選択の自由度を拡大するような保育の教材の選択権が保育者の手中にあることは否めない。

　保育所や幼稚園では、幼児が保育の過程において、その教材に対し、さまざまな探求が可能になるような、教材を選択することが重要である。

　基本的には、教材の選択は保育者の興味関心によるのではなく、あくまで、幼児がみずからの力で、再探求を可能とするような、いわば個性の表現の可能性を拡大するようなものであるかどうかの検討が必要である。

54. 遊具の種類と特性について述べよ

遊具の特性と種類

子どもが遊ぶとき使用するすべての道具を遊具という。

遊具は使用する幼児に喜びを与えるだけでなく，興味を養い視野を拡大する点に教育的な価値が見いだせる。幼児は遊具を利用することにより，能動的に遊びを発展させることができる。また保育者の側からいえば，遊具の利用により，幼児を集団に一体化することが可能ともなる。

遊具の種類は多様であるが，つぎのように4種に類別される。

(1) 対象遊具

人形，布製のクマ，ウサギ，イヌのようになんらかの形態を具体的に表現している遊具で，幼児は人間的な特性をそれに与え，愛好する。この遊具にはその社会の生活様式いわば民族の精神（ethos）が象徴されており，そのため幼児は，この遊具を通して社会全体の望ましい態度を形成することができる。

(2) 運動遊具

すべり台，ブランコ，ジャングルジム，なわとび，マット，鉄棒，タイヤ，遊動円木などの運動遊具は，幼児の戸外遊びのときよく使用されるが，これらの遊具は身体の発達を促進するのに役立つばかりでなく，仲間といっしょに活動することにより社会性をも培っている。とくにすべり台は子どもが遊ぶ自由度が大きく，その単調性は対人関係への方向づけをもたらし集団形成の機会を幼児に付与しやすいというすぐれた特色をもっている。

(3) 構成遊具

ブロック，積木，種々の卓上の構成材料などで，幼児の構成能力や発見能力を発達させるのに有用である。

(4) 自己製作遊具

幼児自身がつくる遊具で，樹皮，かしの実などの自然材料や紙箱，空かん，雑誌の切りぬき，ひもなどの廃物が利用される。幼児はそれらの材料で製作する過程を通して創造的な思考を発達させることができる。そのためには，保育者みずからが，遊具を創意工夫して製作できることが要請される。

遊具選択上の留意点

(1) 幼児の興味に即し，喜んで，個人的にもまた共同でも使用でき，美的な感覚を高め，心身の発達に資するもの。

(2) 幼児の発達段階に適した遊具を選ぶこと。

(3) ブランコ，すべり台のような多人数で利用する運動遊具は堅実で，安全性の高いものを選ぶこと。

(4) 運動遊具の選択の場合，設置場所，利用する幼児の数などをあらかじめ配慮し，活動の安全性を確保する必要性がある。

(5) 運動場，施設がせまい場合，遊具をできるだけ可動式にし，またいくつかの遊具を組み合わせ，機能的に広さを確保しておく必要がある。

(6) 幼児がみずから，遊び方を手さぐりしたり，工夫することを期待されているような遊具を，保育者が設定するように配慮する必要がある。

発達段階と遊具

3歳未満の幼児は人形や動物などの対象遊具を好むし，大きなボール，自動車，列車などの運動遊具で遊ぶ傾向がみられる。

3・4歳の幼児ならば，人形遊びには家具，衣服，文化調度品を必要とするし，人形もおとなと子どもの種類が加わる。構成遊具も複雑なものを欲し，集団遊びに興味を示すので，役割，劇遊び用の遊具を備えておく必要があろう。また，この時期は，幼児がひとりで，遊具のあとかたづけができるように指導を要する時期でもある。

5・6歳になれば現実の生活を幼児なりに再現できるような遊具を望むよ

うになるので，保育者はこのような観点に立って遊具を選択する必要がある。また自己製作の遊具を好む傾向もみられるが，女児は人形の衣裳がえを，男児は鉄棒，自転車，ジャングルジムなどを好むようになる。

とくに，運動遊具の利用に際しては，運動の調整とルールの遵守についてひとりひとりのユニークな反応に即しながら援助してやる必要がある。遊びにおける安全性は上記の2つの条件が，幼児ひとりひとりの個性と結びつく援助があってはじめて確保されるのである。

なお，遊びのルールは，幼児が遊具を用いて遊ぶ過程のなかで個別的に自己発見されるものであると同時に，幼児はそのルールにより，自己の衝動を制御し，自己の行ないを他者のそれに一致させることを学び，それが究極的には幼児の身体的・意志的な努力をつちかう方法を習得することに結びついていくのである。

遊具と援助

どの遊具を用いて，だれと，どれだけの時間を用いてどんなふうに遊んだらよいか，幼児によって選ぶことができる自由の下で，遊びの精神は表出されやすい。いわゆる「思い思いの遊び」のとき，遊具はその幼児の精神と一体化する。野外の遊具などは，出口や入口が固定しているものよりは，幼児によって，さまざまな入口や出口が選択できるほうが，遊びが発展しやすい。

幼児が，自分の可能性に，危険なく挑めるような工夫が遊びへの援助（facilitate）ということになる。つまり，幼児みずからが遊びを発展できるようにするためにはどんな遊具をどれだけ，どこにおいたらよいか。その判断こそ，重要な課題ということができる。

55. 視聴覚教材について述べよ

視聴覚教材とは，一定の保育目標を達成するために選ばれた感性的なコミュニケーション媒体による指導のための文化的素材をいう。

視聴覚教材の種別と性格

保育に利用される視聴覚教材には，絵本・パンフレット，写真，グラフなどの印刷物，黒板，地図，掛図，マグネット板，模型，標本などの提示物，人形劇，紙芝居などの実演，映写機器や放送教育機器などの媒体によるフィルム，レコード，テープ，シートやビデオテープなどがある。

絵本，紙芝居，掛図や黒板などは，指導上の準備も容易で，保存もきき，コストも比較的に安い。そのうえ，受け手の幼児にとっても具体的で親しみやすく理解しやすい利点がある。

映写機器や放送機器の技術開発には最近めざましいものがあるが，フィルム，スライド，トランスペアランシーなどの視覚教材にはつぎのような特性がみられる。

(1) 直接的には視覚化しにくい場面を，たとえばミクロやマクロの世界の伸縮により，提示することができる。

(2) テレビや映画など動画像を提供する教材は高速度，低速度撮影などにより，対象の姿を時間的経過にしたがって観察することを可能にする。

(3) 遠隔地や危険地帯などの光景の代理経験を可能にする。

(4) リアルに問題が提示されるために，豊かな知識，思考の素材になりやすく教育的に利用価値が高い。

(5) オーバーヘッド・プロジェクターやスライドなどを媒体とする静止画像は，現象を理解するのに役立つ。

つぎに，テレビ，ラジオ，テープレコーダー，VTRなど放送教育機器に

くみこまれる情報提示体として、レコード、テープ、ビデオテープ、シートなどがあげられる。いずれも送り手（保育者）から多数の受け手（幼児）に同時にしかも一方的に情報を伝達するのに適している。

テープ・レコーダー、シンクロファックス、ティーチング・マシンなどの聴覚教育機器は、個人差に応じたシートやテープを用意することで、個別指導を行なうことを可能にする。なお、ラジオやテレビに関しては、昭和10年のラジオ放送、昭和34年のＮＨＫ教育放送およびテレビ朝日の学校放送の開始以来、多くの幼稚園で視聴し、保育活動にとりいれられている。

なお視聴覚教材はいうまでもなく、保育の指導内容に組織化されていなければならない。したがって、保育者が、ある視聴覚教材を選択する場合、視聴覚教材の性格だけでなく、幼児の生活体験や発達課題との関連についても配慮する必要がある。

視聴覚教材選択のポイント

(1) その教材が幼児の現実の生活と無関係に選択されていないかどうか。幼児の生活に身近な問題であれば、幼児はその教材を、幼児自身の問題として容易に理解することができるからである。

(2) 保育目標を達成する指導内容として、その教材が、有効に機能する特性を備えているかどうかを検討する。保育目標に結びつかない教材の選択は、問題を発展させることができないからである。

(3) 今日、幼児は、日常、実物とは接する機会が少ないのに、絵本、テレビ、ビデオなどの「コピー文化」に接する機会が多い。

実物とのふれあいの機会と関連させながら、いわばその経験を、客観化、補足化、拡充化などの方向で、より深化させる方法として視聴覚教材を活用する視点が重要である。

(4) 視聴覚教材そのものは具象的で、幼児に容易に理解されやすい代理的経験である。したがって、1つの具体的な感性的経験を掘り下げ、一般的な

意識にまで高めるには，保育者による言語を媒介とした思考による活動が必要である。すなわち視聴覚教材による幼児の感性的認識を，理性的な認識にまで高めるには，保育者による，よい言語の指導に俟たなければならない。

56. フレーベルの恩物について説明せよ

　幼稚園の創設者フレーベルによって1837年に考案, 創作された, 世界最初の教具である。フレーベルは, この教具を神からの贈り物の意味でガーベ (Gabe, 恩物) と呼んだ。

　人間の本質を神のようにたえず創造する存在とみたフレーベルは, この創造的活動が本格化するのが幼児期であり, しかも, 遊びを通して幼児の内面的なものが, 自主的に表現されると考えたのである。恩物は幼児が生まれながらもっている活動衝動 (Tätighkeitstreib) を助成する手段と考えられている。

恩物の種類

　恩物には20種類があるが, そのなかのいくつかを示すとつぎのようである。

　第1恩物（6球）——毛糸で編んだ6色からなるボールで紐がつけられるようになっている。年齢に応じて種々のボール遊びが可能であり, 色がついているので, 色の名前も覚えられる。

第2恩物（三体）

　第2恩物（三体）——木製の球, 円柱, 立方体の3種類の組み合わせからなり, 球が丸く動的であるのに対し, 立方体は8つの角をもち, 静的であることを教える。なお, 球と立方体の統一として認識できるように, 円柱が加えられている。

　第3恩物（木の積立）——1個の木製の立方体を, 8個の立方体に等分割したもので, 8個が1つの箱に収まるようになっている。子どもは組み立てたり, 崩しかけたりして, 積木遊びを行

第5恩物（木の積立）

なうなかで，全体と部分との関係を学ぶことができる。

　第5恩物（木の積立）——立方体（21個），この立方体の2分の1の三角柱体（6個），4分の1の三角柱体（12個）よりなる。これは現在の積木のもとである。

　第7恩物（板ならべ）——三角や四角のいろいろな板があり，これをならべて遊ぶ。

　第9恩物（鐶排べ）——いろいろな大きさのかねの輪（24個）や半円形（48個）のものがあり，これをさまざまにならべて遊ぶ。

フレーベルの発達思想と恩物

　上記のような一連の恩物には，いうまでもなく，フレーベルの神秘的で，象徴的な自然哲学が反映されている。すなわち，人間が自己形成をはかり充実した人生を送るためには神の力が浸透している鉱物，植物，動物界や人間界の自然の各段階を，子どもたちは連続的かつ組織的に進んでゆかねばならない。しかるに，19世紀前半のドイツは産業資本主義台頭下にあり，婦女子も長時間労働せねばならなかった。そのために心身の素質の調和的育成にたえ

ず配慮する保育が，就学前の子どもたちには必要であるにもかかわらず，欠如しがちな状況にあった。フレーベルはそのような当時の保育欠如の状況を改善するために「一般ドイツ幼稚園」(der Allgemeine Deutsche Kindergarten) を構想し遊びと作業の施設を設け，幼児保育者の養成を行なうとともに，恩物を製作したのである。

恩物の役割

ところで，恩物の役割としては3つの側面が考えられる。

(1) 自発性の助成

幼児の生まれながらもっている活動衝動を妨げず，注意深く見守るというのいわゆる受動的，追随的保育の原理は，幼児の自発性を促すことになる。したがって，恩物は幼児の興味や関心にそくし，自由に遊ばせることが意図されていた。

(2) 創造性の育成

幼児は，なにかをつくりださずにはおれないという活動衝動を生来，身につけているが，神からの贈り物としてのこの恩物には，この幼児の創造性を刺激し，満足させることが意図されている。

(3) 共同生活の育成

一切の生命は，神に由来し神的なものであるという立場にもとづいて，また教育を人と自然との和合や神への帰依と続く「生命の合一」の思想にもとづいて，フレーベルは，共同生活育成場を展開し，そのため集団的・共同的な恩物遊びを重視した。いわば恩物は，学校，仲間，民族，人類および神との一体感へと発展し，人間に「部分的全体」としての自立を考え，「生命の合一」へと導く手段としての役割を果たしている。

恩物の現代的意義

恩物の体系は「対立」「媒介」「統一」の法則にもとづき，「立体―面―線―点へ」から再び「点―線―面―立体へ」単純なものから複雑なものに，象徴

的なものから，現実的なものへというように，子どもの心身の能力を，発達段階に即応して発達させることが意図されている。自然のなかにある法則性を，子どもの遊びの活動を通して，感覚的，認知的に身につけようとする際の，恩物という教具の果たす役割は大きい。恩物にみられる積木などの教具の考案およびその際の科学的ないし感覚的認識への着目ないしその精神は高く評価されてよい。また恩物により，まり・球・立方体・円柱などの単純で，しかも多様性のある幼稚園遊具が，はじめて開発された意義には注目する必要がある。なお，恩物の意義については，フレーベル自身，『幼稚園教育学』のなかで，つぎのように述べている。

　子どもの内的発展を抑圧するもの，並びにその外的認識を妨害するもので，しかも両者の場合とも実際，子どもにとって1個の破壊的なもの，それが今でも非常にしばしば遊具として子どもに提示されている。それは，実にあたかも，バラの下に眠れる毒蛇のようなものである。それは余りにも形成されすぎている遊具である。子どもはそれをもって，自己からもはや何物をも始めることができない。それによってなんら種々様々なものをじゅうぶん自己から持ち来すことができないで，かれの創造的な想像力，なにもかも自己から外的に形成するという力は実際それによって殺されてしまう。

なお恩物そのものは緻密で，それ以前の教具と比べてまさに画期的であった。しかし，幼稚園では恩物がひとりひとりにわたされ，すべて，保育者の指導のもとに指示されるいわば教師中心の一斉保育の形態をとったこと，また，子どもたちの自由遊びをすべて認めない系列的な教具であったため，この恩物に潜在する象徴主義は，デューイなどの進歩主義的教育学者や，スタンレー・ホールなどの児童研究者により批判されるところとなった。しかし，今日，遊具・教具の発展的開発を考えるさいに自発性・創造性・共同性の育成の原則をフレーベルから学ぶことができる。

57. モンテッソーリの教具について説明せよ

イタリアのモンテッソーリ（Montessori, M., 1870～1952）によって，開発された教具の総称。モンテッソーリによればすべての子どもはみずから成長・発達する生命力を備えている。この精神的生命力の発達を手助けする外的な刺激として，モンテッソーリの教具が考案された。したがって，モンテッソーリの場合，教具は，たんなる刺激物ではなく，子どもが自由に使用し，注意を集中し，なんども繰り返すことによって成長・発達を促進する媒介物として位置づけられている。

教具の種類

モンテッソーリの教具は2歳半から6歳まで，縦割り編成のもとで順序性をもって体系化されているので，共通の教具カリキュラムによってひとりひとりの保育を行なうことができるようになっている。教具を大別すると，①日常生活の練習のための教具，②感覚訓練の教具，③算数の教具，④ことばと文字の教具，⑤文化（理科，社会，国語，美術など）に関する教具がある。

なおモンテッソーリの感覚教具のなかでは，つぎのような触覚と視覚のための教具が重要視されている。

〔触覚の訓練のための教具〕

滑粗の感覚訓練のための教具――なめらかな紙と紙やすりのはられた長方形の板

熱感覚の訓練のための教具――さまざまな温度の水のみたされた鉢

重量感覚の訓練のための教具――藤，くるみ，松の3種の木板

立体感覚の訓練のための教具――フレーベルの積木と立方体

〔視覚の訓練のための教具〕

寸法の識別のための教具――それぞれさまざまの10個の円筒形の木片が挿

入された積木3個，厚さの識別のための10個の四角柱，長さの識別のための10本の棒，大きさを識別するためのさまざまの大きさの10個の立方体。形の識別のための教具――それぞれ幾何学的図形の挿入物をそなえた6個の小さな枠づきの浅箱6個など。

色の識別のための教具――8種類の色が8段階の強さで分けられた64枚の平板を含むように8個の仕切りに分けられた箱2個など。

教具の特徴

まず，モンテッソーリの教具は，彼のカリキュラムと対応している点があげられる。すなわち，3歳までは日常生活の練習のための教具が，ついで感覚教具が4歳半ごろまで，さらに文化的な教具が4歳半ごろから用いられるというように，教具のカリキュラムが系統的に体系づけられている。

つぎに教具は幼児にとって魅力的で調和のとれた楽しさをもち，注意を集中できるようなねらいが設定されていて，比較，対照，分類，組み合わせなどの構成が考えられている。なお，幼児が誤った作業をした場合，その行為の誤りを幼児みずから発見し訂正することができるように工夫されている。

教具の効用と問題点

幼児が教具に注意を集中し作業を繰り返すなかで，この教具の注意集中作業が幼児の内心の満足による情緒の安定，観察力，注意力，語彙の理解，順序，対応，分類に対する認識や自発性，自律心などを形成するものと考えられる。幼児の注意集中作業がおこりやすく工夫されている点にモンテッソーリ教具のすぐれた一面がみられる。問題点としてはつぎの2点が考えられる。

(1) 操作する教具のなかに，結論が所与のものとして与えられているために，幼児がなにかを新しく創りだしたり手さぐりする余地がない。

(2) ものとことばとの関連が抽象概念とことばだけでとらえられているため，幼児がイメージをゆたかにしたり「ことばかけ」の必要があまりない。そのため，ことばによるコミュニケーションが活性化しにくい。

第13章 保育の評価

58. 評価の意義について述べよ

評価の歴史

一般に教育の仕事を行なった場合，必ず教育の目標に照らして客観的に，しかも正確に教育効果の判定をしなければならない。その判定の方法として，昔は論文体テストを中心とした考査の形で行なわれたのであるが，この伝統的考査法は，主観性，非科学性のゆえに批判され，1900年前後から客観的に信頼しうる判定方法として教育測定運動が起こってきた。

(1) 教育測定運動の発生（1900年）

心理学における個人差心理学の発生，ドイツを中心に起こった教育の科学化の運動，教育統計法の進歩，さらには19世紀後半急速に発展してきた自然科学における観察や測定の手法を教育にも応用すべきだという考えに刺激され，教育測定運動は大いに発展した。そして個人差を測定し明らかにすることが児童理解の方法であると考え，知能・学力・作品等の客観的測定法が熱心に研究され，知能テスト（1905年），学力（算数）標準化テスト（1908年），等いわゆる客観テストが考案された。ここに科学的教育評価の原点「信頼性，客観性」をみることができる。

(2) 測定から評価へ（1930年代）

主知主義的教育観から全人的教育観による新しい教育思想の台頭により，教育測定では，変化した教育現実や教育理論の要求を満足させることができなくなった。

ここにいわゆる8年研究（The Eight Year Study）を母体として新教育の目

的内容や方法にふさわしいものとしての教育評価が登場するにいたった。

この測定から評価への転換の意味は，教育評価は教育目標のよりよい達成のための必須の営みであるという考えが打ちたてられたことである。

すなわち教育測定がひとつひとつの能力や特性を数量的にしかも客観的に補足することに重点がおかれているのに対して，教育評価は主として教育目標達成の程度の測定とその改善進歩を目的とする。教育評価は教育測定を排斥するのではなく技術として内包するのである。

(3) 教育工学・学習心理学の影響（1950年代）

1950年ごろより教育工学的な考え方や，プログラム学習の考え方が，教育評価にも重大な影響を与えるようになった。

すなわち，教育をその目標を中心として，これをよりよく達成するための諸活動のシステムと考え，そのなかでのフィードバック機能（制御機能）として評価を位置づけたのである。教育評価の基礎理論の構築をここにみることができる。

(4) 人間尊重思想の影響（1960年以降）

1960年以降になると第2次大戦後台頭してきた人権思想，自由平等思想の影響による教育評価のあり方が問われるようになった。すなわち，これまでの評価が信頼性，客観性とか，フィードバック効果を問題としてきたのに対し，もっぱら人間尊重の見地から評価はいかにあるべきかを問うのである。

テストに関する差別選別論，一律評価論，人格テストや家庭調査についてのプライバシー侵害批判，5段階相対評価の批判など学問や教育の域を越えて政治の場にまで登場するようになった。ここでは授業の流れの途中の評価に関心が高まり到達度評価（絶対評価）や形成的評価が重視されるようになった。

この評価における人間尊重の視点は重要なことであるが同時に評価の信頼性，客観性などを含めて，心理学的，測定学的，工学的視点もまたそれが科

学的であるためにきわめて重要である。調和のとれたより高次の評価理論の確立が今後の課題である。

評価の意義

以上評価の歴史について考えてきたが，評価の意義そのものについて考えてみたい。

教育目標にもとづいて教育計画がたてられ，計画に沿って指導が行なわれ，指導の結果が評価されて，その評価にもとづいて教育計画が修正され，再び指導が行なわれる。この教育目標―教育計画―指導―評価―教育目標という循環のなかで，評価を，目標達成の度合いをはかるとともに，教育活動を調整し，改善進歩していくための情報のフィードバック機能として位置づけたい。

情報のフィードバックは，行動する主体にとって必要なものであり，その意味で，評価の主体は行動するもの自身でなければならない。つまり評価は元来自己評価であるはずである。

もちろん学習者のみならず指導にあたっている教師も両親もたえず自分の指導過程を自己評価しなければならないのである。

しかし自己評価のほかに他者評価がある。他者評価には，父母の行なう評価，教師の行なう評価，仲間相互の行なう評価（相互評価）が考えられる。この他者評価は自己評価のように直接行動の調整に役立つものでなく，情報として相手に伝えられ受容されてはじめてその行動の調整に役立つのであるから，評価者と評価対象者との人間関係が重要になってくる。とくに自己評価の能力が不十分な幼児は父母や教師から与えられる評価の影響は大きい。

さて，この教育活動の調整も，指導―評価―指導という教育活動のサイクルのなかでのことであり，その意味で評価は，教育活動の部分過程であり，評価は指導の一部とも考えられる。したがって評価には診断的で形式的でしかもガイダンス的性格が含まれていなければならない。評価が包括的な過程で

あり，長時間にわたって観察し得るあらゆる時期を通して連続的であることが必要であるのもこのためである。

また評価は全人的な人間の発達に関与する。とくに幼児の場合，人間形成プロセスの評価であり，パーソナリティ形成過程の評価でなければならない。この幼児のパーソナリティ形成過程の評価は，家庭での指導の影響をも考慮にいれて評価する必要がある。なぜなら幼児の教育において幼稚園（保育所）と家庭とは車の両輪のようなものであるからである。従来評価がややもすれば，学校（幼稚園）での教育を中心に論議されてきたが，家庭や社会の場にも拡大して考えてみなければならない。とくに幼児の場合，家庭との関連なしに考えることはできない。

つぎに評価は，科学的客観的でなければならない。教育評価が教育測定を排斥するのではなく，技術として内包しているのであるから，評価には測定的性格がなければならない。教育測定運動が教育効果の判定の主観性を排して起こってきたことからもわかるように，評価には客観性と公共性が必要である。

また評価（Evaluation）の語は価値（Value）という意味をもっていることからも明らかなように，評価は一種の価値判断であることも忘れてはならない。

最後に幼児を対象とする評価であるが，乳幼児は自己評価の能力が不十分であるうえ，幼児の心の発達は未分化であり，幼児の行動は情緒的なふんい気に支配されやすいので，いろいろ困難な問題を含んでいる。たとえば客観的判定の行なえる対象の範囲がきわめて制限されまた客観的測定を行なうにしても誤差が多く，観察的記録などによる資料を利用しなければならないことなどである。

評価の領域

(1) 対象による分類

　　a．乳幼児に関する評価

b．幼稚園（保育所）に関する評価

　　　c．教育委員会等行政機関，ＰＴＡ等教育後援団体の評価

　(2)　目的による分類

　　　a．個々の幼児の指導を得るための評価

　　　b．教師の反省や研究のための評価

　　　c．教育を管理する者の立場からの教育効果の評価

　(3)　指導要録との関連による分類

　　　a．健康と体力の評価

　　　b．知能の測定

　　　c．狭義の保育効果の評価

　　　d．性格の診断

59. 評価の手順について述べよ

評価はおおよそつぎのような手順で行なわれる。

評価目標の確定

おおよそ評価するとき，何のために何を評価しようとするのか，その目標が明らかでなくてはならない。したがって，まず教育目標にそって評価目標を明確に分析し，評価基準を設定しなければならない。これが評価の第1の仕事である。

たとえば幼稚園教育が，幼児を保育し，適当な環境を与えて，その心身の発達を助長するのであるならば，この教育目標に照らし，まず到達目標を具体的行動の形で設定し，これをさらに下位目標に系列化し，それぞれの目標に応じて評価基準が設定されなければならない。すなわち，評価目標をまず大項目に分け，そのおのおのをいっそう小さく具体的に分析するのである。抽象的目標では評価は困難であるが，評価目標が具体的行動によって示されればそれだけ評価の可能性は高まり，かつ客観点となるからである。

たとえば幼児の場合，「清潔の習慣が身についているか」では，方向だけが示されているにすぎず評定は難しいが，「ハンカチをいつももっているか」「お手洗いからでてきた時，必ず手を洗うか」というような具体的な子どもの行動におきかえて評価目標が示されると，評定しやすく，また誰が評定しても同じ結果が得られ客観的となる。またこの場合，評定の基準をあらかじめ相談して具体的にきめておく標準化の努力も必要である。この評価目標の具体的分析の適否が評価の成敗の鍵をにぎっているとさえいわれている。

このように評価目標をつぎつぎと分析して評価の仕事を進めていくのであるが，結果の解釈においては，全体構造のなかで，他と関係させながら総合的に解釈しなければならない。

なお，この際，評価目標に幼児自身についての全人的発達のほかに幼児をとりまく人的，物的環境を評価目標とすることを忘れてはならない。

評価資料の収集

評価目標が確定すれば，その目標について評価し判断するための具体的資料を求めなければならない。

それには，どういう評価技術による評価用具で資料を収集すればよいかの問題と，どういう場面で資料を収集すればよいかの問題がおきてくるが，これが評価の第2の仕事である。

一般に評価資料収集の場面として考えられるのは，保育室であろうと運動場であろうと，家庭であろうと，子どもの日常の生活場面と，実験的またはテスト状況における場面の2つである。前者では，観察記録の形で，後者ではテストや作品等の形で評価資料が獲得されるが，何といっても大切なことは，どういう場面が，いま評価しようとする目標にもっとも適当であるかを考えることである。すなわち評価目標ごとに適した場面であることを考えて選定することである。

つぎの問題は，評価目標に合致した評価技術を選択し，それにもとづく評価用具の構成である。評価用具の構成はなかなか大変なので，評価目標によっては市販のよい検査を採用するのがよい場合もある。方法には，観察法，面接法，質問紙法，テスト法などがある。このことについては60問を参照されたい。いずれにしても現代の評価では，かなり多様な用具を使用してその資料を求めているが，用具の選択にあたって留意しなければならないことは，①妥当性（評価目標を的確にとらえる性質），②信頼性，③客観性がみたされているかということである。

評価場面と評価用具が選定されれば，評価資料の収集の段階になるが，ここでは，たとえば標準検査を利用する場合には手引書通りに行なうとか，教師作成のテストを行なう場合には指導のどの段階（事前，中間，結末）で何

を実施するのかを評価目標に応じてあらかじめ決定しておくなどの注意が必要である。

このように評価資料の収集は，計画的・継続的でなければならない。

評価結果の処理と解釈

評価の第3の仕事は，資料の処理と解釈である。まず求められた資料が評価目標に照らして処理され解釈されるのであるが，これには2つのことが考えられる。その1つはひとりひとりの子どもの理解に役立てるために行なう処理解釈で，その2つは，学校，幼稚園（保育所）等の集団を単位として，統計的処理を行ない，その結果にもとづいて，教師の指導法の改善や，カリキュラム・教育方針等の検討のために行なう処理解釈である。

しかし，資料の分析は，一般に一定集団内における相対的位置による相対評価で処理されたり，他の者とは比較しないで目標にどの程度到達したかを絶対評価で処理したり，個人の過去，個人の他の側面と比べて解釈する個人内評価で処理されたりするのである。しかしややもすれば，5・4・3・2・1とか優良可とかの品等的解釈の段階で評価は終わりとする誤った考えをするものが少なくないようである。評価は品等のためにあるのではなく，指導のためにあることを忘れてはならない。

たとえば，各個人のプロフィールを描いてそれをもとに，しつけのあり方を親とともに考えたり，各評価目標ごとに比較して，欠陥の所在をつきとめるという診断的解釈から，さらに何が起因してそうなったか，それを改善し治療するための科学的方策はないかという点にまで深められなければならない。また学級全体の特徴をとらえて，従来の指導方針に誤りはなかったか，また目標としたところまで到達させたか，今後いかにあるべきかを考えるところまで深められなければならない。要は解釈された結果が，家庭や幼稚園（保育所）の教育に活用され利用され教育活動それ自体を調整することができてはじめて，評価の任務は果たされたことになるのである。

60. 評価資料収集の方法について述べよ

観 察 法

　特別の用具や技術を使わないで，行動を自然のままに外部からある1つの目的をもってできるだけ客観的に観察する方法である。

　よく使われる方法に日常的観察があるが，この方法は，どこでも随時に行なわれ，その結果をただちに指導に結びつけていくことのできる有効な方法で評価の基盤となり母体となるものである。

　しかしこの方法は，主観的になったり，気まぐれになる恐れがある。

　そこで，何を観察するかを明確にし，適切な観察場面を選び，正確で信頼できる資料を得るための記録の方法を工夫しなければならない。つぎに観察記録の方法について述べることにする。

(1) 逸話記録法

　子どもを理解するのに必要だと思われる行動だけを逸話的に記述する方法で，行動記録法，行動描写法ともよばれる。

　この方法で記録する場合，具体的な事実にもとづいて，客観的に正確にしかも具体的に記録することが必要である。したがって，記録のなかに，記録者の感情の表現や，主観的判断あるいは解釈を混同させてはならない。事実の記録と解釈をはっきり区別しておくことが必要である。また，観察者名，天候，場所，日時，健康状態，活動状況等，観察結果に影響すると思われるものをできるだけ記録しておけば，資料を解釈するときに役立つ。

(2) チェック・リスト法

　生起する行動，観察する行動をあらかじめ予想し，リストにしておいて，該当する行動が生起した場合，チェックする方法である。

　この方法は，生起する行動の予想が適切であり，リストがうまく決定され

ていなければ観察は成功しない。そこでリスト作成時に，教師全員でよく研究協議して作成しておくことである。

チェック・リストには，観察した時点時点でチェックする方法と，一定時間観察した結果をチェックする方法とがある。なおこの方法は項目以外の行動が観察されないので，逸話記録法と併用して行動の背景を把握するよう心がけることも必要なことである。

(3) 評定尺度法

この方法には，記述評定尺度法，図式評定尺度法，点数式評定尺度法，一対比較法，序列法，等距離差法などがある。

記述評定尺度法は，それぞれの行動について価値の程度の差をつけた短文記述を用意し，そのいずれかに位置づける方法で，記述評定尺度の段階記述を一直線に配置して図式化したのが図式評定尺度で，価値の程度を3・2・1，A・B・C，○△×といった数字，文字，記号で示すと点数式評定尺度となる。

一対比較法は，ある作品などの価値を決めるために，ひとつひとつの作品を残る他の全部といちいち比較して序列を決める方法である。

序列法は，およそ順序を決めておいて，あとは隣り同士を一対比較して修正し順位を決める方法である。

等距離差法は，等距離の価値の差異をもつと思われる具体的作品5枚（3枚でもいい）を選びだし，残りの作品を1枚1枚この見本に一対比較して品等する方法である。

(4) 図示法

観察の結果を簡単な記号で図示する方法である。たとえば5分間，あるいは10分間を単位として，その時間内の子どもの行動を，あらかじめ描いた保育室や園庭の略図の図面に記入して，子どもの行動の空間的変化の状態を明らかにするようなものである。

(5) 機械的方法

　テープ・レコーダ，カメラ，8ミリ，ビデオ等を用いて，なまの行動を全部記録する方法として，また記録を補足するものとして利用されるものである。

　観察記録を科学的にするためにも，この方法はきわめて有効なものであり，今後の活用が期待される。

　このようにして観察記録された結果を，子どもの理解に役立てるとともに，保育者の指導の反省検討の資料や，指導要録記入の資料に利用するのである。

　もちろん，記録された結果は，定期的に整理し，縦断的検討の資料として活用することも忘れてはならない。そのためには，統計的処理が必要なので，統計法の知識を習得しておくことも必要なことである。

面　接　法

　直接面接して，必要な事項について口答で質問し，その応答によって相手を理解する方法である。その対象が幼児の場合，理解力や表現力等に限界があるので，両親に面接することが効果的な場合がある。

　この方法は，直接的であるだけに全体的に把握することができ，また必要なことを重点的に聞くこともできるし，ユニークなニュアンスまで察知できる精巧性等の点においてすぐれている。

　しかしその反面，時間がかかるとか，相手に面接されているという意識をもたれたり，外面的服装や容貌に支配されやすい等の欠点をもっている。

　正しい面接を行ない，信頼のおける資料を求めるためには，何よりもお互いの親和的な人間関係の確立が必要である。この人間関係を基本として，面接者は，まず面接の目標をはっきりさせ，質問事項をあらかじめきめておくことである。そして面接中は，相手を緊張させたり，口をつぐませる結果にならないよう言動を慎しみ，資料の記録も相手の警戒心を引き起こさせないよう記録を工夫し，外見や先入観にとらわれないよう注意しなければならない。

また治療教育に役立てるために掘り下げた追及が必要であり，そのためには投影法を心得た面接が必要であるといわれている。いずれにしても，面接の成敗は，面接者自身の能力にかかっているので，面接者自身が訓練されていることが基本的なことである。

質問紙法

質問紙法は，事実についての調査，意見判断の調査，態度の調査，の3種に分けられ，回答の形式も，自由に記入させる形式，諾否を求める形式，チェックを求める形式，順位づけを求める形式，評定を求める形式等に分けられる。そして直接本人に質問する場合と，両親等第三者の観察所見を問う場合とにわけられる。幼児の場合，両親に記入を求めることになる。一時に多数の者について実施できるとか，観察できない生育歴というような過去のことについても資料を求めることができる等の利点があるが，反面幼児に適用できないとか，回答を回避したり虚偽の回答がなされたりするという欠点がある。そこで調査の目的をよく理解してもらい正直に回答してもらうことが大切である。

テスト法

テスト法には，教師作成の客観テストから標準検査にいたるまでいろいろあるが，ここでは標準検査に限定して考えたい。標準検査とは標準化されたテストのことで，作成の手続きにおいて専門家による科学的検討と結果の解釈のための基準（Norm）が備っているところにその特色がある。これで何をテストするのかの目標の見地から，知能検査，学力検査，人格（性格）検査，適性検査などに，問題構成の形式から言語式検査と非言語式検査に，テスト実施の様式から個人検査と団体検査に，テストの目的から概観テストと診断テスト等に分けることができる。

しかし幼児に適用できる検査は，知能検査，性格検査，社会性発達検査等である。そしてこれらの検査の利用に際しては，標準化されたテストなら何

でもよいというものではない。何を何のために測定するのかをはっきり定め，よいテストを選ばなければならない。それには，①測定しようとする特徴を明らかにするのにもっともふさわしいものであるか（妥当性），②信頼度は高いか，③標準化が正しく行なわれているか，また，その時期は新しいか，④テストの施行法や採点法は面倒くさくないか，⑤客観性はあるか，等を調べればよい。

　つぎにテストを実施する場合，テストの性質をよく理解し，手引書をよく読んで，実施法，採点法はもちろん，問い方，説明の仕方にいたるまで指示されたとおりに忠実に守るよう心がけ，検査法になれることがまず必要である。そして子どもの特性が十分発揮できるよう静かな落ちついた場所，心身状態のもっともよい時間や天候条件を選んで実施するよう心がけなければならない。

　また幼児はきわめて情緒的であるため，生育史や家庭環境，最近の経験，テスト実施者との人間関係等を考慮し，テストの結果のみで断定を下すことをさけ，いろいろな角度から総合的に，しかも全体的に把握するよう心がけることが大切である。テストとは，診断のためや保育効果の吟味に役立てるものであることを忘れてはならない。

61. 評価結果の記録について述べよ

評価結果をどのように記録し保存し利用すればよいかを考えるとき，指導要録や通知票の問題が起こってくる。一般に評価結果の記録は，継続的累加的で包括的でなければならないし，客観性と公共性が満たされ，利用しやすいものであることが望ましい。

指導要録

評価結果の記録のために，学校教育法施行規則第12条の3及び第15条の規定によって，幼稚園では「幼稚園幼児計画要録」が定められ，各園においてこれを作製記録し，子どもの進級あるいは進学とともにつぎつぎと引き継がれ（進学転園の際には抄本または写しを送付する），原本は20年間保存しなければならないことになっている。

幼児指導要録には，①幼稚園名その他，②学籍の記録，③出欠の状況録，④指導の記録，が記入されることになっている。指導の記録は，幼稚園教育要領に示された5領域のねらいを視点として，その幼児の発達の状況の評定と，指導上参考となる事項にわかれている。評定は後に述べる補助簿を参考にしながら指導のねらいに対して3段階の絶対評価で行なうようになっている。

さて，指導要録は「幼児の学籍ならびに指導の過程及び結果の要約を記録し，指導及び外部に対する証明のために役立たせる原簿」であると規定されていることからも明らかなように，公簿としての性格と，指導の資料としての性格と，外部への証明の原簿としての性格がある。

指導要録が真に指導の機能を果たすためには，指導の過程をさらに詳細に記録した補助簿の活用が必要である。

補助簿には日常の指導のプロセスや結果をさまざまな評価方法を活用してできるだけ詳細に具体的にしかも継続的に記録されていなければならない。

また指導要録が，外部に対する証明という機能をもっているので，その記録はできるだけ簡潔で客観的であることが要請される。そのため教師間の情報伝達を考慮しながら指導要録に記入しても，その記録はあまりにも簡略すぎ，指導に対するフィードバックということはあまり期待できないという批判もある。

　また指導要録は，証明のための公簿として保管されるのであるから，子どものプライバシー保護の見地から，指導要録の管理と証明の方式については細心の注意をはらう必要がある。いずれにせよ指導要録は，幼稚園における幼児の名簿に当たるものである。

　以上，指導要録について簡単に述べたが，この指導要録の様式や取り扱いが教育のあり方を規定する結果にもなりかねないことを附記しておく。

通知票（家庭連絡簿）

　子どもが学校（幼稚園）でどのように教育の目標を達成しつつあるかを，本人や両親に知らせるために通知票が用いられる。

　通知票は法令で定められたものではないので，つくってもつくらなくてもよく，その形式や内容も各学校独自の判断にまかされている。

　通知票は，父母（家庭）に対する連絡の機能と，子ども本人に対する自己理解と動機づけの機能をもっているので，指導要録とは性格を異にするものである。

　通知票は，子どもの現在の指導のためのもので，父母と，その子ども本人に利用されるものである。したがって，教育の専門家でない父母に対して，わかりやすいことが条件で，子どもを激励するための要点が示唆されるものでなければならない。また子どもに対しては自己理解をはかり，今後の生活への動機づけになるようなものでなければならない。

　そのため通知票の内容として，①現在の状態はもちろん，進歩発達の状態を示すものであること，②主知主義的方面だけに偏らないこと，③分析的評

価をおりこみ，具体的改善の方途がわかるようにすること，④学校から家庭へ，家庭から学校へと意志交換がはかれるようにすること，⑤父母にとってわかりやすい，などが考えられる。

　幼稚園では通知票とはいわないで家庭連絡簿として発行しているところが多い。しかし幼児期は成長がいちじるしいので時々刻々の成長に対応していくためには，日毎の連絡が中心となる。そのため家庭連絡簿のほかに連絡帳のようなものが必要である。

児 童 票

　児童票は，保育所入所の措置決定がなされた児童の原簿である。入所児童の在籍を明らかにする事項，家庭状況に関する事項，指導記録に関する事項を記入し，保育に活用するもので，法令にもとづいて必ず記録しなければならないものになっている。記録の様式については規定されていないが，多くの都道府県では，記録事項を設定し，その様式を定めている。

　児童票は「個人別育成記録」にもとづいて作成されるのであるが，よりよい保育を実践するためには，生活領域全体にわたって継続的に記録された「個人別育成記録」が充実していなければならない。

　また記録の内容については，秘密が守られ必要に応じて家庭との連絡にも活用されることはいうまでもないことである。

第14章　保育のニーズ

> 62. 乳児保育の社会的課題について述べよ

働く婦人の増加と乳児保育の拡充

　高度経済成長政策のなかで，"金の卵"という言葉が流行したように，若年労働力は不足を来たし，農村では"三ちゃん農業"，"出稼ぎ"が一般化し，都市ではねむっている婦人労働力の積極的な活用が図られた。昭和42年から45年までの婦人週間の目標"婦人の能力を生かす"はそのことを象徴していた。高学歴化や人権意識の高まりと物価上昇や生計費の膨脹とが相まって，婦人の職場進出は急速に進んでいった。景気変動の調整弁的役割を担いながらも，低成長期に入ってもその流れは変わっていない。この間の大きな特徴は，雇用労働者の増加と有配偶者が6割近くを占めるようになったことである。

　核家族化が進むなかで，有配偶被雇用者が働き続けるためにもっとも必要としたものは保育施設であった。とりわけ，乳児保育の要求は強かった。昭和41年の労働省「既婚女子労働者調査」では，乳児をもつ働く母親の就労中，自宅で家族がみている者62.6％，よその家に預けている者26.9％，自宅で家族以外の者がみている者4.5％で，保育施設は，職場で1％，職場以外では3.1％にすぎなかった。また，昭和42年の厚生省調査でも，乳児で保育に欠けているため保育所入所が必要なものが約96,500人いると推計されたが，実際の入所児はわずかであった。このようななかで，国や自治体は乳幼児保育対策をうちだし，保育所に入所する乳幼児数は年々増加し，平成元年3月1日現在の0歳児の措置数は，56,305人となっている。それは全措置児数の3.2％に

あたる(『厚生白書　平成元年版』)。

乳児保育対策の進展

　乳児保育対策に先鞭をつけたのは東京都であった。昭和43年6月に26カ所のモデル保育所を指定し,翌年から「零歳児保育指定保育所」制度を発足させ,0歳児保育の普及を図ってきた(昭和54年3月現在で指定率は43%,0歳児の占める割合は3.8%)。国も昭和43年8月には,「小規模保育所」の設置認可の方針をうちだし,翌年4月には,中央児童福祉審議会の「当面推進すべき児童福祉対策に関する意見具申」をうけて,「保育所における乳児保育対策の強化について」通達した。この特別対策の適用をうける保育所の要件は,「都市又はその周辺の要保育の乳児が多い地域に所在し,保護者が原則として所得税非課税世帯である低所得階層に属している乳児が9人以上入所しているもの」と,必ずしも保育需要の実態に即したものではなかったが,児童福祉施設最低基準以上の設備規定と職員規定を設けて,乳児保育に一鍬入れた意義は大きかった。さらに翌年9月には,保母養成校の修学教科目と履修方法を改正した。「乳児保育Ⅰ」を保母資格の必修科目とし,保育者養成の側面からてこ入れしていった。

　しかしながら,これらの施策でも保育需要を十分カバーするまでにはいたらず,厚生省の「昭和51年度保育需要実態調査の概要」でも乳児で保育所に通っているもの(0.7%)よりも,その他の施設に通っているもの(0.9%)のほうが多く,職業別にみた集団保育を必要と考える母親の割合でも,0歳と1歳では管理的職業が一番多く(23.8%),ついで運輸通信従事者(16.3%),専門的技術的職業(15.2%)の順になっていた。このような実態のなかで,昭和52年に「乳児保育特別対策実施要綱」を策定し,対象乳児を9人以上から「原則として,所得税非課税世帯に属する乳児が3人以上入所しているもの」と要件を緩和した。その後も,要件をさらに緩和している。

母と子の権利の同時保障

「ヒトの新生児は1年間の生理的早産児であり,生後の1年間は子宮外胎児期である」というポルトマン (Portman, A.) の言葉があるように,乳児期は母親の保護を最も必要とする時期である。栄養の摂取も健康管理も自分では全くままならず,生殺与奪の権は母親が握っているともいえる。昭和38年中央児童福祉審議会保育制度特別部会は,いわゆる「保育7原則」を示したが,第1原則―両親による愛情に満ちた家庭保育,第2原則―母親の保育責任と父親の協力義務,につづいて第3原則として,「保育方法の選択の自由と,子どもの,母親に保育される権利」をあげた。母親みずから保育するか,だれかに委託するかは自由であるが,子どもの,母親に保育される権利によって制約をうけざるをえないとするものであった。そこで援用されたのが,児童憲章の第2項であり,児童権利宣言の前文と第6条の「幼児は,例外的な場合を除きその母から引き離されてはならない」というものであった。これに対する反響は大きく,翌年の「第2次中間報告」で,その真意を補説しなければならなかった。一番の問題点は「子どもの,母親に保育される権利」ということだが,中間報告の真意は,母親が子どもを保育することは母親に押しつけられた義務というより,母親の権利であると考えるべきであり,その権利を保障するためには各種の援助が必要なことを説いたのであり,働く母親とその乳幼児のために,保育所その他の方法によって母親の保育に劣らぬ十分な保育が行なわれるように施設の整備,職員の充実などを図るのは当然のことであると補説した。

母親の働く権利と保育する権利,子どもの母親に保育される権利と母親の保育に劣らぬ十分な保育をうける権利とをどのように社会的に調和し,保障していくかが昭和40年代以降の社会的課題となったわけだが,さきにみたように乳児保育の社会的要請に応えながらも,「母親が家庭において乳児を保育できるように保障すること」がもっとも重要だという考えは一貫していた。

そのことは，勤労婦人福祉法（昭和47年）や「育児休業法」（昭和50年，正式には，「義務教育諸学校等の女子教育職員及び医療施設，社会福祉施設等の看護婦・保母等の育児休業に関する法律」）として法制化されたことをみてもわかる。育児休業制度に対する母親の期待は大きく，厚生省の『昭和51年度保育需要実態調査結果の概要』をみても，「良く分らない」が31.0％，「この制度は弊害があると思われるので反対である」が6.3％あるが，「この制度を大いに普及すべきだ」が62.6％となっていた。

ベビーホテル問題が提起したもの

小規模保育所の認可，乳児保育特別対策の施行や育児休業法の法制化等，乳児保育をめぐる条件は整備されてはきたが，経済・社会・生活の変化からくる保育需要にこれまでの保育・福祉施策では十分な対応ができていないことを示したのが多数の事故死が明るみに出て社会問題化したベビーホテル問題であった。昭和55年10月から11月にかけてのＴＢＳの調査（都内208カ所に預けている450人に対する面接調査）によると，9割以上が仕事のために預けており，0歳からが4割を占めていた。同年11月の時点での厚生省の調査でも，ベビーホテルのない都道府県は和歌山県だけで，東京都の169を筆頭に全国的に存在し，合わせて587カ所，10,247人が預けられていた。年齢別内訳が判明した435施設では，1・2歳児が43％と最も多く，3・4・5歳児38％，6歳以上児1％であるが，0歳児も18％とかなり多く預けられていた。また，行政管理庁の無認可保育施設の調査でも，0歳児が22.1％と最も多く，1歳児17.6％，2歳児15.6％と3歳未満児が過半数を占めていた（行政管理庁監察局「保育所における調査結果報告」1981年9月）。

この問題に対して，各団体や政党は要望書や対応策の提言をあいついでしたが，衆・参両議院も「特別決議・ベビーホテル対策に関する件」を可決した（1981年5月28日と6月3日）。そこでは，配慮すべき5つの事項の1つとして，「ベビーホテル発生の原因となっている諸問題に対処するため，育児休業

制度など，働く母親の育児環境の改善，保育所への年度途中入所の円滑化，乳児保育を中心とする小規模保育所の設置促進を今後の検討課題とすること」をあげている。

乳児保育をめぐる最近の動向

　一時低下した保育所入所児数も平成7年頃から増加傾向にあるが，0歳児の入所は絶対的にも相対的にも著しく増加している。厚生省の「社会福祉行政業務報告」(毎年3月1日現在)をみると，平成8年84,308人(5.0%)，平成9年88,169人(5.1%)，平成10年98,269人(5.6%)，平成11年103,425人(5.7%)となっている。さらに，待機率の一番高いのも0歳児である。平成11年4月1日現在で，待機児は32,225人(全入所児1,736,281人の1.9%)であるが，0歳児は入所児62,882人の7.1%にあたる4,447人の待機児がいる。「児童や家庭を取り巻く環境が変化する中で，都市部を中心にして乳児等の待機児童が非常に多い状況にあり，こうした待機児童の解消が大きな課題となっている」(厚生省：保育所における乳児に係る保母の配置基準の見直し等について．平成10年4月9日)なかで，「保育士の数は，乳児おおむね3人につき1人以上」と児童福祉施設最低基準も改正されたのである。

　このような動向は新保育所保育指針にも反映されている。第3章の「6か月未満児の保育の内容」は，平成2年の改正で生まれたところであるが，今回の改正では「発達の主な特徴」で生後3カ月頃の乳児の特徴を特記し，「配慮事項」も詳述されている。さらに，第12章「健康・安全に関する留意事項」の8で「乳児保育についての配慮」を追加し，「乳児期の初期は，まだ，出生前や出生時の影響が残っていることがあったり，心身の未熟性が強いので，乳児の心身の状態に応じた保育が行えるように，きめ細かな配慮が必要である。(乳児は疾病に対する抵抗力が弱いから)一人一人の発育・発達状態，健康状態の適切な判断に基づく保健的な対応と保育が必要である(後略)」と記している。

63. 長時間保育の是非について論ぜよ

ホスピタリズムと保育時間

乳幼児期の保育の様態は，24時間の家庭保育，施設保育，家庭保育と施設保育を混合したものの3つに大別できるが，ここで問題にする「長時間保育」とは混合型における施設保育の時間についてである。働く母親が多くなった今日，幼稚園に対しても保育時間の延長を望む声は高いが，ここでは主として保育所の保育時間について考える。

保育所の保育時間のあり方で問題にされてきたのは，母親の労働時間と保育士の労働時間との関係や子どもの立場ということであった。そのなかでも，きめ手にされてきたのが子どもの立場ということであり，そこで援用されたのが，施設症（hospitalism）と母性的養育の喪失（maternal deprivation）に関する研究であった。近代的な設備を誇る病院の完全看護のもとで治療を施しても病児の回復が遅く，死亡率も高いという事実や，施設に収容された児童にみられた「神経症的習癖，言葉の遅れ，自発性，自己制御の欠如，自己愛的傾向」等によって，乳幼児期における母親の愛情や保護の重要性が強調された。他方，これらの研究は，母親との分離後母親に代わる人物との関係が幼児に成立した場合には，これらの障害はすぐ消失するということや，昼間だけ保育所に預けられた子どもは収容施設児のような症状はみられないことも明らかにしていた。保育7原則のなかの「家庭以外の保育の家庭化」というのは，そのような文脈のなかでいわれたものだが，ホスピタリズムといった言葉がひとり歩きし，施設保育の時間は短ければ短いほどよいとされたきらいがある。昭和41年の労働省調査でも8時間未満のところが35.6％あったが，昭和55年の行政管理庁調査でも25.9％あり，保育時間の延長に関する要望が30.0％ともっとも多い。

東京都の「特例保育」

　小平保育園の長時間保育拒否闘争といったものもおりこみながら，保育時間の延長対策において先進的役割を果たしたのは東京都であった。昭和43年度よりの「予備保母」という名のフリー保母1名全園に配置し，翌々年より「特例保育適用保育所」制度を発足させた。この制度は「予備保母」の基盤のうえに，指定をうけた保育所に「特例保母」2名（保育所定員60人以下は1名）の配置を行ない，「特例保育」という名で，8時半から5時までの通常の保育時間の前後各1時間の範囲で延長保育をするというものであった。発足時においてすでに指定率54％と高率で，「保育時間は4時まで」とするそれまでの常識をうち破り，二重保育を余儀なくされていた全国の働く婦人のためにも波及効果をもたらす役割を果たした。

ベビーホテル問題とその後の対策

　「大部分の施設では通常5時30分乃至6時ごろまで開設されている」と厚生省がいうように，「居残り保育」，「時間外保育」，「特例保育」という名で長時間保育を実施する園は多くなってきてはいるが，今日の多様な保育ニードに十分な対応ができていないことを明らかにしたのがベビーホテル問題であった。厚生省調査によると，保育時間の判明した535カ所のうち，36％が24時間営業を行なっており，日曜・祭日も59％が営業していた。行政管理庁も，保育時間が短いために母親の勤務が続けられず無認可保育施設へ入所しているものがあることを指摘しているが，無認可保育施設の調査対象259カ所のうち，8時間未満は4.6％にすぎず，8時間～10時間が45.9％と一番多く（児童数でみると77.9％と圧倒的である），10時間～12時間が42.1％，12時間以上が4.6％と長時間保育が無認可保育施設の1つの特色となっている。

　この問題に対して，衆・参両議院が「特別決議」をしたことはさきにふれたが，厚生省はまず，定員充足率が7割の乳児院の活用を図り，つぎに夜間保育事業と延長保育特別対策事業を施行した（昭和56年10月1日）。前者の保

育時間は,「概ね8時間とし,おおよそ午後10時まで」で,後者の開設時間は「午前7時ごろより午後7時ごろまで」である。国が予算化した延長保育1,000カ所,夜間保育30カ所のうち,昭和57年8月現在で対応したのは延長保育140カ所,夜間保育8カ所である。折角の施策も「対象児童が少ない」,「有資格保母の配置が困難」,「延長保育料の徴収に問題がある」といった点もあり,まだ十分活かされるまでにいたっていない。

多様なニーズと対策のズレは制度発足当初はある程度やむをえないことであるが,要は,「子どもの,母親の保育に劣らぬ十分な保育をうける権利」を社会的にきちんと保障していくことである。

最近の動向

延長保育実施保育所数は,平成元年746,5年1,310,8年2,830と急増している。保育所の開設時間でみると,「10時間以上11時間未満」が42.8%と一番多く,「11時間以上12時間未満」25.6%,「12時間以上」15.6%,「10時間未満」16.1%となっている(平成10年10月1日現在)が,12年前の昭和61年と比べると,「11時間以上12時間未満」が17.4%,「12時間以上」が14.2%と多くなっている。「エンゼルプラン」(平成6年12月16日),「緊急保育対策5か年事業」(平成6年12月18日),児童福祉法の改正(平成9年6月)を受けて策定された「延長保育等促進基盤整備事業実施要綱」(平成10年4月8日)では,延長保育の延長時間は「11時間の開所時間の前後の時間において,さらに概ね1時間,2時間,4時間又は6時間の延長保育を行うこと」としている。

このような動向のなかで,新保育所保育指針も次のように謳っている。「(前略)延長,夜間に及ぶ保育に当っては,子どもの年齢,健康状態,生活習慣,生活リズム及び情緒の安定を配慮した保育を行うように特に留意する。また,保護者と密接に協力して,子どもにとって豊かで安定した家庭養育が図られるように支援する。」(第13章 保育における子育て支援及び職員の研修など—1 入所児童の多様な保育ニーズへの対応—(2) 延長保育,夜間保育など)

64. 障害児保育について述べよ

障害児保育の意義

　障害児という言葉は以前は特異児童，特殊児童，異常児，問題児ともいわれ，一般児童との区別・排除の論理が強く働いていた。今日では，言語障害，精神遅滞，肢体不自由，情緒障害，自閉症，視覚・聴覚障害，病虚弱といった心身に何らかのハンディキャップをもった児童（handicapped child）ではあるが，適切な人的・物的環境を設定することで発達が可能であるところに力点をおき，「発達障害児」という言葉も使われる。障害児保育は，障害児に一般の幼児と同様な保育の場を保障するというだけにとどまらず，一般の幼児にとっても"社会性"を身につけていくうえで大きな意義をもっているし，保育者にとっても，これまでの保育の見直しを迫っている。老人や障害児・者を隔離するのでなく，身近に共存する社会こそ正常であるとする，ノーマリゼーション（normalization）の一環をなしているのである。

　長い間，社会にとって，きりすて，あざけり，あわれみの対象でしかなかった障害児を糸賀一雄（1914～1968）は，「この子らを世の光に」と訴えた。障害児の発達も「すべての人間の子どもが歩む発達の法則性から，決してはずれたものではない。それどころか，よそ目にはそれと見えなくても，この子たちの心のなかには，少しずつよくなろうとする気持が芽生えているのである」（『糸賀一雄著作集Ⅰ』日本放送出版協会）。まわりの人びとの懸命なかかわりに必死に応答する彼らの努力に，われわれは心うたれる。「無財の七施」は彼の最期の言葉でもあったが，障害児保育はわれわれに人間観・社会観・保育・教育観の変革を迫っているのである。

障害児保育の制度的発展

　障害幼児へのかかわりは，医師による医療相談，心理学者らによる教育相

談という形で戦前からあったし，幼稚園や保育所に混在するケースも皆無ではなかったが，障害児保育が急速に発展するのは1970年代に入ってからである。障害児保育の場は，家庭，グループ，専門施設，幼稚園・保育所といった形で進展してきていると同時に，それらが重層構造をなしているが，1960年代には，重症心身障害児施設「島田療育園」や「びわこ学園」の開設（1961年と1963年）といった先駆者達の力と合わせて，親の会や障害問題研究者などによって運動が展開され，グループ，専門施設がつぎつぎと生み出されていった。下の表は，児童福祉施設のなかで，1960年代以降，新設またはいちじるしい増加をみたものをあげたものであるが，1960年代には入所施設が，1970年代には通園施設の増加がいちじるしいことがわかる。

重症心身障害児の保護政策の貧しさを訴えた水上勉の「拝啓池田総理大臣

1960年代以降いちじるしく増加した児童福祉施設と乳幼児の在籍率

区　分	施　設　数						在籍者（1998. 10. 1）		
	1960年	1965	1970	1975	1980	1998	総数(A)	乳幼児(B)	$\frac{B}{A} \times 100$
知的障害児施設	131	219	315	349	349	280	13,014	80	0.6
自閉症児施設					3	6	232	3	1.3
知的障害児通園施設	28	56	96	175	217	229	7,388	6,519	88.2
難聴幼児通園施設					13	27	849	753	88.7
肢体不自由児施設	45	62	75	77	76	67	4,658	1,256	27.0
肢体不自由児通園施設			13	39	57	82	2,591	2,355	90.9
肢体不自由児療護施設					7	7	272	7	2.6
重症心身障害児施設		3	25	39	48	88	8,392	117	1.4
情緒障害児短期治療施設		4	6	10	11	17	673	0	0

注：乳幼児には 6 歳は含めていない。　　　　　資料：厚生省社会福祉施設調査

殿」が『中央公論』誌上に掲載されたのは1963年（昭和38）6月号であった。中央児童福祉審議会が，保育に欠ける状況として，「児童の心身の障害によるもの」をあげたのも同年であったが，自治体のなかには，障害児の早期発見・早期治療・教育の体制を整えつつあるものもあった。たとえば，1973年（昭和48）を"保育元年"と銘うって入園を希望する障害児を全員，幼稚園や保育所に入園させることにした大津市の乳幼児健康管理委員会の設立（1959年），大阪府の「ポニーの学校」と名づけられた「在宅精神薄弱児と保護者の集団訓練」の開始（1964年）などである。

　このような早期教育の気運を一段と盛りあげたのが，1965年（昭和40）秋のカーク（Kirk, S. A.）の来日であった。早期教育の必要性を説いた彼の講演は障害児をもつ親たちにとくに大きな影響を与え，全国各地で親たちやボランティアによって障害幼児の訓練・指導が行なわれるようになり，児童相談所等でも継続指導を行なうところが多くなった。しかしながら，今，各地の障害児保育で重要な役割を担っている通所訓練事業や通園施設が生み出される過程は，必ずしも平坦な道ではなかった。親や協力者のねばり強い運動があって初めて実を結んできたのである。大阪の「ポニーの学校」では，年々グループ数も増加し，終了後，通園施設や幼稚園・保育所に行くものも多くなっている。

　このような動向のなかで，京都府や東京都，大阪府をはじめとする自治体の児童福祉審議会が障害児保育の重要性を説き，「障害児保育実施要綱」を策定するところも出てきた。国も，文部省の「特殊教育諸学校幼稚部学級設置十カ年計画」の策定（1972年，ただし精神薄弱養護学校幼稚部の設置計画はほとんど進捗していない），「私立特殊教育補助」（1974年），厚生省の「心身障害児通園事業実施要綱」の策定（1972年），精神薄弱児通園施設の年齢制限の撤廃（1974年）等の施策を行ない，1974（昭和49）年10月，「障害児保育事業」を開始した。4年後には対象児童の拡大を図ったが，「保育所における障

害児の受入れ」方針はつぎのようになっている。
 (1) 保育に欠ける障害児で保育所保育になじむものは受入れる。
 (2) 受入れ可能な障害児は中程度までと考えられ集団保育が可能で日々通所できるもの。
 (3) 受入れ人数は混合保育ができる範囲内。
 (4) 人的,物的環境の整備。
 (5) 事故防止等安全の確保に留意する。
 (6) 中程度の障害児を受入れた場合には国は助成措置を講ずる(1978年6月22日・厚生省児童家庭局長通知)。

　この年の助成対象人員は約2,400人で,障害種別では,精神薄弱(48%),自閉症(13%),言語障害・言語発達遅滞(13%),情緒障害(11%),肢体不自由(7%)などとなっている。ちなみに,幼稚園でも28.3%の園が一般の幼児220人に対し1人の割になる6,209人の障害児を受け入れている(都道府県指定市幼稚園担当指導主事連絡協議会の1978年11月15日の調査)。

障害児保育の課題

　障害児保育の普及は,保育者の意識を変え,これまでの保育観や保育形態を見直す機会となった。しかしながら,「自分自身,障害者と一緒に育ってこなかったので自信がない。足並そろったクラスのほうがとってもやりやすい。障害児といわれなくとも,すこし遅れた子がいるとやりにくい。これで障害児とよばれる子が入ってきたら,えらいなあと思う」といった素朴な不安感や,双方ともに十分なことがしてやれない,集団からはみ出し課題に一緒にのれない,事故防止・安全管理に苦労する,他の子どもの保護者から苦情が出るといった問題もいぜんとして残されている。

　軌道にのり始めた障害児保育をより前進させるためには,早期発見・早期治療体制の確立,障害児指導保育士の設置,保育士の増員,園全体の理解・相互協力体制の確立,保育者の関係知識・技術の充実・研修の強化,施設設備

の改善，入所前の事前調査・受入れに関する事前協議の実施，家庭や専門施設・機関との連携の強化，一般家庭・地域社会の協力の確保といった施策が一層推進されなければならない。「その子どもの障害になっていることばかり直そうとあせったり，きびしくなりすぎたりせず，心と心のつながりを深くして相互の信頼関係をまず作りあげたうえで，関係諸機関との連携をとり指導をうけ，保育にあたるようにしたい」とは，ある経験者の述懐である。

　障害児保育はまさに保育の原点であり，人間がともにあり，ともに育ちあうことの意義を教えてくれているのである。障害児とかかわる全てのものが，互いに信頼しあえるような力量をもつことがもっとも重要なのである。

障害児保育の進展と新保育所保育指針

　「特別保育事業」の障害児保育の対象児童数も年々増加し，1997年度には7,961人となっている。「保育所における障害児の受け入れについて」(1980年)にかわって策定された「障害児保育対策事業実施要綱」(1998年4月8日)では，「対象児童は，集団保育が可能で日々通所できるもので，特別児童扶養手当の支給対象障害児」であり，「保育所に受け入れる障害児の数は，それぞれの保育所において障害児と健常児との集団保育が適切に実施できる範囲内の人数とすること」「保育所における障害児の保育は，障害児の特性等に十分配慮して健常児との混合により行うこと」としている。

　なお，新保育所保育指針では従来のように「第11章　保育の計画作成上の留意事項」で触れるとともに，第12章にあったものは第13章に移し，次のように詳述している。「障害のある子どもの保育に当たっては，一人一人の障害の種類，程度に応じた保育ができるように配慮し，家庭，主治医や専門機関との連携を密にするとともに，必要に応じて専門機関からの助言を受けるなど適切に対応する。(中略)(必要な場合は)障害児通園施設などへの通所について考慮し，両者の適切な連携を図る。」

第15章　保育学の課題

> 65. 保育学の課題について述べよ

保育学の当面の課題

保育学は，保育を科学的基礎のうえに組織しようとする科学である。このようなものとしての保育学にはつぎのような課題が課せられている。

(1) 保育の概念規定

保育の概念をはっきり規定し，その意義を明らかにすることによって保育学の領域が限定される。ときとして多義的な用い方がなされているが，乳幼児を育成する営みを保育とすることが正しい。保育学は乳幼児育成の営みを科学的に基礎づけるものである。

(2) 保育の場

保育はその行なわれる場が1つではない。もっとも普通に考えられる場として，家庭があり，また保育のために設けられた施設としての幼稚園と保育所がある。それぞれの場における保育の特質を明らかにすることによって，保育の立場が規定される。狭い意味の保育においては家庭以外の場において行なわれる保育すなわち幼稚園および保育所において行なわれる集団保育が主として意味せられ，保育学の直接の課題は集団保育における諸問題を解明する所に置かれている場合が多い。

(3) 保育の目的

すべての教育においてはその育成作用のめざす所の人間像が明確にされなければならない。保育においてもこのことは明らかにさるべき課題である。

(4) 乳幼児の生活

保育の目的実現への道を達成するためには，保育の対象である乳幼児の生活の実態がはっきり把握されなければならない。その生活の実態は発達段階によって異なるから，これを把握することによって，乳幼児への働きかけのありかたが規定されるからである。

(5) 保育者

保育の目的の実現をめざして，乳幼児の生活への働きかけを行なうことが保育であるが，この保育の働きかけを行なう主体は保育者である。幼稚園においては教諭，保育所においては保育士と呼ばれる保育者には，保育者として望ましいありかたがある。この望ましい保育者像というべきものを明らかにすることによって保育はその実りをもたらすことができるのであるから，保育者像の追求は果たさるべき課題である。

(6) 保育内容

保育の実際にあたっては，幼児にどのような経験をさせたらいいか。その与える経験によって，幼児のうえに順調なそして調和的な発達がもたらされるように考えられなければならない。この幼児に与えらるべき経験を保育内容と呼んでいる。保育内容は一面からみれば，幼児が将来生活すべき社会において完全にして好ましい生活ができるような準備をもたらすべきものとして考えられ，他面において幼児の内なる成長の芽ばえをひき出し，これを伸ばすべきものとして考えられる。このようなものとしての保育内容は，幼児に与えらるべき経験を組織的体系的に組立てるものとして考えらるべき課題である。

(7) 保育の方法

保育内容を中心とする幼児に与えらるべき経験は，これをもっとも効果的に与えるために，これを与えるための方法が用意されなければならない。すなわち，幼児に経験を与えるために，その方法を組織的に構成しなければな

らない。これらの方法には，そのよって立つべき原理があり，これにもとづいて具体的方法が工夫され，かつそれらの方法が計画的に合目的的に組織されなければならない。保育の計画をたてる基盤を明らかにすることは，重要な課題である。

(8) 保育の教材

保育を具体的に進行させるためには，保育内容と保育の方法に即して，これを実現するための環境が必要である。保育をすすめるための環境構成が望まれるわけである。このような環境構成のうち，その中心をなすべきものは，保育の教材であり，教具であり，遊具であり，それらを総合した施設である。保育の教材の研究は，重要な課題である。

(9) 保育の評価

保育が効果的に行なわれたかどうかを確かめることは，保育という営みの最後的課題といっていいであろう。その効果をたしかめることによって，その方法が認められることになる。評価は幼児の個人を評価するためのものでなくて，保育の方法を効果あらしめるための反省の方法なのである。この意味においてもっとも効果的な評価の方法を確立することは，また保育学の課題なのである。

(10) 保育の制度

保育が制度として整えられはじめたのはまだ新しいことであり，欧米においては120年余，わが国においては110年余の歴史がある。これらの制度はそれぞれの生まるべき根拠によって生まれ，発展してきたものである。この発展の歴史をたどってみることは，現代の保育の位置づけに貢献することができる。また，世界中の国によって異なる保育の制度を検討することによって望ましい制度への前進が期待されるであろう。保育制度の研究もまた，保育学の重要な課題である。

保育および保育学の展望的課題

わが国においては,さきに述べたように幼稚園ができてから110年余であるが保育所ができてから約95年余の歳月が流れている。制度的にみてもこの両者の発展には,いくつかの転回点があり,その内容も発展をみてきている。幼稚園のよってたつ学校教育法,保育所のよってたつ児童福祉法ができたのは第2次世界大戦直後であり,すでに約40年近くたっている。いま制度的にみても,保育の制度が検討さるべき時にきている。とくに幼稚園教育の義務制の問題,就学年齢1歳切り下げの問題,幼稚園と保育所の一元化の問題,さらに小学校との関連における改正の望まれる諸問題,これらは,すべて教育制度,児童福祉制度と相関連する場において,また幼児に対する経験的実証的基礎のうえに,将来を展望してどのように考えるべきか,重要な課題である。

学校教育法施行規則（抄）

第7章　幼稚園

第75条　幼稚園の毎学年の教育週数は，特別の事情のある場合を除き，39週を下つてはならない。

第76条　幼稚園の教育課程については，この章に定めるもののほか，教育課程の基準として文部大臣が別に公示する幼稚園教育要領によるものとする。

幼稚園教育要領（平成10年12月14日，文部省告示第174号）

第1章　総則

1　幼稚園教育の基本

幼稚園教育は，学校教育法第77条に規定する目的を達成するため，幼児期の特性を踏まえ，環境を通して行うものであることを基本とする。

このため，教師は幼児との信頼関係を十分に築き，幼児と共によりよい教育環境を創造するように努めるものとする。これらを踏まえ，次に示す事項を重視して教育を行わなければならない。

(1) 幼児は安定した情緒の下で自己を十分に発揮することにより発達に必要な体験を得ていくものであることを考慮して，幼児の主体的な活動を促し幼児期にふさわしい生活が展開されるようにすること。

(2) 幼児の自発的な活動としての遊びは，心身の調和のとれた発達の基礎を培う重要な学習であることを考慮して，遊びを通しての指導を中心として第2章に示すねらいが総合的に達成されるようにすること。

(3) 幼児の発達は，心身の諸側面が相互に関連し合い，多様な経過をたどって成し遂げられていくものであること，また幼児の生活経験がそれぞれ異なることなどを考慮して，幼児一人一人の特性に応じ，発達の課題に即した指導を行うようにすること。

その際，幼児の主体的な活動が確保されるよう幼児一人一人の行動の理解と予想に基づき，計画的に環境を構成しなければならない。この場合において，教師は，幼児と人やものとのかかわりが重要であることを踏まえ，物的・空間的環境を構成しなければならない。また，教師は，幼児一人一人の活動の場面に応じて，様々な役割を果たし，その活動を豊かにしなければならない。

2　幼稚園教育の目標

幼児期における教育は，家庭との連携を図りながら，生涯にわたる人間形成の基礎を培うために大切なものであり，幼稚園は，幼稚園教育の基本に基づいて展開される幼稚園生活を通して，生きる力の基礎を育成するよう学校教育法第78条に規定する幼稚園教育の目標の達成に努めなければならない。

(1) 健康，安全で幸福な生活のための基本的な生活習慣・態度を育て，健全な心身の基礎を培うようにすること。

(2) 人への愛情や信頼感を育て，自立と協同の態度及び道徳性の芽生えを培うようにすること。

(3) 自然などの身近な事象への興味や関心を育て，それらに対する豊かな心情や思考力の芽生えを培うようにすること。

(4) 日常生活の中で言葉への興味や関心を育て，喜んで話したり，聞いたりする態度や言葉に対する感覚を養うようにすること。

(5) 多様な体験を通じて豊かな感性を育て，創造性を豊かにするようにすること。

3　教育課程の編成

各幼稚園においては，法令及びこの幼稚園教育要領の示すところに従い，創意工夫を生かし，幼児の心身の発達と幼稚園及び地域の実態に即応した適切な教育課程を編成するものとする。

(1) 幼稚園生活の全体を通して第2章に示すねらいが総合的に達成されるよう、教育期間や幼児の生活経験や発達の過程などを考慮して具体的なねらいと内容を組織しなければならないこと。この場合においては、特に、自我が芽生え、他者の存在を意識し、自己を抑制しようとする気持ちが生まれる幼児期の発達の特性を踏まえ、入園から修了に至るまでの長期的な視野をもって充実した生活が展開できるように配慮しなければならないこと。
(2) 幼稚園の毎学年の教育週数は、特別の事情のある場合を除き、39週を下ってはならないこと。
(3) 幼稚園の1日の教育時間は、4時間を標準とすること。ただし、幼児の心身の発達の程度や季節などに適切に配慮すること。

第2章　ねらい及び内容

　この章に示すねらいは幼稚園修了までに育つことが期待される生きる力の基礎となる心情、意欲、態度などであり、内容はねらいを達成するために指導する事項である。これらを幼児の発達の側面から、心身の健康に関する領域「健康」、人とのかかわりに関する領域「人間関係」、身近な環境とのかかわりに関する領域「環境」、言葉の獲得に関する領域「言葉」及び感性と表現に関する領域「表現」としてまとめ、示したものである。

　各領域に示すねらいは幼稚園における生活の全体を通じ、幼児が様々な体験を積み重ねる中で相互に関連をもちながら次第に達成に向かうものであること、内容は幼児が環境にかかわって展開する具体的な活動を通して総合的に指導されるものであることに留意しなければならない。

　なお、特に必要な場合には、各領域に示すねらいの趣旨に基づいて適切な、具体的な内容を工夫し、それを加えても差し支えないが、その場合には、それが幼稚園教育の基本を逸脱しないよう慎重に配慮する必要がある。

健康
〔健康な心と体を育て、自ら健康で安全な生活をつくり出す力を養う。〕

1　ねらい
(1) 明るく伸び伸びと行動し、充実感を味わう。
(2) 自分の体を十分に動かし、進んで運動しようとする。
(3) 健康、安全な生活に必要な習慣や態度を身に付ける。

2　内　容
(1) 先生や友達と触れ合い、安定感をもって行動する。
(2) いろいろな遊びの中で十分に体を動かす。
(3) 進んで戸外で遊ぶ。
(4) 様々な活動に親しみ、楽しんで取り組む。
(5) 健康な生活のリズムを身に付ける。
(6) 身の回りを清潔にし、衣服の着脱、食事、排泄など生活に必要な活動を自分でする。
(7) 幼稚園における生活の仕方を知り、自分たちで生活の場を整える。
(8) 自分の健康に関心をもち、病気の予防などに必要な活動を進んで行う。
(9) 危険な場所、危険な遊び方、災害時などの行動の仕方が分かり、安全に気を付けて行動する。

3　内容の取扱い
　上記の取扱いに当たっては、次の事項に留意する必要がある。
(1) 心と体の健康は、相互に密接な関連があるものであることを踏まえ、幼児が教師や他の幼児との温かい触れ合いの中で自己の存在感や充実感を味わうことなどを基盤として、しなやかな心と体の発達を促すこと。
(2) 様々な遊びの中で、幼児が興味や関心、能力に応じて全身を使って活動することにより、体を動かす楽しさを味わい、安全についての構えを身に付け、自分の体を大切にしようとする気持ちが育つようにすること。
(3) 自然の中で伸び伸びと体を動かして遊ぶことにより、体の諸機能の発達が促されることに留意し、幼児の興味や関心が戸外にも向くようにすること。その際、幼児の動線に配慮した園庭や遊具の配置

などを工夫すること。
(4) 基本的な生活習慣の形成に当たっては，幼児の自立心を育て，幼児が他の幼児とかかわりながら主体的な活動を展開する中で，生活に必要な習慣を身に付けるようにすること。

人間関係

（他の人々と親しみ，支え合って生活するために，自立心を育て，人とかかわる力を養う。）

1 ねらい
(1) 幼稚園生活を楽しみ，自分の力で行動することの充実感を味わう。
(2) 進んで身近な人とかかわり，愛情や信頼感をもつ。
(3) 社会生活における望ましい習慣や態度を身に付ける。

2 内容
(1) 先生や友達と共に過ごすことの喜びを味わう。
(2) 自分で考え，自分で行動する。
(3) 自分でできることは自分でする。
(4) 友達と積極的にかかわりながら喜びや悲しみを共感し合う。
(5) 自分の思ったことを相手に伝え，相手の思っていることに気付く。
(6) 友達のよさに気付き，一緒に活動する楽しさを味わう。
(7) 友達と一緒に物事をやり遂げようとする気持ちをもつ。
(8) よいことや悪いことがあることに気付き，考えながら行動する。
(9) 友達とのかかわりを深め，思いやりをもつ。
(10) 友達と楽しく生活する中できまりの大切さに気付き，守ろうとする。
(11) 共同の遊具や用具を大切にし，みんなで使う。
(12) 高齢者をはじめ地域の人々など自分の生活に関係の深いいろいろな人に親しみをもつ。

3 内容の取扱い
上記の取扱いに当たっては，次の事項に留意する必要がある。
(1) 教師との信頼関係に支えられて自分自身の生活を確立していくことが人とかかわる基盤となることを考慮し，幼児が自ら周囲に働き掛けることにより多様な感情を体験し，試行錯誤しながら自分の力で行うことの充実感を味わうことができるよう，幼児の行動を見守りながら適切な援助を行うようにすること。
(2) 幼児の主体的な活動は，他の幼児とのかかわりの中で深まり，豊かになるものであり，幼児はその中で互いに必要な存在であることを認識するようになることを踏まえ，一人一人を生かした集団を形成しながら人とかかわる力を育てていくようにすること。
(3) 道徳性の芽生えを培うに当たっては，基本的な生活習慣の形成を図るとともに，幼児が他の幼児とのかかわりの中で他人の存在に気付き，相手を尊重する気持ちをもって行動できるようにし，また，自然や身近な動植物に親しむことなどを通して豊かな心情が育つようにすること。特に，人に対する信頼感や思いやりの気持ちは，葛藤やつまずきをも体験し，それらを乗り越えることにより次第に芽生えてくることに配慮すること。
(4) 幼児の生活と関係の深い人々と触れ合い，自分の感情や意志を表現しながら共に楽しみ，共感し合う体験を通して，高齢者をはじめ地域の人々などに親しみをもち，人とかかわることの楽しさや人の役に立つ喜びを味わうことができるようにすること。また，生活を通して親の愛情に気付き，親を大切にしようとする気持ちが育つようにすること。

環境

（周囲の様々な環境に好奇心や探究心をもってかかわり，それらを生活に取り入れていこうとする力を養う。）

1 ねらい
(1) 身近な環境に親しみ，自然と触れ合う中で様々な事象に興味や関心をもつ。
(2) 身近な環境に自分からかかわり，発見を楽しんだり，考えたりし，それを生活に取り入れようとする。
(3) 身近な事象を見たり，考えたり，扱っ

たりする中で，物の性質や数量，文字などに対する感覚を豊かにする。

2 内容
(1) 自然に触れて生活し，その大きさ，美しさ，不思議さなどに気付く。
(2) 生活の中で，様々な物に触れ，その性質や仕組みに興味や関心をもつ。
(3) 季節により自然や人間の生活に変化のあることに気付く。
(4) 自然などの身近な事象に関心をもち，取り入れて遊ぶ。
(5) 身近な動植物に親しみをもって接し，生命の尊さに気付き，いたわったり，大切にしたりする。
(6) 身近な物を大切にする。
(7) 身近な物や遊具に興味をもってかかわり，考えたり，試したりして工夫して遊ぶ。
(8) 日常生活の中で数量や図形などに関心をもつ。
(9) 日常生活の中で簡単な標識や文字などに関心をもつ。
(10) 生活に関係の深い情報や施設などに興味や関心をもつ。
(11) 幼稚園内外の行事において国旗に親しむ。

3 内容の取扱い
上記の取扱いに当たっては，次の事項に留意する必要がある。
(1) 幼児が，遊びの中で周囲の環境とかかわり，次第に周囲の世界に好奇心を抱き，その意味や操作の仕方に関心をもち，物事の法則性に気付き，自分なりに考えることができるようになる過程を大切にすること。
(2) 幼児期において自然のもつ意味は大きく，自然の大きさ，美しさ，不思議さなどに直接触れる体験を通して，幼児の心が安らぎ，豊かな感情，好奇心，思考力，表現力の基礎が培われることを踏まえ，幼児が自然とのかかわりを深めることができるよう工夫すること。
(3) 身近な事象や動植物に対する感動を伝え合い，共感し合うことなどを通して自分からかかわろうとする意欲を育てるとともに，様々なかかわり方を通してそれらに対する親しみや畏敬の念，生命を大切にする気持ち，公共心，探究心などが養われるようにすること。
(4) 数量や文字などに関しては，日常生活の中で幼児自身の必要感に基づく体験を大切にし，数量や文字などに関する興味や関心，感覚が養われるようにすること。

言葉

> 経験したことや考えたことなどを自分なりの言葉を使って表現し，相手の話す言葉を聞こうとする意欲や態度を育て，言葉に対する感覚や言葉で表現する力を養う。

1 ねらい
(1) 自分の気持ちを言葉で表現し楽しさを味わう。
(2) 人の言葉や話などをよく聞き，自分の経験したことや考えたことを話し，伝え合う喜びを味わう。
(3) 日常生活に必要な言葉が分かるようになるとともに，絵本や物語などに親しみ，先生や友達と心を通わせる。

2 内容
(1) 先生や友達の言葉や話に興味や関心をもち，親しみをもって聞いたり，話したりする。
(2) したこと，見たこと，聞いたこと，感じたことなどを自分なりに言葉で表現する。
(3) したいこと，してほしいことを言葉で表現したり，分からないことを尋ねたりする。
(4) 人の話を注意して聞き，相手に分かるように話す。
(5) 生活の中で必要な言葉が分かり，使う。
(6) 親しみをもって日常のあいさつをする。
(7) 生活の中で言葉の楽しさや美しさに気付く。
(8) いろいろな体験を通じてイメージや言葉を豊かにする。
(9) 絵本や物語などに親しみ，興味をもって聞き，想像をする楽しさを味わう。
(10) 日常生活の中で，文字などで伝える楽しさを味わう。

3 内容の取扱い
上記の取扱いに当たっては，次の事項に留

意する必要がある。
(1) 言葉は，身近な人に親しみをもって接し，自分の感情や意志などを伝え，それに相手が応答し，その言葉を聞くことを通して次第に獲得されていくものであることを考慮して，幼児が教師や他の幼児とかかわることにより心を動かすような体験をし，言葉を交わす喜びを味わえるようにすること。
(2) 絵本や物語などで，その内容と自分の経験とを結び付けたり，想像を巡らせたりする楽しみを十分に味わうことによって，次第に豊かなイメージをもち，言葉に対する感覚が養われるようにすること。
(3) 幼児が日常生活の中で，文字などを使いながら思ったことや考えたことを伝える喜びや楽しさを味わい，文字に対する興味や関心をもつようにすること。

表　現

　感じたことや考えたことを自分なりに表現することを通して，豊かな感性や表現する力を養い，創造性を豊かにする。

1　ねらい
(1) いろいろなものの美しさなどに対する豊かな感性をもつ。
(2) 感じたことや考えたことを自分なりに表現して楽しむ。
(3) 生活の中でイメージを豊かにし，様々な表現を楽しむ。

2　内　容
(1) 生活の中で様々な音，色，形，手触り，動きなどに気付いたり，楽しんだりする。
(2) 生活の中で美しいものや心を動かす出来事に触れ，イメージを豊かにする。
(3) 様々な出来事の中で，感動したことを伝え合う楽しさを味わう。
(4) 感じたこと，考えたことなどを音や動きなどで表現したり，自由にかいたり，つくったりする。
(5) いろいろな素材に親しみ，工夫して遊ぶ。
(6) 音楽に親しみ，歌を歌ったり，簡単なリズム楽器を使ったりする楽しさを味わう。
(7) かいたり，つくったりすることを楽し

み，遊びに使ったり，飾ったりする。
(8) 自分のイメージを動きや言葉などで表現したり，演じて遊んだり楽しさを味わう。

3　内容の取扱い

上記の取扱いに当たっては，次の事項に留意する必要がある。
(1) 豊かな感性は，自然などの身近な環境と十分にかかわる中で美しいもの，優れたもの，心を動かす出来事などに出会い，そこから得た感動を他の幼児や教師と共有し，様々に表現することなどを通して養われるようにすること。
(2) 幼児の自己表現は素朴な形で行われることが多いので，教師はそのような表現を受容し，幼児自身の表現しようとする意欲を受け止めて，幼児が生活の中で幼児らしい様々な表現を楽しむことができるようにすること。
(3) 生活経験や発達に応じ，自ら様々な表現を楽しみ，表現する意欲を十分に発揮させることができるような遊具や用具などを整え，自己表現を楽しめるように工夫すること。

第3章　指導計画作成上の留意事項

幼稚園教育は，幼児が自ら意欲をもって環境とかかわることによりつくり出される具体的な活動を通して，その目標の達成を図るものである。

幼稚園においてはこのことを踏まえ，幼児期にふさわしい生活が展開され，適切な指導が行われるよう，次の事項に留意して調和のとれた組織的，発展的な指導計画を作成し，幼児の活動に沿った柔軟な指導を行わなければならない。

1　一般的な留意事項
(1) 指導計画は，幼児の発達に即して一人一人の幼児が幼児期にふさわしい生活を展開し，必要な体験を得られるようにするために，具体的に作成すること。
(2) 指導計画作成に当たっては，次に示すところにより，具体的なねらい及び内容を明確に設定し，適切な環境を構成することなどにより活動が選択・展開される

ようにすること。
　ア　具体的なねらい及び内容は，幼稚園生活における幼児の発達の過程を見通し，幼児の生活の連続性，季節の変化などを考慮して，幼児の興味や関心，発達の実情などに応じて設定すること。
　イ　環境は具体的なねらいを達成するために適切なものとなるように構成し，幼児が自らその環境にかかわることにより様々な活動を展開しつつ必要な体験を得られるようにすること。その際，幼児の生活する姿や発想を大切にし，常にその環境が適切なものとなるようにすること。
　ウ　幼児の行う具体的な活動は，生活の流れの中で様々に変化するものであることに留意し，幼児が望ましい方向に向かって自ら活動を展開していくことができるよう必要な援助をすること。
　　　その際，幼児の実態及び幼児を取り巻く状況の変化などに即して指導の過程についての反省や評価を適切に行い，常に指導計画の改善を図ること。
(3) 幼児の生活は，入園当初の一人一人の遊びや教師との触れ合いを通して幼稚園生活に親しみ，安定していく時期から，やがて友達同士で目的をもって幼稚園生活を展開し，深めていく時期などに至るまでの過程を様々に経ながら広げられていくものであることを考慮し，活動がそれぞれの時期にふさわしく展開されるようにすること。特に３歳児の入園については，家庭との連携を緊密にし，生活のリズムや安全面に十分配慮すること。
(4) 長期的に発達を見通した年，学期，月などにわたる指導計画やこれとの関連を保ちながらより具体的な幼児の生活に即した週，日などの指導計画を作成し，適切な指導が行われるようにすること。特に，週，日などの指導計画については，幼児の生活のリズムに配慮し，幼児の意識や興味の連続性のある活動が相互に関連して幼稚園生活の自然な流れの中に組み込まれるようにすること。
(5) 幼児の行う活動は，個人，グループ，学級全体などで多様に展開されるものであるが，いずれの場合にも，幼稚園全体の教師による協力体制をつくりながら，一人一人の幼児が興味や欲求を十分に満足させるよう適切な援助を行うようにすること。
(6) 幼児の主体的な活動を促すためには，教師が多様なかかわりをもつことが重要であることを踏まえ，教師は，理解者，共同作業者など様々な役割を果たし，幼児の発達に必要な豊かな体験が得られるよう，活動の場面に応じて，適切な指導を行うようにすること。
(7) 幼児の生活は，家庭を基盤として地域社会を通じて次第に広がりをもつものであることに留意し，家庭との連携を十分に図るなど，幼稚園における生活が家庭や地域社会と連続性を保ちつつ展開されるようにすること。その際，地域の自然，人材，行事や公共施設などを積極的に活用し，幼児が豊かな生活経験が得られるように工夫すること。
(8) 幼稚園においては，幼稚園教育が，小学校以降の生活や学習の基盤の育成につながることに配慮し，幼児期にふさわしい生活を通して，創造的な思考や主体的な生活態度などの基礎を培うようにすること。

2　特に留意する事項
(1) 安全に関する指導に当たっては，情緒の安定を図り，遊びを通して状況に応じて機敏に自分の体を動かすことができるようにするとともに，危険な場所や事物などが分かり，安全についての理解を深めるようにすること。また，交通安全の習慣を身に付けるようにするとともに，災害時に適切な行動がとれるようにするための訓練なども行うようにすること。
(2) 障害のある幼児の指導に当たっては，家庭及び専門機関との連携を図りながら，集団の中で生活することを通して全体的な発達を促すとともに，障害の種類，程度に応じて適切に配慮すること。
(3) 幼児の社会性や豊かな人間性をはぐくむため，地域や幼稚園の実態等により，盲学校，聾学校，養護学校などの障害の

ある幼児との交流の機会を積極的に設けるよう配慮すること。
(4) 行事の指導に当たっては，幼稚園生活の自然の流れの中で生活に変化や潤いを与え，幼児が主体的に楽しく活動できるようにすること。なお，それぞれの行事についてはその教育的価値を十分検討し，適切なものを精選し，幼児の負担にならないようにすること。
(5) 幼稚園の運営に当たっては，子育ての支援のために地域の人々に施設や機能を開放して，幼児教育に関する相談に応じるなど，地域の幼児教育のセンターとしての役割を果たすよう努めること。
(6) 地域の実態や保護者の要請により，教育課程に係る教育時間の終了後に希望する者を対象に行う教育活動については，適切な指導体制を整えるとともに，第1章に示す幼稚園教育の基本及び目標を踏まえ，また，教育課程に基づく活動との関連，幼児の心身の負担，家庭との緊密な連携などに配慮して実施すること。

保育所保育指針（抄）（厚生省）

第1章 総則

保育所は，児童福祉法に基づき保育に欠ける乳幼児を保育することを目的とする児童福祉施設である。

したがって，保育所における保育は，ここに入所する乳幼児の最善の利益を考慮し，その福祉を積極的に増進することに最もふさわしいものでなければならない。

保育所は，乳幼児が，生涯にわたる人間形成の基礎を培う極めて重要な時期に，その生活時間の大半を過ごすところである。保育所における保育の基本は，家庭や地域社会と連携を図り，保護者の協力の下に家庭養育の補完を行い，子どもが健康，安全で情緒の安定した生活ができる環境を用意し，自己を十分に発揮しながら活動できるようにすることにより，健全な心身の発達を図るところにある。

そのために，養護と教育が一体となって，豊かな人間性を持った子どもを育成するところに保育所における保育の特性がある。

また，子どもを取り巻く環境の変化に対応して，保育所には地域における子育て支援のために，乳幼児などの保育に関する相談に応じ，助言するなどの社会的役割も必要となってきている。

このような理念や状況に基づき，保育を展開するに当たって必要な基本的事項をあげれば次のとおりである。

1 保育の原理
(1) 保育の目標

子どもは豊かに伸びていく可能性をそのうちに秘めている。その子どもが，現在を最もよく生き，望ましい未来をつくり出す力の基礎を培うことが保育の目標である。

このため，保育は次の諸事項を目指して行う。

ア 十分に養護の行き届いた環境の下に，くつろいだ雰囲気の中で子どもの様々な欲求を適切に満たし，生命の保持及び情緒の安定を図ること。
イ 健康，安全など生活に必要な基本的な習慣や態度を養い，心身の健康の基礎を培うこと。
ウ 人との関わりの中で，人に対する愛情と信頼感，そして人権を大切にする心を育てるとともに，自主，協調の態度を養い，道徳性の芽生えを培うこと。
エ 自然や社会の事象についての興味や関心を育て，それらに対する豊かな心情や思考力の基礎を培うこと。
オ 生活の中で，言葉への興味や関心を育て，喜んで話したり，聞いたりする態度や豊かな言葉を養うこと。
カ 様々な体験を通して，豊かな感性を育て，創造性の芽生えを培うこと。

(2) 保育の方法

保育においては，保育士の言動が子どもに大きな影響を与える。したがって，保育士は常に研修などを通して，自ら，人間性と専門性の向上に努める必要がある。また，倫理観に裏付けられた知性と技術を備え，豊かな感性と愛情を持って，一人一人の子どもに関わ

らなければならない。
　このため、保育は、次の諸事項に留意し、第3章から第10章に示すねらいが達成されるようにする。
　　ア　一人一人の子どもの置かれている状態及び家庭、地域社会における生活の実態を把握するとともに、子どもを温かく受容し、適切な保護、世話を行い、子どもが安定感と信頼感を持って活動できるようにすること。
　　イ　子どもの発達について理解し、子ども一人一人の特性に応じ、生きる喜びと困難な状況への対処する力を育てることを基本とし、発達の課題に配慮して保育すること。
　　ウ　子どもの生活のリズムを大切にし、自己活動を重視しながら、生活の流れを安定し、かつ、調和のとれたものにすること。特に、入所時の保育に当たっては、できるだけ個別的な対応を行うことによって子どもが安定感を得られるように努め、次第に主体的に集団に適応できるように配慮するとともに、既に入所している子どもに不安や動揺を与えないように配慮すること。
　　エ　子どもが自発的、意欲的に関われるような環境の構成と、そこにおける子どもの主体的な活動を大切にし、乳幼児期にふさわしい体験が得られるように遊びを通して総合的に保育を行うこと。
　　オ　一人一人の子どもの活動を大切にしながら、子ども相互の関係づくりや集団活動を効果あるものにするように援助すること。
　　カ　子どもの人権に十分配慮するとともに、文化の違いを認め、互いに尊重する心を育てるようにすること。
　　キ　子どもの性差や個人差にも留意しつつ、性別による固定的な役割分業意識を植え付けることのないように配慮すること。
　　ク　子どもに、身体的苦痛を与え、人格を辱めることなどがないようにすること。
　　ケ　保育に当たり知り得た子どもなどに関する秘密は、正当な理由なく漏らすことがないようにすること。
(3)　保育の環境

　保育の環境には、保育士や子どもなどの人的環境、施設や遊具などの物的環境、さらには、自然や社会の事象などがある。そして、人、物、場が相互に関連し合って、子どもに一つの環境状況をつくり出す。
　こうした環境により、子どもの生活が安定し、活動が豊かなものとなるように、計画的に環境を構成し、工夫して保育することが大切である。
　保育所の施設、屋外遊戯場は、子どもの活動が豊かに展開されるためにふさわしい広さを持ち、遊具・用具その他の素材などを整え、それらが十分に活用されるように配慮する。施設では、採光、換気、保温、清潔など環境保健の向上に努め、特に、危険の防止と災害時における安全の確保について十分に配慮する。また、午睡・休息が必要に応じて行えるようにする。保育室は、子どもにとって家庭的な親しみとくつろぎの場となるとともに、いきいきと活動ができる場となるように配慮する。
　さらに、自然や社会の事象への関心を高めるように、それらを取り入れた環境をつくることに配慮する。

2　保育の内容構成の基本方針

(1)　ねらい及び内容

　保育の内容は、「ねらい」及び「内容」から構成される。
　「ねらい」は、保育の目標をより具体化したものである。これは、子どもが保育所において安定した生活と充実した活動ができるようにするために、「保育士が行わなければならない事項」及び子どもの自発的、主体的な活動を保育士が援助することにより、「子どもが身につけることが望まれる心情、意欲、態度などを示した事項」である。
　「内容」は、これらのねらいを達成するために、子どもの状況に応じて保育士が適切に行うべき基礎的な事項及び保育士が援助する事項を子どもの発達の側面から示したものである。
　内容のうち、子どもが保育所で安定した生活を送るために必要な基礎的な事項、すなわち、生命の保持及び情緒の安定に関わる事項は全年齢について示してあるが、特に、3歳

以上児の各年齢の内容においては，これらを［基礎的事項］としてまとめて示してある。また，保育士が援助して子どもが身に付けることが望まれる事項について発達の側面から以下の領域が設けられている。心身の健康に関する領域である「健康」，人との関わりに関する領域である「人間関係」，身近な環境との関わりに関する領域である「環境」，言葉の獲得に関する領域である「言葉」及び感性と表現に関する領域である「表現」の5領域を設定して示してあるが，この5領域は，3歳未満児については，その発達の特性からみて各領域を明確に区分することが困難な面が多いので，5領域に配慮しながら，基礎的な事項とともに一括して示してある。なお，保育は，具体的には子どもの活動を通して展開されるものであるので，その活動は一つの領域だけに限られるものではなく，領域の間で相互に関連を持ちながら総合的に展開していくものである。

保育の内容の発達過程区分については，6か月未満児，6か月から1歳3か月未満児，1歳3か月から2歳未満児，さらに2歳児から6歳児までは1年ごとに設定し，それぞれのねらいと内容を第3章から第10章に示してある。

なお，発達過程の区分による保育内容は組やグループ全員の均一的な発達の基準としてみるのではなく，一人一人の乳幼児の発達過程として理解することが大切である。

(2) 保育の計画

保育の計画は，全体的な計画と具体的な計画について作成する必要があり，その作成に当たっては柔軟で発展的なものとなるように留意することが重要である。

全体的な計画は，「保育計画」とし，入所している子ども及び家庭の状況や保護者の意向，地域の実態を考慮し，それぞれの保育所に適したものとなるように作成するものとする。

また，保育計画は，保育の目標とそれを具体化した各年齢ごとのねらいと内容で構成され，それらが各年齢を通じて一貫性のあるものとする必要がある。

また，保育計画に基づいて保育を展開するために，具体的な計画として，「指導計画」を作成するものとする。

さらに，家庭や地域社会の変化に伴って生じる多様な保育需要に対しては，地域や保育所の特性を考慮して柔軟な保育の計画を作成し，適切に対応することが必要である。保育の計画を踏まえて保育が適切に進められているかどうかを把握し，次の保育の資料とするため，保育の経過や結果を記録し，自己の保育を評価し反省することに努めることが必要である。

第2章—第10章 （略）

第11章 保育の計画作成上の留意事項

保育の計画作成に当たっての留意事項をあげれば，次のようになる。

1 保育計画と指導計画

保育所では，入所している子どもの生活全体を通じて，第1章に示す保育の目標が達成されるように，全体的な「保育計画」と具体的な「指導計画」とから成る「保育の計画」を作成する。

このような「保育の計画」は，すべての子どもが，入所している間，常に適切な養護と教育を受け，安定した生活を送り，充実した活動ができるように柔軟で，発展的なものとし，また，一貫性のあるものとなるように配慮することが重要である。

保育計画は，第3章から第10章に示すねらいと内容を基に，地域の実態，子どもの発達，家庭状況や保護者の意向，保育時間などを考慮して作成する。

また，指導計画はこの保育計画に基づき，子どもの状況を考慮して，乳幼児期にふさわしい生活の中で，一人一人の子どもに必要な体験が得られる保育が展開されるように具体的に作成する。

2 長期的指導計画と短期的指導計画の作成

(1) 各保育所では，子どもの生活や発達を見通した年，期，月など長期的な指導計画と，それと関連しながらより具体的な子どもの生活に即した，週，日などの短期的な指導

計画を作成して，保育が適切に展開されるようにすること。
(2) 指導計画は，子どもの個人差に即して保育できるように作成すること。
(3) 保育の内容を指導計画に盛り込むに当たっては，長期的な見通しを持って，子どもの生活にふさわしい具体的なねらいと内容を明確に設定し，適切な環境を構成することなどにより，活動が展開できるようにすること。

　ア　具体的なねらい又は内容は，保育所での生活における乳幼児の発達の過程を見通し，生活の連続性，季節の変化などを考慮して，子どもの実態に応じて設定すること。

　イ　環境を構成するに当たっては，子どもの生活する姿や発想などを大切にして，具体的なねらいを達成するために適切に構成し，子どもが主体的に活動を展開していくことができるようにすること。

　ウ　子どもの行う具体的な活動は，生活の流れの中で様々に変化することに留意して，子どもが望ましい方向に向かって自ら活動を展開できるように必要な援助をすること。

(4) 1日の大半を保育所で生活する子どもの行動は，個人，グループ，組全体など多様に展開されるが，いずれの場合も保育所全体の職員による協力体制の下に，一人一人の子どもの興味や欲求を十分満足させるように適切に援助する。

(5) 子どもの主体的な活動を促すためには，保育士が多様な関わりを持つことが重要であることを踏まえ，子どもの情緒の安定や発達に必要な豊かな体験が得られるように援助を行うこと。

(6) 長期的な指導計画の作成に当たっては，年齢，保育年数の違いなど組の編成の特質に即して，一人一人の子どもが順調な発達を続けていけるようにするとともに，季節や地域の行事などを考慮して，子どもの生活に変化と潤いを持たせるように配慮すること。

　なお，各種の行事については，子どもが楽しく参加でき，生活経験が豊かなものになるように，日常の保育との調和のとれた計画を作成して実施すること。

(7) 短期の指導計画の作成に当たっては，長期的な指導計画の具体化を図るとともに，その時期の子どもの実態や生活に即した保育が柔軟に展開されるようにすること。その際，日課との関連では，1日の生活の流れの中に子どもの活動が調和的に組み込まれるようにすること。

3　3歳未満児の指導計画

3歳未満児については，子どもの個人差に即して保育できるように作成し，第3章から第6章に示された事項を基に一人一人の子どもの生育歴，心身の発達及び活動の実態などに即して，個別的な計画を立てるなど必要な配慮をすること。特に，1日24時間の生活が連続性を持って送れるように，職員の協力体制の中で，家庭との連携を密にし，生活のリズムや保健，安全面に十分配慮すること。

4　3歳以上児の指導計画

3歳以上児については，第7章から第10章までに示す事項を基に，具体的なねらいと内容を適切に指導計画に組み込むこと。

組など集団生活での計画が中心となるが，一人一人の子どもが自己を発揮し，主体的に活動ができるように配慮すること。

5　異年齢の編成による保育

異年齢で編成される組やグループで保育を行う場合の指導計画作成に当たっては，一人一人の子どもの生活や経験などを把握し，適切な環境構成や援助などができるよう十分に配慮すること。

6　職員の協力体制

所長，主任保育士，組を担当する保育士，また調理担当職員など保育所全体の職員が協力体制を作り，適切な役割分担をして保育に取り組めるようにする。

7　家庭や地域社会との連携

保育は家庭や地域社会と連携して展開されることが望ましいので，指導計画の作成に当たっては，この点に十分に配慮をすること。その際，地域の自然，人材，行事や公共施設

などを積極的に活用し，子どもが豊かな生活体験ができるように工夫すること。

8　小学校との関係

小学校との関係については，子どもの連続的な発達などを考慮して，互いに理解を深めるようにするとともに，子どもが入学に向かって期待感を持ち，自信と積極性を持って生活できるように指導計画の作成に当たってもこの点に配慮すること。

9　障害のある子どもの保育

障害のある子どもに対する保育については，一人一人の子どもの発達や障害の状態を把握し，指導計画の中に位置づけて，適切な環境の下で他の子どもとの生活を通して，両者が共に健全な発達が図られるように努めること。

この際，保育の展開に当たっては，その子どもの発達の状況や日々の状態によっては指導計画の展開にとらわれず，柔軟に保育することや職員の連携体制の中で個別の関わりが十分とれるようにすること。また，家庭との連携を密にし，親の思いを受け止め，必要に応じて専門機関からの助言を受けるなど適切に対応すること。

10　長時間にわたる保育

長時間にわたる保育については，子どもの年齢，生活のリズムや心身の状態に十分配慮して，保育の内容や方法，職員の協力体制，家庭との連携などを指導計画に位置づけて行うようにする。

11　地域活動など特別事業

地域活動など特別事業を行う場合は，実施の趣旨を全職員が理解し，日常の保育との関連の中で，子どもの生活に負担がないように，保育計画及び指導計画の中に盛り込んでいくこと。

12　指導計画の評価・改善

指導計画は，それに基づいて行われた保育の過程を，子どもの実態や子どもを取り巻く状況の変化などに即して反省，評価し，その改善に努めること。

第12章　健康・安全に関する留意事項

保育所の保育においては，子どもの健康と安全は極めて重要な事項であり，一人一人の子どもに応じて健康・安全に留意するとともに，全体の子どもの健康を保持し，安全を守るように心掛けることが大切である。そのためには，一人一人の子どもの心身の状態や発育・発達状態を把握して，第1章総則及び第3章から第10章の各年齢別のねらい及び内容の中で関連する事項に留意するとともに，以下に示す留意事項に基づき，日々健康で安全な保育を目指すよう努めることが必要である。

1　日常の保育における保健活動

(1)　子どもの健康状態の把握

ア　子どもの心身の状態に応じた保育を行うためには，子どもの状態を十分に把握しておくことが望ましい。それには，嘱託医の指導の下，保護者からの情報とともに，母子健康手帳等も活用し，適切に把握するように努める。この場合，守秘義務の徹底を図らなければならない。

イ　登所時において，子どもの健康状態を観察するとともに，保護者から子どもの状態について報告を受けるようにする。また，保育中は子どもの状態を観察し，何らかの異常が発見された場合には，保護者に連絡するとともに，嘱託医やその子どものかかりつけの医師などと相談するなど，適切な処置を講ずる。

ウ　子どもの身体を観察するときに，不自然な傷，やけど，身体や下着の汚れ具合等を併せて観察し，身体的虐待や不適切な養育の発見に努める。

(2)　発育・発達状態の把握

子どもの発育・発達状態の把握は，保育の方針の決定や子どもの健康状態を理解する上で必要であるので，体重，身長，頭囲，胸囲などの計測を定期的に行うとともに，バランスのとれた発育に配慮する。また，必要に応じて，精神や運動の機能の発達状態を把握することが望ましい。

(3)　授乳・食事

ア　乳幼児期の食事は，生涯の健康にも関

係し，順調な発育・発達に欠くことができない重要なものであり，一人一人の子どもの状態に応じて摂取法や摂取量などが考慮される必要がある。
イ 調乳は，手を清潔に洗った後，消毒した哺乳瓶，乳首を用い，一人一人の子どもに応じた分量で行う。
ウ 授乳は，必ず抱いて，子どもの楽な姿勢で行う。一人一人の子どもの哺乳量を考慮して授乳し，哺乳後は必ず排気させ，吐乳を防ぐ。また，授乳後もその他の体の状態に注意する。
エ 母乳育児を希望する保護者のために，冷凍母乳による栄養法などの配慮を行う。冷凍母乳による授乳を行うときには，十分に清潔で衛生的な処置が必要である。
オ 子どもの発育・発達状態に応じて，ほぼ5か月頃より離乳を開始する。離乳の進行に当たっては，一人一人の子どもの発育・発達状態，食べ方や健康状態を配慮するとともに，次第に食品の種類や献立を豊富にし，栄養のバランスにも気をつける。その際，嘱託医などにも相談し，家庭との連絡を十分に行うことが望ましい。
カ 栄養源の大部分が乳汁以外の食品で摂取できるようになるほぼ1歳から1歳3か月を目安に，遅くとも1歳6か月までに離乳を完了させ，徐々に幼児食に移行させる。また，飲料として牛乳を与える場合には，1歳以降が望ましい。
キ 離乳食を始め，子どもの食事の調理は，清潔を保つように十分注意するとともに，子どもの発育・発達や食欲，さらに咀嚼や嚥下の機能の発達に応じて食品の種類，量，大きさ，固さを増し，将来のよい食習慣の基礎を養うように心がける。
　また，保育所での食事の状況について，家庭と連絡をとることが大切である。離乳食，幼児食などを与えた際，嘔吐，下痢，発疹などの体の状態の変化を常に観察し，異常が見られたときには，安易な食事制限などは行わず，保護者や嘱託医と相談して，食事について必要な処置を行う。さらに，食事を与えるときには，その子どもの食欲に応じて，無理強いしないように注意する。

(4) 排泄
ア 排尿・排便の回数や性状は健康状態を把握する指標となるので，その変化に留意する。その際，家庭と密接な連携をとることが望ましい。
イ 発達状態に応じて，排泄の自立のための働きかけを行うが，無理なしつけは自立を遅らせたり，精神保健上も好ましくないので，自立を急がせないように留意する。

(5) 健康習慣・休養・体力づくり
ア 虫歯の予防に努めるとともに，虫歯予防に関心を持たせる。
イ 歯ブラシ，コップ，タオル，ハンカチなどは，一人一人の子どものものを準備する。
ウ 季節や活動状況に応じて，子どもの疲労に注意して，適切な休養がとれるように配慮する。また，休養の方法は，一人一人の子どもに適したものとし，必ずしも午睡に限定することなく，心身の安静が保てるような環境の設定に配慮する。
エ 午睡の時には，一人一人の子どもの状態に応じて，寝つきや睡眠中及び起床時の状態を，適宜観察するなどの配慮をする。
オ 子どもは，一人一人の状況に応じた健康の維持増進が必要であり，保育の中で積極的に体力づくりを導入するように配慮する。体力づくりは，一人一人の子どもの状態，季節・気候に応じてその項目・程度を決めて安全に注意して実施する。

2 健康診断

(1) 子どもの健康状態の把握のため，嘱託医などにより定期的に健康診断を行う。また，子どもの日常の健康状態を適切に把握するためには，保育士の日頃の観察が必要であるとともに，保護者との密接な連携が必要である。

(2) 入所に際しては，事前に一人一人の健康状態や疾病異常などの把握ができるように留意する。

(3) 診察，計測，検査，子どもの健康状態や発育・発達状態，疾病異常の有無の把握な

どについては，嘱託医と話し合いながら実施し，年月齢に応じた項目を考慮する。
　また，精神保健上の問題などについても把握できるようにする。
(4) 健康診断などの結果を記録し，保育に活用するように努めるとともに，家庭に連絡し，保護者が子どもの状態を理解できるようにする。さらに，必要に応じて，嘱託医などによる保護者に対する相談指導を行う。
(5) 診察，計測，検査などの結果については母子健康手帳を有効に活用し，市町村や保健所が実施する健康診査，保健指導などの保健活動と相互に連携する上で役立てるようにする。
(6) 結果に応じて市町村や保健所，医療機関と連携をとり，必要によっては協力を求める。

3　予防接種
(1) 予防接種は，子どもの感染症予防上欠くことのできないものであり，一人一人のかかりつけの医師や嘱託医の指導の下に，できるだけ標準的な接種年齢の内に接種を受けるように保護者に勧める。
(2) 子どもが個々に予防接種を実施した場合は，保育所に連絡するように指導する。
　また，接種後は子どもの状態を観察するように努める。

4　疾病異常等に関する対応
(1) 感染症
　ア　保育中に，感染病の疑いのある病気の子どもを発見したときは，嘱託医に相談して指示を受けるとともに，保護者との連絡を密にし，必要な処置をする。
　イ　保育所で，感染症の発生が分かったときには，嘱託医の指導の下に，他の保護者にも連絡をとる。感染症にかかった子どもについては，嘱託医やかかりつけの医師の指示に従うように保護者の協力を求める。特に，いわゆる学校伝染病として定められている病気にかかった子どもが保育所に再び通い始める時期は，その出席停止期間を基本とし，子どもの回復状態に応じて，他の子どもへの感染の防止が図られるよう，嘱託医やかかりつけの医師などの意見を踏まえて，保護者に指導する。また，学校伝染病に定められていない感染症については，嘱託医などの指示に従う。
(2) 病気の子どもの保育
　ア　地域内に乳幼児健康支援一時預かり事業などの実施施設があるときには，保護者にその利用についての情報提供に努める。
　イ　保育中に体調が悪くなった子どもについては，嘱託医などに相談して，適切な処置が行えるように配慮しておくことが望ましい。
(3) 救急処置
　不時の事態に備え，必要な救急用の薬品，材料を整備するとともに，救急処置の意義を正しく理解し，保育士としての処置を熟知するように努める。
(4) 慢性疾患
　日常における投薬，処置については，その子どもの主治医又は嘱託医の指示に従うとともに，保護者や主治医との連携を密にするように努める。また，対象となる子どもに対する扱いが特別なものとならないように配慮し，他の子ども又は保護者に対しても，病気を正しく理解できるように留意する。
(5) 乳幼児突然死症候群（SIDS）の予防
　ア　乳幼児期，特に生後6か月未満の乳児の重大な死亡の原因として，それまで元気であった子どもが何の前ぶれもなく睡眠中に死亡する乳幼児突然死症候群があり，保育中にも十分留意する必要がある。
　イ　この予防には，その危険要因をできるだけ少なくすることが重要であり，特に，寝返りのできない乳児を寝かせる場合には，仰向けに寝かす。また，睡眠中の子どもの顔色，呼吸の状態をきめ細かく観察するように心がける。また，保護者に対しても，SIDSに関する情報の提供を徹底するとともに，予防に努めるように指導することが望ましい。
　ウ　保育所職員や保護者は，保育室での禁煙を厳守する。
(6) アトピー性皮膚炎対策
　ア　アトピー性皮膚炎が疑われるときには，

その対応については，必ず嘱託医などの診断を受け，その指示に従うことを原則とするとともに，家庭との連絡を密にし，その対策に相違がないように十分に心がけるようにする。
イ 食物によると思われるときにも，原因となるアレルゲンの種類が多いので，安易な食事制限やみだりに除去食を提供せず，必ず嘱託医などの指示を受けるようにする。
ウ 皮膚を清潔にすることが大切であり，保育中も皮膚を清潔に保つように努めることが望ましく，特に，使用する洗剤等については，嘱託医などに相談して用いるようにする。
エ 戸外遊び，衣服の素材によっては，症状が増悪することもあるので，嘱託医などに相談して用いるようにする。
オ 痒さが強いときには，安易に軟膏を塗布するのではなく，嘱託医などに相談することが望ましい。

5 保育の環境保健
(1) 各部屋の温度，湿度，換気，採光等に十分注意し，保育上の安全に十分に配慮する。子どものベッド，寝具類は，いつも清潔を保つように心がける。
(2) 園庭や砂場は清潔で安全な状態を保つように配慮する。また，動物小屋はできるだけ清潔が保てるように配慮し，動物による事故の防止に注意する。

6 事故防止・安全指導
(1) 子どもは，その発達上の特性から事故の発生が多く，それによる傷害は子どもの心身に多くの影響を及ぼす。事故防止は保育の大きな目標であることを認識する必要がある。
　保育士は子どもの事故発生についての知識を持つとともに，保護者に対しても子どもの事故について認識を深めるための協力を求める。
(2) 子どもの発達に合わせた安全指導の必要性を認識し，適宜その実施に努める。
　また，交通事故の防止に配慮し，家庭，地域の諸機関との協力の下に，交通安全のための指導を実施する。
(3) 災害時に備えて職員その他の人達による組織づくりを行い，その役割分担などを認識する。
　子どもに対しては，その発達に応じて避難訓練の目的，意義を理解させ，訓練に参加させる。
　保育士は避難訓練の意義を理解し，それを積極的に行い，必要な機材，用具などの使用法を熟知しておく。また，地域住民にも参加を求めるなどの配慮をする。
(4) 子どもの通所は，保護者が責任を持って行うことを原則とし，責任ある人以外の人に子どもを同行させないようにする。
　また，随時一人一人の子どもの確認を行うように努める。

7 虐待などへの対応
(1) 虐待の疑いのある子どもの早期発見と子どもやその家族に対する適切な対応は，子どもの生命の危険，心身の障害の発生の防止につながる重要な保育活動と言える。
ア 虐待の保育現場における早期発見は，登所時や保育活動中のあらゆる機会に可能であるので，子どもの心身の状態や家族の態度などに十分に注意して観察や情報の収集に努める。
イ 虐待が疑われる子どもでは，次のような心身の状態が認められることがある。発育障害や栄養障害，体に不自然な傷・皮下出血・骨折・やけどなどの所見，脅えた表情・暗い表情・極端に落ち着きがない・激しい癇癪・笑いが少ない・泣きやすいなどの情緒面の問題，言語の遅れが見られるなどの発達の障害，言葉が少ない・多動・不活発・乱暴で攻撃的な行動，衣服の着脱を嫌う，食欲不振・極端な偏食・拒食・過食などの食事上の問題が認められることもある。
ウ 理由のない欠席や登所時刻が不規則なことが多い，不潔な体や下着，病気や傷の治療を受けた気配がない等の不適切な養育態度が認められることもある。
エ 家族の態度としては，子どものことについて話したがらない，子どもの身体所見について説明が不十分であったり，子

どものことに否定的な態度を示すなど，子どもを可愛がる態度が見受けられず，必要以上にしつけが厳しく，またはよく叱ることがある。
(2) 虐待が疑われる場合には，子どもの保護とともに，家族の養育態度の改善を図ることに努める。この場合，一人の保育士や保育所単独で対応することが困難なこともあり，嘱託医，地域の児童相談所，福祉事務所，児童委員，保健所や市町村の保健センターなどの関係機関との連携を図ることが必要である。

8 乳児保育についての配慮

乳児期の初期は，まだ，出生前や出生時の影響が残っていることがあったり，心身の未熟性が強いので，乳児の心身の状態に応じた保育が行えるように，きめ細かな配慮が必要である。

乳児は，疾病に対する抵抗力が弱く，また，かかった場合にも容易に重症に陥ることもある。特に，感染症にかかりやすく，さらに心身の未熟に伴う疾病異常の発生も多い。そのために，一人一人の発育発達状態，健康状態の適切な判断に基づく保健的な対応と保育が必要である。保健婦，看護婦が配置されている場合には，十分な協力と綿密な連携の下に，嘱託医の指導によって適切な保育の計画を立て，毎日の保育を実践するとともに，乳児の日常生活や感染予防についての保護者の相談にも応ずることが望ましい。

9 家庭，地域との連携

(1) 保育所における子どもの生活，健康状態，事故の発生などについて，家庭と密接な連絡ができるように体制を整えておく。
　また，保護者がこれらの情報を保育所に伝えるように協力を求める。
(2) 保育所は，日常，地域の医療・保健関係機関，福祉関係機関などと十分な連携をとるように努める。
　また，保育士は，保護者に対して，子どもを対象とした地域の保健活動に積極的に参加することを指導するとともに，地域の保健福祉に関する情報の把握に努める。

第13章　保育所における子育て支援及び職員の研修など

今日，社会，地域から求められている保育所の機能や役割に加え，保育所の通常業務である保育の充実に加え，さらに一層広がりつつある。通常業務である保育においては，障害児保育，延長保育，夜間保育などの充実が求められている。また地域においては，子育て家庭における保護者の子育て負担や不安・孤立感の増加など，養育機能の変化に伴う子育て支援が求められている。

地域において最も身近な児童福祉施設であり，子育ての知識，経験，技術を蓄積している保育所が，通常業務に加えて，地域における子育て支援の役割を総合的かつ積極的に担うことは，保育所の重要な役割である。

さらに，保育や子育て支援の質を常に向上させるため，保育所における職員研修や自己研鑽などについて，不断に努めることが重要である。

このため，前章までの関連事項に留意するとともに，以下に示す留意事項に基づき，保育や地域子育て支援などの充実に努めることが必要である。

1 入所児童の多様な保育ニーズへの対応

(1) 障害のある子どもの保育

障害のある子どもの保育に当たっては，一人一人の障害の種類，程度に応じた保育ができるよう配慮し，家庭，主治医や専門機関との連携を密にするとともに，必要に応じて専門機関からの助言を受けるなど適切に対応する。

また，地域の障害のある子どもを受け入れる教育機関等との連携を図り，教育相談や助言を得たり，障害のある幼児・児童との交流の機会を設けるよう配慮する。なお，他の子どもや保護者に対して，障害に関する正しい認識ができるように指導する。

さらに，保育所に入所している障害のある子どものために必要とされる場合には，障害児通園施設などへの通所について考慮し，両者の適切な連携を図る。

(2) 延長保育，夜間保育など

保育時間の延長，夜間に及ぶ保育あるい

は地域活動などについては，基本的には通常の保育の計画に基づき進めるものであるが，それぞれの事業内容の特性及び地域環境や保育所の実状などを十分に配慮し，柔軟な対応を図る。

延長，夜間に及ぶ保育に当たっては，子どもの年齢，健康状態，生活習慣，生活リズム及び情緒の安定を配慮した保育を行うように特に留意する。

また，保護者と密接に協力して，子どもにとって豊かで安定した家庭養育が図られるように支援する。

(3) 特別な配慮を必要とする子どもと保護者への対応

保育所に入所している子どもに，虐待などが疑われる状況が見られる場合には，保育所長及び関係職員間で十分に事例検討を行い，支援的環境の下で必要な助言を行う。

また子どもの権利侵害に関わる重大な兆候や事実が明らかに見られる場合には，迅速に児童相談所など関係機関に連絡し，連携して援助に当たる。保護者への援助に当たっては，育児負担の軽減など保護者の子育てを支援する姿勢を維持するとともに，その心理的社会的背景の理解にも努めることが重要である。

2 地域における子育て支援

(1) 一時保育

保育所における一時保育は，子育て支援の一環として行うものであり，その意義及び必要性について保育所全体の共通理解を得て，積極的に取り組むように努める。

一時保育の実施に当たっては，市町村の保育担当部局と緊密な連携をとりつつ，地域の一時保育ニーズを把握し，それに基づいて実施すること。

一時保育における子どもの集団構成は，定期的，継続的な通常保育の集団構成と異なることから，一人一人の子どもの心身の状態，保育場面への適応状況などを考慮して保育するとともに，通常保育との必要な関連性を配慮しつつ柔軟な保育を行うよう努める。

なお，保育中のけがや事故に十分配慮するとともに，事故責任への対応を明確にしておくことが必要である。

(2) 地域活動事業

保育所における地域活動事業は，保育所が地域に開かれた児童福祉施設として，日常の保育を通じて蓄積された子育ての知識，経験，技術を活用し，また保育所の場を活用して，子どもの健全育成及び子育て家庭の支援を図るものである。このため，保育所は，通常業務に支障を及ぼさないよう配慮を行いつつ，積極的に地域活動に取り組むように努める。

地域活動は，市町村の保育担当部局や他の保育所など関係施設や機関とも密接な連携をとりつつ，地域における子育てニーズを把握し，それに基づいて実施する。その内容は，多岐にわたるが，地域のニーズや重要性に応じ，並びに個々の保育所の実状や状況に応じて，適切に計画し，実施する。

(3) 乳幼児の保育に関する相談・助言

保育所における乳幼児の保育に関する相談・助言は，保育に関する専門性を有する地域に最も密着した児童福祉施設として果たすべき役割であり，通常業務に支障を及ぼさないよう配慮を行いつつ，積極的に相談に応じ，及び助言を行うことが求められる。

相談・助言は，様々な機会をとらえて行い，日頃から利用者が安心して悩みを打ち明けられるような環境，態度に心がけることが必要である。

相談・助言に当たっては，利用者の話を傾聴し，受容し，相互信頼関係の確立を基本として，一人一人のニーズに沿って利用者の自己決定を尊重するなど，相談の基本原理に基づいて行うことが求められる。また，プライバシーの保護，話された事がらの秘密保持には，特に留意しなければならない。

助言等を行うに当たっては，必要に応じ嘱託医などの意見を求めるなど，保育所における相談の限界についても熟知する。また，子どもへの虐待が疑われるような場合には，児童相談所などに連絡し，連携して援助に当たる。

また，他の専門機関との連携を密にし，必要に応じて紹介・斡旋を行う。その場合

には，原則として利用者の了解を得るなど，その意向を尊重する姿勢が求められる。

相談・助言の内容については，必ず記録に残し，保育所内の関係職員間で事例検討を行い，必要に応じ専門機関の助言などが得られる体制を整えておくことが必要である。

3　職員の研修等

保育所に求められる質の高い保育や入所児童の多様な保育ニーズへの対応並びに子育て支援等のサービスは，職員の日常の自己学習や保育活動での経験及び研修を通じて深められた知識，技術並びに人間性が実践に反映されることにより確保できるものである。

そのためには，所長及びすべての職員が保育やその他の諸活動を通じて，知見と人間性を深め，保育の知識，技術及び施設運営の質を高めるよう，常に自己研鑽に努めることが必要である。

保育所では，所長はじめ職員全員が研修の意義及び必要性について共通理解を持ち，職員が研修に積極的かつ主体的に参画できるような環境づくりに心がけ，職員の資質の向上を図り，また，職員，所長及び保育所自身の自己評価を不断に行うことが求められる。

所内研修，派遣研修は，保育所の職員体制，全体的業務などに留意して，体系的，計画的に実施する。また，自己評価は職種別あるいは保育所全体で個々に主体的かつ定期的に実施する。

都道府県別

	区　分	幼　稚　園　数				在　園　児　数　(I)			
		計	国立	公立	私立	計	国立	公立	私立
1	北海道	598	2	111	485	77,296	175	6,838	70,238
2	青　森	152	1	34	117	14,470	153	1,055	13,262
3	岩　手	161	1	68	92	18,015	158	3,701	14,156
4	宮　城	339	1	137	201	38,119	152	6,486	31,481
5	秋　田	120	1	41	78	13,004	158	2,758	10,088
6	山　形	120	1	21	98	15,625	157	1,391	14,077
7	福　島	402	1	239	162	36,269	88	12,040	24,141
8	茨　城	429	1	225	203	46,108	154	14,788	31,166
9	栃　木	215	1	10	204	35,327	156	741	34,430
10	群　馬	257	1	121	135	29,310	156	7,974	21,180
11	埼　玉	665	1	78	586	122,836	92	6,705	116,039
12	千　葉	602	1	170	431	94,758	160	13,911	80,687
13	東　京	1,193	2	263	928	166,785	372	14,713	151,700
14	神奈川	784	—	76	708	138,255	—	5,334	132,921
15	新　潟	168	2	48	118	21,085	168	3,882	17,035
16	富　山	109	1	48	60	9,738	132	1,867	7,739
17	石　川	79	1	13	65	9,476	153	705	8,618
18	福　井	141	1	108	32	7,292	127	3,418	3,747
19	山　梨	79	1	9	69	10,279	134	511	9,634
20	長　野	121	1	15	105	16,892	141	1,219	15,532
21	岐　阜	197	—	90	107	26,870	—	6,533	20,337
22	静　岡	548	1	306	241	69,863	139	21,602	48,122
23	愛　知	531	1	108	422	101,678	154	12,186	89,388
24	三　重	281	1	215	65	23,655	145	11,122	12,388
25	滋　賀	191	1	163	27	17,455	157	13,700	3,598
26	京　都	246	1	82	163	33,708	145	5,300	28,263
27	大　阪	849	1	401	447	140,086	170	34,124	105,792
28	兵　庫	810	2	557	251	75,225	330	31,098	43,797
29	奈　良	216	2	175	39	21,684	309	13,923	7,452
30	和歌山	127	—	79	48	11,815	—	3,714	8,101
31	鳥　取	52	1	22	29	5,960	132	1,059	4,769
32	島　根	129	1	110	18	7,751	144	6,173	1,434
33	岡　山	371	1	336	34	23,942	157	17,997	5,788
34	広　島	359	2	139	218	38,804	247	5,978	32,579
35	山　口	211	1	66	144	19,437	140	3,287	16,010
36	徳　島	248	1	234	13	10,670	149	8,429	2,092
37	香　川	213	1	173	39	16,627	159	9,807	6,661
38	愛　媛	203	1	92	110	22,308	153	4,500	17,655
39	高　知	69	1	35	33	5,722	157	1,158	4,407
40	福　岡	539	1	79	459	70,075	73	4,867	65,135
41	佐　賀	110	1	13	96	11,415	84	1,172	10,159
42	長　崎	210	1	71	138	21,344	145	3,536	17,663
43	熊　本	164	1	48	115	19,655	148	3,314	16,193
44	大　分	277	1	203	73	14,978	160	5,707	9,111
45	宮　崎	150	1	28	121	12,952	154	909	11,889
46	鹿児島	287	1	126	160	23,343	86	4,419	18,838
47	沖　縄	281	—	244	37	18,168	—	14,203	3,965
	総　計	14,603	49	6,030	8,524	1,786,129	6,823	359,854	1,419,452

幼 稚 園 の 現 状

資料「学校基本調査報告書」(1998年5月1日現在)

在 園 児 数 (Ⅱ)			教　員　数　(本務者)				小学校第一学年児童数(A)	幼稚園修了者数(98年3月)(B)	就園率(B/A%)
3 歳	4 歳	5 歳	計	国 立	公 立	私 立			
13,002	30,878	33,416	4,568	10	608	3,950	53,968	34,658	64.2
3,348	5,291	5,831	871	7	103	761	15,312	6,126	40.0
3,629	7,013	7,373	994	7	273	714	14,592	7,749	53.1
5,088	15,582	17,449	2,096	6	450	1,640	23,556	17,773	75.4
2,675	4,808	5,521	792	8	187	597	11,029	5,503	49.9
3,550	5,845	6,230	1,037	6	105	926	12,721	6,523	51.3
4,977	14,538	16,754	2,150	4	798	1,348	23,291	17,355	74.5
7,552	18,144	20,412	2,730	6	1,028	1,696	30,553	21,140	69.2
9,040	12,952	13,335	2,136	7	54	2,075	20,435	13,930	68.2
7,711	10,471	11,128	1,900	6	579	1,315	20,176	11,410	56.6
24,056	49,330	49,450	6,667	4	402	6,261	67,865	50,320	74.1
18,180	37,666	38,912	4,865	7	793	4,065	55,330	39,656	71.7
44,850	61,204	60,731	10,250	15	1,109	9,126	92,136	61,859	67.1
23,081	57,640	57,534	7,585	—	384	7,201	76,464	58,432	76.4
6,243	7,348	7,494	1,384	9	253	1,122	24,574	8,046	32.7
2,909	3,288	3,541	653	6	148	499	10,129	3,635	35.9
2,958	3,115	3,403	616	7	59	550	11,410	3,468	30.4
1,416	1,922	3,954	507	7	232	268	8,514	4,112	48.3
3,024	3,556	3,699	621	7	36	578	9,375	3,818	40.7
5,209	5,796	5,887	1,075	6	82	987	21,838	6,009	27.5
7,154	8,006	11,710	1,597	—	474	1,123	20,902	11,938	57.1
18,817	25,637	25,409	4,218	6	1,562	2,650	37,657	26,744	71.0
31,194	35,306	35,178	5,232	7	753	4,472	69,254	35,145	50.7
4,323	8,546	10,786	1,563	6	886	671	18,663	11,041	59.2
1,159	7,616	8,680	1,192	7	971	214	14,016	8,798	62.8
8,769	12,152	12,787	2,007	7	403	1,597	23,187	12,891	55.6
27,228	54,890	57,968	7,648	7	2,226	5,415	81,167	57,360	70.7
8,856	27,474	38,895	4,387	13	2,079	2,295	54,056	39,804	73.6
3,031	9,159	9,494	1,440	13	1,026	401	14,034	9,454	67.4
2,306	4,246	5,263	807	—	314	493	10,654	5,268	49.4
1,254	2,022	2,684	374	6	79	289	6,235	2,706	43.4
812	3,393	3,546	561	7	446	108	7,602	3,874	51.0
2,045	10,398	11,499	1,558	7	1,226	325	18,996	11,749	61.8
9,115	14,176	15,513	2,293	10	455	1,828	28,331	15,705	55.4
4,525	7,299	7,613	1,235	7	244	984	14,213	7,769	54.7
712	4,129	5,829	766	7	624	135	7,856	6,094	77.6
3,999	5,923	6,705	1,117	8	722	387	9,570	6,773	70.8
5,944	7,726	8,638	1,332	7	333	992	14,523	8,623	59.4
1,561	1,954	2,207	421	6	117	298	7,445	2,272	30.5
15,022	26,895	28,158	4,156	4	341	3,811	48,983	28,927	59.1
2,539	4,200	4,676	718	4	73	641	9,560	4,789	50.1
4,094	8,104	9,146	1,135	6	225	1,084	16,455	9,704	59.0
4,456	7,273	7,926	1,133	8	218	907	19,429	8,141	41.9
2,301	4,609	8,068	983	7	432	544	11,931	8,517	71.4
2,731	4,578	5,643	822	6	73	743	12,323	5,816	47.2
3,751	8,918	10,674	1,341	4	269	1,068	18,822	10,905	57.9
1,112	2,073	14,983	974	—	740	234	17,927	15,331	85.5
371,308	673,089	741,732	104,687	305	24,994	79,388	1,217,059	757,660	62.3

保育所の都道府県別・年齢別入所児童数

資料 「厚生省児童家庭局調べ」等より作成
（平成10年10月1日現在）

都道府県 指定都市	施設数 （か所）	措置児童数 A（人）	0歳児 （人）	内　訳 1～2歳児 （人）	3歳児 （人）	B 4歳以上児（人）	構　成　比 0歳児	1～2歳児	3歳児	B／A(％) 4歳以上児
北 海 道	680	41,201	1,346	9,949	8,994	20,912	3.2	24.1	21.8	50.7
青　　森	508	32,058	2,017	9,344	6,804	13,893	6.2	29.1	21.2	43.3
岩　　手	336	21,536	1,187	5,271	4,497	10,581	5.5	24.4	20.8	49.1
宮　　城	204	12,100	527	3,294	2,704	5,575	4.3	27.2	22.3	64.7
秋　　田	211	15,814	724	3,447	3,807	7,836	4.5	21.7	24.0	49.5
山　　形	233	16,518	698	3,181	3,944	8,695	4.2	17.4	21.9	46.4
福　　島	259	18,709	901	5,016	4,382	8,410	4.8	26.8	23.4	44.9
茨　　城	421	33,296	1,399	8,323	7,915	15,659	4.2	24.9	23.7	47.0
栃　　木	275	18,571	815	4,491	4,214	9,051	4.3	24.1	22.6	48.7
群　　馬	410	34,608	1,454	8,294	8,619	16,241	4.2	23.9	24.9	46.9
埼　　玉	700	58,970	2,770	15,718	13,371	27,111	4.6	26.6	22.6	45.9
千　　葉	561	49,798	2,879	12,544	11,178	23,197	5.7	25.1	22.4	46.5
東　　京	1,582	144,120	9,757	44,667	29,850	59,846	6.7	30.9	20.7	41.5
神 奈 川	343	32,720	2,304	9,104	6,839	14,473	7.0	27.8	20.9	44.2
新　　潟	666	46,684	879	7,504	12,920	25,381	1.8	16.0	27.6	54.3
富　　山	279	20,672	550	4,551	5,504	10,067	2.6	22.0	26.6	48.6
石　　川	334	23,469	1,060	6,260	5,543	10,606	4.5	26.6	23.6	45.1
福　　井	289	21,816	738	5,516	5,858	9,704	3.3	25.2	26.8	44.4
山　　梨	242	18,684	565	3,323	4,788	10,008	3.0	17.7	25.6	53.5
長　　野	646	51,198	808	5,682	14,463	30,245	1.5	11.0	28.2	59.1
岐　　阜	408	34,727	448	4,245	10,953	19,081	1.2	12.2	31.5	54.9
静　　岡	380	31,951	1,405	8,126	7,904	14,516	4.3	25.4	24.7	45.4
愛　　知	920	85,107	1,516	11,900	23,723	47,968	1.7	13.9	27.8	56.3
三　　重	453	34,440	1,141	7,775	9,592	15,932	3.3	22.5	27.8	46.2
滋　　賀	233	19,726	694	4,124	5,001	9,907	3.5	20.9	25.3	50.2
京　　都	245	20,123	877	4,779	4,960	9,507	4.3	23.7	24.6	47.2
大　　阪	651	60,591	4,203	17,969	12,908	25,511	6.9	29.6	19.6	42.1
兵　　庫	579	41,765	1,872	10,509	10,475	18,909	4.4	25.1	25.0	45.2
奈　　良	205	19,267	1,068	5,174	4,358	8,667	5.5	26.8	22.6	44.9
和 歌 山	171	12,840	121	2,104	3,733	6,882	8.3	40.2	33.9	67.5
鳥　　取	206	14,668	704	3,510	3,480	6,974	4.7	23.9	23.7	47.5
島　　根	267	15,267	947	4,357	3,488	6,475	6.2	28.5	22.8	42.4
岡　　山	311	23,109	1,324	6,627	5,265	9,893	5.7	28.6	22.7	42.8
広　　島	490	24,782	733	4,932	6,188	12,929	2.9	19.9	24.9	52.1
山　　口	346	23,512	1,104	5,812	5,203	11,393	4.6	24.7	22.1	48.4
徳　　島	229	13,321	811	4,327	3,720	4,463	6.0	32.4	27.9	33.5
香　　川	212	18,149	1,085	6,605	4,554	5,905	5.9	36.3	25.0	32.5
愛　　媛	355	23,823	1,055	6,468	5,570	10,730	4.4	27.1	23.3	45.0
高　　知	322	13,004	253	3,419	3,105	6,227	1.9	26.2	23.8	47.8
福　　岡	547	45,904	2,966	13,052	9,710	20,176	6.4	28.4	21.1	43.9
佐　　賀	212	17,009	866	4,283	3,635	8,225	5.0	25.1	21.3	48.3
長　　崎	365	22,720	1,713	7,009	4,660	9,248	7.5	31.2	20.5	40.7
熊　　本	488	32,018	1,871	9,324	6,717	14,106	5.8	29.1	20.9	44.0
大　　分	229	13,882	902	4,770	3,213	4,997	6.4	34.3	23.1	59.3
宮　　崎	417	19,994	1,481	6,242	4,029	8,242	7.4	32.1	20.1	41.2
鹿 児 島	383	23,961	1,226	6,968	5,238	10,529	5.1	29.0	21.8	43.9
沖　　縄	326	22,467	1,468	8,731	5,718	6,550	6.5	38.8	25.4	29.1
札 幌 市	154	14,033	1,175	4,316	2,828	5,714	8.3	30.7	20.1	40.7
仙 台 市	74	6,780	505	2,021	1,381	2,873	7.4	29.8	20.3	42.3
千 葉 市	85	7,875	587	2,271	1,774	3,243	7.4	28.8	22.5	41.1
横 浜 市	224	20,929	1,288	5,571	4,416	9,654	6.1	26.6	21.0	46.1
川 崎 市	108	9,942	799	3,001	2,049	4,093	8.0	30.1	20.6	41.1
名古屋市	269	28,150	1,478	7,266	6,599	12,807	5.2	25.8	23.4	45.4
京 都 市	253	22,901	1,726	7,187	4,838	9,150	7.5	31.3	21.1	39.9
大 阪 市	325	32,082	1,810	9,392	6,871	14,009	5.6	29.2	21.4	43.6
神 戸 市	151	14,228	821	4,274	3,015	6,118	5.7	30.0	21.1	42.9
広 島 市	130	15,690	1,109	4,525	3,422	6,634	7.0	28.8	21.8	38.9
北九州市	160	14,965	1,419	5,127	2,923	5,521	9.4	34.0	19.5	36.8
福 岡 市	154	20,495	1,668	6,271	4,146	8,410	8.1	30.5	20.2	41.0
合　　計	21,216	1,648,739	81,617	419,817	387,556	759,659	5.1	26.5	23.4	46.0

執筆者紹介

村山　貞雄	元日本女子大学	（第1章・第3章9）
吉田　久子	跡見学園女子大学	（第2章）
金子真知子	常磐会短期大学	（第3章）
雨森探丹生	富士聖ヨハネ学園	（第4章）
河原美耶子	日本大学	（第5章）
松山　依子	白百合女子大学	（第6章）
岡田　正章	明星大学，聖徳大学大学院	（第7章）
藤田　政雄	元近畿大学豊岡女子短期大学	（第8章）
金崎芙美子	宇都宮大学	（第9章）
武井　幸子	元旭川大学女子短期大学部	（第10章）
古川　伸子	宝仙学園短期大学	（第11章）
萩原　元昭	江戸川大学	（第12章）
佃　　範夫	元香川大学	（第13章）
高坂　詢	飯田女子短期大学	（第14章）
山下　俊郎	元東京都立大学	（第15章）

教育演習双書　保育原理　　　　　　　　　　　　◉検印省略

1970年12月20日	第一版発行
1983年4月10日	第一次改訂第十版発行
1990年3月10日	新訂第七版発行
1998年12月10日	四訂版第九刷発行
2004年4月15日	五訂版第二刷発行

　　　　　　　　　　　　　　　編著者　村山貞雄・岡田正章

発行者　田中千津子　　〒153-0064 東京都目黒区下目黒3-6-1
　　　　　　　　　　　　電話　03 (3715) 1501 (代)
発行所　株式会社 学文社　FAX　03 (3715) 2012
　　　　　　　　　　　　振替　00130-9-98842

乱丁・落丁の場合は本社でお取替します。　　　印刷所　倉敷印刷
定価は売上カード，カバーに表示．

ISBN 4-7620-0984-9